Neuengland

Eine Übersichtskarte von Neuengland mit der eingezeichneten Reiseroute finden Sie in der vorderen Umschlagklappe.

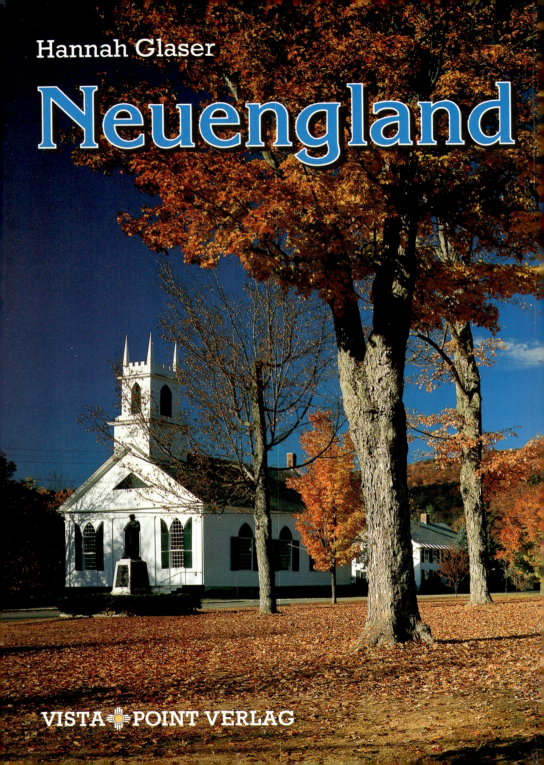

Inhalt

Neuengland – America, the Beautiful 6

Details zur Route – und ein paar Warnungen 12
Der Charme der frühen Jahre
Neuenglands größtes Freilichtmuseum 14

Sylt im Doppelpack und ein Geheimtipp
Neuenglands südliche Ferieninseln 16

Chronik: Abriss der Geschichte der
Neuengland-Staaten 20

ZWEI WOCHEN DURCH NEUENGLAND

1. Programm Boston 32
Das Beste aus zwei Welten
Ein Tag in Boston 40

1.1 Route Boston – Lexington – Concord – Walden
Pond – Concord (42 km/26 mi) 52
Der erste Schuss und die Hütte am See
Auf historischen Spuren in Concord 56

2. Route Boston – Marblehead – Salem –
Rockport (80 km/50 mi) 61
Hexenhäuser und Romantik on the Rocks 65

3. Route Rockport – Newburyport – Kennebunkport – Freeport – Bath (272 km/170 mi) 71
**Traumstrände, Shopping-Träume und
kernige Kneipen** 76

4. Route Bath – Port Clyde – Rockland – Rockport –
Camden – Bar Harbor (240 km/150 mi) 85
**Das Loch im Donut und ein Selbstversuch
im Lobster-Land** 90

4.1 Route Rundfahrt durch den Acadia National Park
(80 km/50 mi) 99
Acadia National Park
Der Zauber von Down East Maine 102

5. Route Bar Harbor – Bangor – Gorham –
Mt. Washington – North Conway
(416 km/270 mi) 106
**Ein eiskalter Präsident und rußgeschwärzte
Jungs:** Mount Washington 110

6. Route North Conway – Kancamagus Highway –
Lincoln – Lebanon – Woodstock
(240 km/150 mi) 114

	Zusatztage in Vermont	
	Sommerfreuden im charmanten Skidorf	118
	Naturbadeparadiese und Rockefellers Jugendliebe: Lower Falls und Woodstock	119
7. Route	Woodstock – Plymouth – Manchester – Mt. Equinox – Bennington (157 km/98 mi)	124
	Silent Cal, Grandma Moses und die Kunst des Fliegenfischens	128
8. Route	Bennington – Williamstown – Hancock Shaker Village – Tanglewood – Stockbridge (109 km/68 mi)	134
	The Berkshires: Ein Vollbad für die Seele	139
9. Route	Stockbridge – Hartford – Gillette Castle – Essex – Mystic (224 km/140 mi)	149
	Heimatgefühle in Hartford und die Burg des Sherlock Holmes	153
10. Route	Mystic – Narragansett Pier – Newport – Ocean Drive (96 km/60 mi)	159
	Seemannslieder und ein Blick zurück in die Belle Époque	165
11. Route	Newport – Fall River – New Bedford – Bourne Bridge – Chatham (144 km/90 mi)	170
	Wal total und der Muskelarm im Atlantik	174
12. Route	Chatham – Truro – Provincetown – Chatham (116 km/72 mi)	179
	Auf Sand gebaut. Ein Tag auf dem Outer Cape	183
	Mit einem Mundraub fing alles an Die Landung der ersten Siedler auf Cape Cod	189
13. Route	Chatham – Brewster – Sandwich – Plimoth Plantation – Plymouth (88 km/55mi)	191
	Der Königsweg und ein Dorf ohne Coca-Cola	196
14. Route	Plymouth – Kennedy Library – Boston Airport (72 km/45 mi)	202
	Ein letzter Stopp bei JFK	204
	Service von A–Z	206
	Sprachhilfen	214
	Danksagung, Textnachweis	218
	Orts- und Sachregister	219
	Namenregister	223
	Bildnachweis, Impressum	228
	Zeichenerklärung hintere innere Umschlagklappe	

Neuengland – America, the Beautiful

Unterwegs: Kabelstränge als Wegbegleiter

Dies ist kein Buch für Florida-Strandläufer, Kalifornien-Träumer, Wildwest-Helden und, leider, auch keines für New-York-Maniacs. Denn in Neuengland ist nichts so, wie wir es aus dem großen Rest der USA kennen und heiß und innig lieben. Aufmerksame könnte schon der Blick auf die Landkarte stutzig machen – ganz zu Recht. Kleinklein quetschen sich da die Neuengland-Staaten Connecticut, Rhode Island, Massachusetts, New Hampshire, Vermont und Maine in den äußersten nordöstlichen Zipfel der USA. Wo gibt's denn so was: Sechs amerikanische Bundesstaaten auf einem Raum, der gerade mal halb so groß ist wie das vereinte Deutschland. Kein Wunder, dass dort nichts von dem zu finden ist, was uns in den unermesslichen Weiten zwischen Miami und Los Angeles abheben lässt.

Jene magischen, schnurgeraden Highways zum Beispiel, die sich tagelang scheinbar endlos durch gigantische Wildnis-Panoramen bis in den hitzeflimmernden Horizont dehnen. In Neuengland gibt es sie nicht. Dort ist Weitsicht die Ausnahme. Stattdessen schlängeln sich gewundene Sträßchen hügelauf, hügelab durch einen sattgrünen Pfälzer Wald, manchmal auch durch einen Chiemgau oder über eine mit tausend Seen gesprenkelte Schwäbische Alb.

Und wo die Landschaft schon so wundermild und pastoral daherkommt, da stehen natürlich auch keine kahlen Motels mit schriller Neonschrift am Straßenrand. Im wahren

Klassische Neuengland-Optik: parkumkränzte Landsitze und Ortschaften, die wie Pretiosen in der Schmuckschatulle sitzen

Picknickpause mit Stil: vor dem Schlösschen der Astors in Newport, Rhode Island

Amerika warten sie zu Tausenden am Highway, doch in der Wald- und Seenidylle zwischen Chatham und Chittenden haben die »Vacancy«-Schilder, die ein freies Zimmer mit dröhnender Klimaanlage und ewig laufendem TV versprechen, Seltenheitswert. Und erst recht ist nirgendwo eine lockenwicklergespickte und kaugummikauende Lady an der Rezeption in Sicht, die uns bei der Abreise am nächsten Morgen schnell noch eine kochendheiße, ewig fade Kaffeebrühe im Styroporbecher mit auf den Weg gibt. Nichts dergleichen.

Stattdessen bettet man sich zwischen Boston und Maine am liebsten historisch und oft sogar ganz ohne Mattscheibe. Dröhnende Klimaanlagen sind auch nicht garantiert, dafür rotieren in den herrschaftlichen Herbergen glänzende Ventilatoren an der Decke, und durch die Spalten der hölzernen Jalousien sieht man Kamin und Schaukelstuhl im weitläufigen Zimmer. Der Gast hat auch nur in seltenen Fällen die Auswahl zwischen Betten im Queensize- oder Kingsize-Format: Man muss nehmen, was man vorfindet. Meist hat man allerdings Glück und landet in einem königlichen Himmelbett mit Blick in einen lauschigen Garten oder auf rauhe Felsklippen und donnernde Atlantikbrandung.

Manche dieser Herrschaftshäuser haben fünf Gästezimmer, andere 15, fast immer sind sie denkmalgeschützt und wurden irgendwann im vergangenen Jahrhundert von einem Kaufmann oder einem erfolgreichen Walfangkapitän erbaut. Die heutigen Villenbesitzer sind meist Intellektuelle und reiche Aussteiger, die es jetzt genießen, beim gepflegten Frühstück auf der schattigen Terrasse mit Gästen aus aller Welt zu plaudern. Dazu gibt es Pancakes mit Blaubeeren, Lachs-Quiche oder pochierte Eier mit Kräutern aus dem eigenen Garten und Brot aus Sauerteig. Der Kaffee dazu ist nachtschwarz und schmeckt fast so gut wie im Wiener »Demel«.

Gut behütet: Baywatch am Strand des Reid State Park in Maine

Schlicht und schön: klassisches Saltbox-Haus in New Hampshire

Heimat kluger Köpfe: Bowdoin College in Brunswick, Maine

Vollends ohne alle Ikonen des American Way of Life müssen schließlich Neuenglands Ortschaften auskommen. Da finden sich keine großflächigen Werbetafeln, keine Fastfood-Baracken, und selbst die musikdurchwehten Shopping Malls lassen sich an einer Hand abzählen. Städtchen wie Stockbridge oder Concord, Williamstown oder Litchfield hocken so geputzt und aufgeräumt im Grün, als wäre gerade das Stubenmädchen mit dem Feudel da gewesen: weißblitzende Kirchen und manikürte Rasenflächen, an jeder Haustüre ein Ährenkranz, hinter jeder Ecke ein denkmalgeschütztes Museum, in jedem Städtchen ein Musik-, Theater- oder Kunstfestival.

Bleiben die Einwohner Neuenglands. Wir ahnen schon, dass auch sie entscheidende amerikanische Wesenszüge vermissen lassen: die schulterklopfende Fröhlichkeit, beispielsweise, und das allgegenwärtige Reden übers Geld. Beides hat gute Gründe, und auch die liegen weit in der Vergangenheit. Die ersten Siedler, die 1620 aus England flohen, um »Neu«-England zu gründen (heimwehkrank benannten sie die neue Heimat nach der alten, von Plymouth bis Bath, von York bis zum Flüsschen Themse), waren gebildete Menschen, die aus Glaubensgründen in die gefährliche Fremde zogen: religiöse Fundamentalisten mit dem einzigen Ziel, gottesfürchtig nach der Bibel zu leben.

Und weil ihr asketischer Puritanismus kein Vergnügen billigte und auch alle Statussymbole verbot, wurde die Klassenzugehörigkeit von Anfang an über das Bildungsniveau geregelt. So gibt es auch heute nirgendwo jenes typisch amerikanische, hemdsärmelige Protzen mit dem Konto. Stattdessen wird mit Kenntnis und Passion über die Qualitäten der superfeinen Elite-Colleges und Universitäten debattiert, die das mittlere und südliche Neuengland wie ein dichtgeknüpftes Netz überziehen und bis heute die Führungskräfte von Wirtschaft und Politik heranbilden.

Auch die amerikanische Literaturgeschichte wäre ohne Neuenglands Club der toten Dichter ein leeres Blatt. Zwischen den wilden Stränden von Cape Cod und den milden Hügeln Vermonts lebten nicht nur Poeten und Schriftsteller wie Robert Frost, Emily Dickinson, Eugene O'Neill und Herman Melville, sondern in den literarischen Clubs von Boston und dem nahen Concord schufen Literaten wie Ralph Waldo Emerson, Nathaniel Hawthorne, Louisa May Alcott und Henry David Thoreau mit dem Transzendentalismus die erste eigenständig amerikanische Weltsicht. Und während Mark Twain in Hartford, Connecticut, die Abenteuer von Tom und Huck zu Papier brachte, schrieb seine Kollegin Harriet Beecher-Stowe im Nachbarhaus mit »Onkel Toms Hütte« gegen die Sklaverei an.

Im Dunstkreis von Boston startete aber auch der Aufstand der Siedler gegen die englische Krone, hier fiel der erste Schuss im Kampf um die Unabhängigkeit, und hier wurde längst vor dem Sezessionskrieg die Sklaverei per Gesetz verboten. Seine geistige und intellektuelle Vormachtstellung hat Neuengland bis in unsere Tage behalten. So gilt das ländlich-beschauliche Vermont mittlerweile als ökologischer Vorreiter der Nation, und der Geburtsort des Computerzeitalters lag nicht im Silicon Valley, sondern in Boston.

Neuenglands historische Stätten und Museen, die sich mit der Geschichte dieser einflussreichsten Region der USA beschäftigen, sind Legion. Das beginnt in Plymouth bei einem Felsbrocken, auf dem die »Mayflower«-Siedler vermutlich die ersten Schritte auf dem neuen Kontinent taten, und endet im imposanten Kennedy-Museum an Bostons Dorchester Bay, wo den andächtigen Besuchern auch heute noch angesichts der Todesschüsse von Dallas die Augen nass werden.

Literatur und Malerei haben viele Regionen Neuenglands zu Mythen verzaubert – Cape Cod beispielsweise, die zweite Heimat des Malers Edward Hopper, die weit mehr ist, als nur eine in den Atlantik ragende Halbinsel mit wilden Stränden, stillen Fischerdörfern und skurrilen Künstlerkolonien. *Down East* heißt hoch im Norden von Maine die andere mythische Region, die mit gischtumkränzten Felsklippen, verwitterten Fischerkaten und tangbehängten Docks Maler wie Winslow Homer inspirierte.

Dem großen Rest der USA dreht Neuengland nicht nur geographisch den Rücken zu. Seit die ersten Siedler an Land gingen, werden in den Gründungsstaaten der USA europäisches Lebensgefühl, europäische Küche und europäische Tradition mit solcher Hingabe gepflegt wie nirgendwo sonst in der Neuen Welt. Und weil weder Krieg noch Großindustrie die Idylle zerstörten, erscheint Neuengland heute vielerorts wie ein lebendiges Freilichtmuseum, das all jene Werte bewahrt und hegt, die in Europa längst verlorengegangen sind.

Übrigens gibt es vor Ort noch eine weitere, erstaunliche Lektion zu lernen: In Neuengland ist die Bezeichnung »Yankee« kein Schimpfwort, sondern eine Auszeichnung, die einem Adelstitel gleichkommt. Schmücken dürfen sich damit nur wenige: Die wahren Yankees sind jene, die ihre Vorfahren bis auf die legendäre »Mayflower« zurückführen können, die Nachkommen jener *Pilgrim Fathers* also, die einst aus der Alten in die Neue Welt aufbrachen.

Boston, Neuenglands heimliche Hauptstadt

Details zur Route –
und ein paar Warnungen

Wer an die schnurgeraden amerikanischen Straßen und die gewaltigen Entfernungen gewöhnt ist, wie sie in Arizona, Utah, New Mexico oder Texas üblich sind, dem erscheinen Tagesetappen von 60, 100 oder auch 250 Meilen als Peanuts – Kinkerlitzchen, die man zwischen der ersten und der zweiten Tasse Morgenkaffee hinter sich bringt. Doch in Neuengland sind die Verhältnisse anders: zum einen topographisch mit einer abwechslungsreichen Landschaft, die keine weiten Ebenen und kaum schnurgerade Straßen kennt, vor allem aber kulturell, denn nirgendwo sonst in den USA gibt es auf kleinstem Raum so viel zu sehen.

Doch damit ist es noch nicht genug: Anders als in den gigantischen Binnenstaaten haben Connecticut, Rhode Island, Massachusetts, New Hampshire und Maine prachtvolle, meilenlange, zumeist menschenleere Atlantikstrände zu bieten, und im Hinterland warten zahllose waldumstandene Bilderbuchseen mit schattigen Badebuchten. Der Squam Lake in New Hampshire, auch bei uns bekannt als Schauplatz des Films »Am Goldenen See« mit Henry Fonda und Katherine Hepburn, ist tatsächlich nur einer von Tausenden, die mit idyllischer, friedvoller Ruhe und einer paradiesischen Vogel- und Tierwelt zu ungeplanten Extrastunden locken.

Fazit: Selbstverständlich kann man die Strecke im Zeitverhältnis eins zu eins abfahren, doch dann lernt man das Land nur aus der Rallyeperspektive kennen – Kino hinter den Autoscheiben. Um nicht ins Hetzen zu geraten, braucht man viel mehr Zeit. Wer für die 14-Tage-Strecke (mit zwei Extratagen in Concord bei Boston und im Acadia-Nationalpark in Maine) vier Wochen einplanen kann, ist gut beraten – besonders, wenn vielleicht auch noch die eine oder andere Insel auf der Wunschliste steht.

Gibt es aber nicht mehr als 14 Urlaubstage, dann sollte eine kürzere Route gewählt werden. In diesem Fall gönnen sich Genießer (nach zwei Tagen Boston) drei Tage am Cape Ann (Routen 1 und 2) sowie eine Woche Plymouth und Cape Cod (Routen 11 bis 14). Wer weniger faulenzen und mehr sehen will, fährt die Strecke bis Kennebunkport, verlässt dort die Küste und schließt über Wolfeboro, Meredith und Woodstock an Route 6 an. Damit bekommt man immerhin eine kleine Ahnung der Felsküste von Maine, erspart sich aber die langen Fahrtstrecken durch den größten der Neuengland-Staaten.

Grundsätzlich gilt: Keine Station unserer Reise ist mehr als drei bis vier Autostunden von Boston entfernt; zur Not kann man die Reise also an jedem beliebigen Punkt beenden und ist in einem halben Tag am Flughafen.

Normalerweise gewinnt der Urlaub an Reiz durch eine Fahrt ins Blaue, doch Neuengland ist dafür nicht geeignet – zumindest nicht in der Hochsaison (die wegen der Laubfärbung bis in den Oktober reicht). Denn außer in Boston gibt es nirgendwo eine auf Massentourismus eingerichtete Infrastruktur. Die klassische, regionaltypische Art der Unterbringung in kleinen, charmanten Gästehäusern hat den Nachteil, dass man ohne Reservierung oft den halben Tag mit der Suche nach einem freien Zimmer verliert. Deshalb gilt für die gesamte Reise: die Übernachtung möglichst immer einen bis zwei Tage vorab telefonisch reservieren. Für absolute Boomzeiten wie die »Foliage« genannten Wochen der Laubfärbung im

Herbst, aber auch sämtliche Sommerwochenenden auf Cape Cod ebenso wie die Konzertsaison in den Bergen der Berkshires ist selbst das zu knapp. Engpässe können aber auch ganz unerwartet auftreten: Geben beispielsweise die Boston Pops ein Konzert, so sind unter Garantie sämtliche Betten im Umkreis von 100 Meilen ausgebucht, und wenn James Levine in den Berkshires dirigiert, muss man bis nach Albany im Bundesstaat New York fahren, um ein letztes freies Kettenhotelzimmer zu finden.

Zumindest für die kritischen Termine empfiehlt sich deshalb eine Vorabreservierung (am besten per E-Mail unter Angabe der Kreditkartennummer) von zu Hause: Das gilt für den Acadia-Nationalpark, für Stockbridge, Cape Cod und natürlich erst recht für die Inseln Nantucket oder Martha's Vineyard, wo eine kurzfristige Zimmersuche im Sommer etwa so aussichtsreich ist wie in Frankfurt zur Buchmesse.

Auch rein verkehrstechnisch kommt einem vieles bekannt vor: Die Straßen sind ungleich dichter befahren als üblicherweise in den USA, Parkplätze sind in fast allen Ortschaften teure Mangelware (sogar an den Stränden von Cape Cod wird kassiert), und selbst im niedlichsten Nest werden Falschparker rigoros abgeschleppt.

Schließlich ist auch die Beschilderung abseits der Highways eher europäisch konfus als amerikanisch systematisiert. Speziell auf Cape Cod kommt es vor, dass Straßen, die eindeutig nach Süden führen, aller Logik zum Trotz den Anhang »North« haben (siehe auch Routen 11 und 12). Zusätzlich erweisen sich die »Rotaries« genannten und völlig harmlosen Verkehrskreisel als Gefahrenzone, weil die *out-of-towners*, die Amis von auswärts, oft abrupt in die Bremse steigen und sich nur zögerlich in den Kreisverkehr einfädeln, der immer Vorrang hat.

Trotz dieser Einschränkungen reist es sich in Neuengland hinterm Steuer ungleich entspannter und stressfreier als hierzulande; zähfließenden Verkehr gibt es höchstens in Boston und eventuell freitags abends auf den beiden Brücken nach Cape Cod. Und selbst wenn die Amerikaner vor »heavy traffic« warnen, bedeutet das für uns nichts weiter als die ganz normale Verkehrsdichte auf einer deutschen Landstraße. ❖

Bei Glendale: Autofahren ist stressfrei, doch Parkplätze sind selten und teuer

Der Charme der frühen Jahre
Neuenglands größtes Freilichtmuseum

Eines der schönsten Freilichtmuseen Neuenglands (und das größte dazu) liegt etwas abseits unserer Route in den Hügeln von Zentral-Massachusetts. Dort wo sich die Schnellstraßen Massachusetts Turnpike (Interstate 90) und Interstate 84 kreuzen, erwartet die Besucher im **Old Sturbridge Village** die Geschichte des alltäglichen Lebens im ländlichen Neuengland des Jahres 1830. Das idealtypische Dorf besteht aus mehr als 40 Originalgebäuden, die mit Wohnhäusern, Geschäften, Schule, Kirche, Meetinghouse und Werkstätten wieder zum Leben erweckt wurden. Überall wird man herzlich eingeladen, zu schauen und mitzutun. Kinder können ihr Geschick an historischen Wurfspielen ausprobieren, in der Schule gibt der Dorflehrer eine Lektion zeitgetreuer Pädagogik, Holzarbeiter zeigen das wassergetriebene Sägewerk in Aktion, und der alte Farmer schildert sein Leben mit der täglichen Arbeitszeit von *can see bis can't see*.

Von der blendendweißen Dorfkirche bis zu den historisierenden Kostümen der kleinen Dorfkinder scheint die ganze Welt dem *Laura Ashley Guide to Country Decorating* entsprungen, und die sympathische Alltagspräsentation erfährt durch Feste wie

Mit der Zeitmaschine ins Jahr 1830: Old Sturbridge Village als lebendiges Bilderbuch

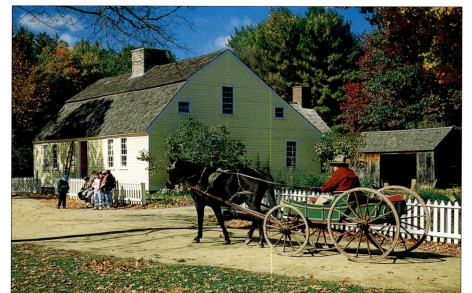

Anbau nach historischen Anleitungen: Kürbisernte im Dorf

Independence Day und *Thanksgiving*, aber auch durch *Family Fun Weekends*, durch Konzerte und kunsthandwerkliche Ausstellungen zusätzliche Höhepunkte.

Old Sturbridge Village liegt 60 Meilen von Boston und 40 Meilen von Hartford entfernt und lohnt (ganz besonders mit Kindern) einen oder zwei Extratage. In der Oliver Wight Tavern am Museumseingang gibt es Lunch und Dinner, die Bullard Tavern bietet ein Mittagsbuffet.

Old Sturbridge Village
1 Old Sturbridge Village Rd.
Sturbridge, MA 01566
℅ (508) 347-3362
www.osv.org
Mai–Okt. tägl. 9.30–17, Nov.–April Di–So 9.30–16 Uhr, Mo geschl.
Eintritt für 2 Tage innerhalb von 10 Tagen Erwachsene $ 20, Kinder ab 3 Jahre $ 7

Die beiden Lodges des Freilichtmuseums sind nicht länger in Betrieb, Alternativen dazu bietet die Website der **Sturbridge Area Tourist Association** (www.sturbridgetownships.com). Die **Heritage Corridor Bed & Breakfast Group** listet ein Dutzend traditionsreiche Bed & Breakfast-Vermieter in der Region auf (www.Heritage CorridorBB.com).

Publick House
Rt. 131, On the Common, 277 Main St., Sturbridge, MA 01566-0187
℅ (508) 347-3313, 1-800-782-5425
www.publickhouse.com
Eine lokale Institution aus dem Jahr 1771. Im Historic Inn werden 117 Zimmer und 132 Suiten vermietet ($$–$$$). Das Restaurant ist ein Publikumsmagnet und garantiert trotz seiner Größe mit knarrenden Dielen, schummrigem Licht, historischen Accessoires und erstklassiger Küche authentisches Neuengland-Feeling.

Sylt im Doppelpack und ein Geheimtipp
Neuenglands südliche Ferieninseln

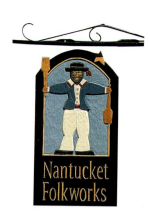

Woods Hole: Zur Sommerzeit schaufeln die Fähren die Besuchermassen im 45-Minuten-Takt nach Martha's Vineyard

Martha's Vineyard und **Nantucket** sind die Superstars unter den Inseln Neuenglands. Beide liegen südlich von Cape Cod, sind berühmte Sommerrefugien der Reichen und Mächtigen und trotz ihrer horrenden Preise chronisch ausgebucht – damit hören die Gemeinsamkeiten aber auch schon auf. Denn die Fans beider Inseln gehören höchst unterschiedlichen Fraktionen an. So hat **Martha's Vineyard** – meist nur *The Vineyard* genannt – ein liberales und weltoffenes Image, während Nantucket als traditionsreicher Hort der amerikanischen Geld-Aristokratie gilt. Auch die Politik hält sich von jeher an diese Regel: Demokraten wählen The

Vineyard für ihren Urlaub, die politische Prominenz der Republikaner ist im Sommer auf Nantucket zu finden.

Martha's Vineyard ging in den vergangenen Jahrzehnten öfter durch die Weltpresse: Als Senator Edward Kennedy auf der Dike Bridge, die nach Chappaquiddick Island führt, seinen Wagen mitsamt seiner Sekretärin ins Meer fuhr, als Steven Spielberg an den prächtigen Stränden den »Weißen Hai« drehte, als John F. Kennedy jr. am 17.7.1999 mit seinem Privatflugzeug abstürzte und natürlich als sich die Präsidenten-Familie Obama im Sommer 2009 in der Residenzvilla »Blue Heron« auf der Insel erholte, unter anderem beim Radeln am Lobsterville Beach. Viele Promis haben Villen auf Marthas Vineyard, Filmregisseur Spike Lee und Moderatorin Oprah Winfrey logieren hier ebenso wie die

Hafen von Nantucket: Der Reichtum der Walfangkapitäne machte die Insel berühmt und verhalf ihr zu literarischen Ehren; Herman Melville ließ hier die dramatische Jagd auf den weißen Wal Moby Dick beginnen.

Nantucket: Die wenigen Zimmer auf der Insel sind für den Sommer Monate im Voraus ausgebucht

Schauspielerin Meg Ryan. Doch The Vineyard ist auch bei den Fans der Prominenz beliebt. Den ganzen Sommer über schaufeln gigantische Fähren im Dreiviertelstundentakt Tausende neugierige Tagesgäste vom Festland hinüber. Die meisten lassen sich in Sightseeing-Bussen einmal rundherum karren und versuchen, einen Blick auf das ehemalige Anwesen der Kennedys, den schwarzen Rolls-Royce von Diana Ross und das Grab von John Belushi zu erhaschen. Wer mit dem eigenen Wagen hinüber will, muss für die 45-minütige Überfahrt bis zu 16 Stunden im Hafen warten, fürs Wochenende sind lange Vorabbuchungen obligatorisch.

Nantucket liegt 30 Meilen entfernt auf See, und dieser Abstand hilft auch gegen Stress und Festlandshektik. In den kopfsteingepflasterten Alleen der Inselhauptstadt herrscht selbst zur Hochsaison ein entspanntes, buntes Treiben der Sommergäste, die durch die Läden und Galerien in den prächtigen alten Kapitänsvillen bummeln, im historischen Whaling Museum einem Vortrag lauschen und sich beim Surfen oder Schwimmen an einem der zahllosen Strände erfrischen (anders als auf Martha's Vineyard sind fast alle öffentlich zugänglich). Und wer genügend Zeit hat, fährt mit dem Bus nach Siasconset ('*Sconset* genannt), wo die idyllischen, rosenüberwucherten Fischerkaten aus dem 18. und 19. Jahrhundert Romantik pur verströmen und das Leben noch einen Takt gemächlicher verrinnt als anderswo.

Inselliebhaber, die weder Prominenz noch hohe Preise brauchen, finden auf der kleinen Insel **Block Island**, zwölf Meilen vor der Küste von Rhode Island, ihr Ferienparadies. Gerade mal 700 ständige Bewohner hat das (nach ihrem holländischen Entdecker Adrian Block benannte) Eiland, das mit Felsen, Fischteichen und grünen Hügeln irischen Charme und mediterrane Ferienstimmung verströmt. Man wohnt in einfachen Cottages am Meer oder in nobel renovierten, viktorianischen Herrenhäusern wie dem Hotel Manisses. Und weil man den Leuchtturm und die übrigen Sehenswürdigkeiten der sieben Meilen kleinen Insel in Kürze gesehen hat, bleibt genügend Zeit fürs Vergnügen: baden, bummeln und feinstes Seafood.

Martha's Vineyard: Flugverbindungen gibt es von Boston, New York, Philadelphia, Providence, Washington Hyannis und New Bedford, Fähren gehen von Woods Hole, Falmouth, New York, Philadelphia, Providence, Washington, Hyannis und New Bedford; Infos versendet das Chamber of Commerce, P.O. Box 1698, Beach Rd., Vineyard Haven, MA 02568, ℂ (508) 693-0085 oder 1-800-505-4815. Alle Infos zu Martha's Vineyard unter www.mvy.com.

Nantucket: Flüge gehen von Hyannis und New Bedford wie am Fließband, von der Ankunft über Ticketkauf bis zum Start vergeht kaum eine halbe Stunde (✆ 508-771-6944); tägliche Flüge gibt es auch von New York (La Guardia) und Boston (Logan); die großen Fähren starten in Hyannis (✆ 508-477-8600), darunter die Expressfähren der Hy-Line Cruises, die die Strecke in 50 Minuten zurücklegen; von Harwich aus fährt die kleinere »Freedom« in 90 Minuten nach Nantucket. Infos versendet das **Chamber of Commerce**, Nantucket, MA 02554, ✆ (508) 228-1700, Fax (508) 325-4925, www.nantucketchamber.org; vor Ort geht man zum **Nantucket Visitors Services and Information Bureau**, 25 Federal St. (✆ 508-228-0925), unweit vom Hafen und von der Main Street, wo ein freundliches Team alle Informationen bereithält und nach Möglichkeit sogar noch ein freies Bett organisiert. Alle Infos unter www.nantucket.net.

Block Island: Entweder fliegt man (15 Minuten) mit der New England Airlines vom State Airport in Westerly, RI (✆ 401-596-2460), oder man nimmt die High-Speed-Ferry »Athena«, die von Galilee in 30 Minuten auf Block Island ist. Eine weitere Fähre geht von Montauk an der Spitze von Long Island. Infos versendet das **Chamber of Commerce**, Block Island, RI 02807, ✆ 401-466-2982, Fax 466-5286, www.blockisland.com. Ältestes und schönstes Hotel auf der Insel ist das **1661 Inn and Hotel Manisses** (One Spring St., Block Island, RI 02807, ✆ 401-466-2421, Fax 401-466-3162, www.blockislandresorts.com) mit 17 Zimmern, fünf Fußminuten von Hafen und Strand entfernt. Die Inhaberin zeigt den Gästen bei einer Gratisrundfahrt die Insel. Das Restaurant im Haus ist das beste auf Block Island.

Hotel Manisses auf Block Island: Für die Gäste gibt es eine Inselrundfahrt gratis

Chronik
Abriss der Geschichte der Neuengland-Staaten

von Alfred Blauth

Die heutige Landschaft Neuenglands erhielt ihre Form in der letzten Eiszeit, als sich vor 10 000 bis 12 000 Jahren die Gletscher nach Norden zurückzogen. Anthropologen vermuten, dass die ersten Siedler mongolischer Abstammung waren und vor 25 000 bis 12 000 Jahren über eine Landbrücke von Asien nach Amerika kamen. Die ältesten fossilen Funde bei Shawville (Vermont) und Wapunucket (Massachusetts) stammen aus der Zeit von 9000 bis 4000 v. Chr. und zeigen, dass den Menschen Steingut und Ackerbau bekannt waren. Hinweise auf eine höher entwickelte Architektur wie in Mittelamerika gibt es nicht. Zur Zeit der »Entdeckung« Amerikas lebten die Algonkin-Indianer in dieser Region.

Die ersten Weißen, die mit Amerika in Berührung kamen, waren Wikinger. Im Jahre 1000 entdeckte Leif Erikson »Vinland«, benannt nach den dort vorgefundenen wilden Trauben. Die genaue Lage Vinlands ist nicht bekannt, Historiker schwanken zwischen Neufundland in Kanada und dem heutigen Neuengland-Staat Maine. Einige Jahre später gab es einen Siedlungsversuch einer kleinen Wikingergruppe, der an der Gegenwehr der Ureinwohner scheiterte. Ein weiterer Versuch folgte erst ein halbes Jahrtausend später.

Die ersten weißen Siedler in Neuengland waren die englischen *Pilgrim Fathers*. Ohne die Hilfe der Algonkin, die den Neuankömmlingen Lebensmittel wie Mais, Bohnen, Kürbisse, Wildbret und Fisch überließen und ihnen heimische Anbaumethoden zeigten, hätten die »Mayflower«-Auswanderer nicht überlebt. Für die Indianer war der Kontakt mit den Weißen von Anfang an fatal. Die ersten englischen Kolonisten, die 1607 Jamestown, Virginia, gründeten, brachten Infektionskrankheiten aus Europa mit. In den folgenden Jahren starben in Massachusetts von den 30 000 indianischen Ureinwohnern mehr als 20 000 an den neuen Krankheiten. Mit der Festigung der Kolonien und dem weiteren Zustrom von Siedlern verloren die Algonkin gegenüber der zentralistischen Organisation der Weißen mehr und mehr an Boden, und im Gegensatz zu den Irokesen gelang es ihnen nicht, eine stammesübergreifende Nation zu bilden. So war ihr Untergang in kurzer Zeit besiegelt.

Auch die Besiedlungsgeschichte Neuenglands durch die Europäer begann mit den puritanischen Pilgrim Fathers. Puritaner waren vom Kalvinismus geprägte Protestanten, die die englische Staatskirche vom Katholizismus reinigen wollten (*to purify* = reinigen). Die Pilgrim Fathers gehörten zu einer kleinen, radikalen Gruppe von Separatisten, denen die Reform der anglikanischen Kirche nicht weit genug ging. Sie wollten sich von der Kirche trennen, um einzig nach der Bibel zu leben. Jede Kirchenhierarchie lehnten sie radikal ab und ließen sich die Bibel nur durch selbstgewählte Prediger auslegen. Diese

Die Wale wurden von einem kleinen Beiboot aus erlegt und an Bord verarbeitet, Druck von Currier & Ives, 1840

Selbstbestimmung lief dem Machtanspruch von Kirche und Staat zuwider, und entsprechend wurden die Puritaner in England immer wieder verfolgt.

Die historischen Pilgrim Fathers flüchteten zuerst in die Niederlande, wollten aber ihre Kinder nicht in einer fremden Sprache und Kultur erziehen und entschlossen sich, einen neuen, selbstbestimmten Start jenseits des Atlantiks zu wagen. Die »Mayflower« sollte ursprünglich in der Mündung des Hudson River vor Anker gehen, wurde aber von Stürmen nach Norden verschlagen und landete im November 1620 an der Spitze der Halbinsel Cape Cod (siehe Tage 12 und 13). Im Laufe der Jahre folgten weitere Siedler nach. Streitigkeiten in Glaubensfragen führten dazu, dass sich immer wieder neue Gruppen abspalteten und eigene Gemeinden gründeten.

Im Kampf der *French and Indian Wars* um das neue Land halfen die Siedler, englische Kolonialinteressen gegen französische Ansprüche durchzusetzen. Mit Boston, der »Stadt auf dem Berge«, wurde Neuengland in den Folgejahren zum Zentrum der Unabhängigkeitsbestrebungen.

Nach dem Sieg im Unabhängigkeitskrieg gegen England entwickelte sich Neuengland zum wirtschaftlichen (Seehandel und Walfang) und kulturellen Zentrum der Vereinigten Staaten. Im Sezessionskrieg kämpften die Neuengland-Staaten als Gegner der Sklaverei für die Union und gegen den Abspaltungsversuch der Südstaaten.

Danach verschoben sich die Gewichte. »Go West« war das Gebot der Stunde, die Landnahme im Wilden Westen versprach schnellen Reichtum. Auch die nun einsetzende Hochindustrialisierung mit neuen Zentren für Schwer-, Öl- und Autoindustrie veränderte die USA. Neuengland im Nordosten rückte aus dem Zentrum an den Rand der gesellschaftlichen Entwicklung. Die Integration gewaltiger Einwandererströme brachte zusätzliche Probleme, und schon bald stellten die Hunger-Flüchtlinge aus Irland die Bevölkerungsmehrheit; ab 1890 übernahmen die Iren in Massachusetts und Connecticut die Macht. Mit dem Schwarzen Freitag 1929 war endgültig die Talsohle erreicht.

In den folgenden Jahrzehnten erwies sich Neuengland als integrations- und innovationsfähig. Mit John F. Kennedy wurde der erste Nicht-WASP (*White Anglo-Saxon Protestant*) zum US-Präsidenten gewählt. In der Region um Boston entwickelte sich seit den siebziger Jahren ein erfolgreiches und innovatives Zentrum der Mikroelektronik, von hier aus trat das Computerzeitalter seinen Siegeszug an.

Die ursprüngliche rigide Theokratie der Puritaner wurde zwar mit jeder Generation abgeschwächt und modifiziert, doch der puritanische Traum von einer neuen, besseren Welt spielt auch heute noch eine zentrale Rolle im Selbstverständnis der USA. Von der Auserwählungsidee der Puritaner als neues Volk Israel über den daraus abgeleiteten Zivilisationsauftrag der White Anglo-Saxon Protestants führt eine gerade Linie zur heutigen Rolle der USA als Weltmacht und Weltpolizei.

DATEN

1492–1620: Die Zeit der Entdecker

1492	Kolumbus landet in Amerika.
1497	John Cabot, im Dienste Heinrichs VII. von England, ist wahrscheinlich der erste Europäer, der in Labrador die Küste Nordamerikas erreicht. Mit dieser Expedition beansprucht England alle Gebiete östlich der Rocky Mountains und nördlich von Florida.
1511	Der Portugiese Miguel de Cortereal segelt vor der Küste von Rhode Island.
1524	Im Dienst Franz I. von Frankreich kartographiert Giovanni da Verrazano die Küste Neuenglands.
1534	Jacques Cartier entdeckt den Sankt-Lorenz-Strom für Frankreich und öffnet den Weg zur Besiedlung des späteren Neufrankreich.
1583	Sir Humphrey Gilbert macht den ersten Siedlungsversuch. Er hat den königlichen Auftrag, »entferntes Heiden- und Barbarenland, das noch nicht im Besitz eines christlichen Fürsten oder Volkes sich befinde, ... für die Krone in Besitz zu nehmen«.
1602–06	Die Expeditionen der Forscher Bartholomew Gosnold, Martin Pring und George Weymouth werden erfolgreich beendet. Außer der Rinde des Sassafras-Baumes, die als medizinisches Wundermittel gilt, bringen sie fünf verschleppte Indianer von der Küste Neuenglands nach London. Sie werden auf Jahrmärkten als Attraktion vorgeführt und lernen die englische Sprache: Einer von ihnen wird später zum Retter der »Mayflower«-Siedler (siehe S. 189 f.).
1606	König James I. erteilt an die *Virginia Companies of London and Plymouth* das Privileg zur Gründung einer Kolonie.
1607	Sir Ferdinando Gorges und Sir John Popham versuchen in Maine zu siedeln. Nach einem harten Winter und Indianerangriffen kehrt die Gruppe 1608 nach England zurück (siehe S. 84).
1609	Der Franzose Samuel de Champlain erforscht das Gebiet des heutigen Vermont und meldet damit französische Gebietsansprüche an.

1614	Im Auftrag der *Plymouth Company* untersucht der Landvermesser John Smith die Region auf ihre Siedlungsfähigkeit. Seine »Descriptions of New England« werden zum Leitfaden der Pilgrim Fathers. Noch im selben Jahr segelt der holländische Entdecker Adrian Block den Connecticut River hinauf.

1620–1776: Die Kolonialzeit

1620	Mitte Dezember landen 102 Pilgrims mit der »Mayflower« bei Plymouth Rock, Massachusetts. Vorher dokumentieren sie im *Mayflower Compact* die Gründung ihres neuen »body politick« und verabreden Selbstverwaltung zum Wohle des neuen Gemeinwesens. Nur die Hälfte der Siedler überlebt den ersten Winter. Mit Hilfe des englischsprechenden Indianers Squanto gewinnen sie die Freundschaft und Hilfe der Eingeborenen. Die Siedler feiern 1621 gemeinsam mit den Indianern das erste *Thanksgiving* (siehe S. 190). Die geglückte Überfahrt über den Atlantik und das Überleben werden als Gottesurteile interpretiert; die Auserwählung als neues Volk Israel ist damit bestätigt.
1622	Das *Council for New England* teilt Sir Ferdinando Gorges und John Mason riesige Ländereien im heutigen Maine und New Hampshire zu.
1624	Plimoth Plantation wächst und besteht jetzt aus 30 Häusern.

1629–41: Neusiedler aus England

Gute Nachrichten von den Siedlungen in Neuengland ermutigen andere Puritaner, denselben Weg einzuschlagen. König Charles I. erteilt 1629 einer Gruppe von Puritanern einen Freibrief, als *Company of the Massachusetts Bay of New England* eine Kolonie zu gründen und zu verwalten. Unter Führung von John Winthrop landen etwa 1000 Siedler in Salem, das 1626 als Bauern- und Fischereisiedlung entstanden war. Sie ziehen weiter nach Süden und gründen 1630 das heutige Boston.

Wie die Pilgrims verstehen sich auch diese Puritaner als Auserwählte Gottes, leben streng nach ihren religiösen Idealen und begreifen ihre Gemeinschaft als Vorbild für den Rest der Welt. Politisch gehen sie einen Schritt weiter: 1631 werden sie auf die *Massachusetts Bay Colony* und ihre Beamten vereidigt – nicht auf den König von England.

Puritanerverfolgungen in England sorgen für einen stetigen Zustrom neuer Siedler: 1640 hat die Kolonie etwa 10 000 Einwohner. 1641 wird das erste Gesetzbuch erlassen. Es garantiert politische Freiheit und Wahlrecht für die freien Bürger. In religiösen Fragen sind die Massachusetts-Bay-Kolonisten absolut intolerant. Abweichler schaffen neue Siedlungen und treiben so die Entwicklung Neuenglands voran.

1636	Das Harvard College wird gegründet, um Prediger und Priester auszubilden.
1636–63	In Connecticut vereinigen sich die Puritanersiedlungen von Hartford, Wetherfield und Windsor zur *Connecticut Colony*. Ihre Verfassung *Fundamental Orders* schreibt 1639 das Wahlrecht fest. Zwischen dem Stamm der Pequot und den Connecticut-Kolonisten kommt es zur ersten größeren kriegerischen Auseinandersetzung. Mit Hilfe von Mohegan- und Narragansett-Kriegern siegen 1637 die weißen Siedler im *Pequot War*.

Mit Unterstützung zweier Narragansett-Häuptlinge legt Roger Williams 1636 den Grundstein für die Stadt Providence im heutigen Staat Rhode Island. Andere Abweichler, darunter Anne Hutchinson, gründen drei weitere Siedlungen: 1638 Pocasset, 1639 Newport und 1643 Warwick, die sich 1647 vereinigen. Ihre Legitimation ist ein Freibrief der *English Parliamentary Commission*. 1663 erhält Rhode Island einen Freibrief von König Charles II., der erstmals Religionsfreiheit in einer Kolonie Neuenglands garantiert. Rhode Island wird Zufluchtsort für Juden, Quäker und französische Hugenotten.

1641–80: Gebietsstreit um Maine und New Hampshire
Das 1622 vom *Council for New England* an die Kolonisatoren John Mason und Sir Ferdinando Gorges übertragene Land wird 1629 geteilt. Mason benennt sein Land nach seiner Heimat New Hampshire. 1641 kommt es unter die Kontrolle der *Massachusetts Colony*. 1680 erklärt Charles II. New Hampshire zur selbständigen Kolonie. Ferdinando Gorges erhält Maine. Nach seinem Tod kauft die *Massachusetts Colony* 1677 das Territorium von der Gorges-Familie. Maine wird sich erst 1819 von Massachusetts trennen.

1675–78: *King Philip's War*
1662 stirbt mit Massasoit jener Häuptling der Wampanoag, der 40 Jahre lang für eine friedliche Kooperation mit den weißen Siedlern gesorgt hatte. Sein Sohn Metacomet (von den Weißen King Philip genannt) sieht in der Landnahme der Weißen und der verstärkten Missionierung eine Gefahr für den Lebensraum der indianischen Stämme. 1675 beginnen gegenseitige Massaker, zuerst in Massachusetts und Connecticut, dann in ganz Neuengland. 1676 wird King Philip von den Kolonisten besiegt und getötet. Im Norden Neuenglands dauert der Krieg bis 1678. Mit dem Sieg der Weißen verlieren die Indianer ihre Eigenständigkeit.

1675–92: Streit mit England
Ab 1675 versuchen die Briten ihre Kolonien besser zu kontrollieren. Weil sie das britische Handelsmonopol mit Drittländern missachten, entzieht König Charles II. im Jahr 1684 der *Massachusetts Colony* den königlichen Freibrief.

1686 widerruft König James II. alle für Neuengland ausgestellten Freibriefe. Er fasst alle Kolonien im *Dominion of New England* zusammen und setzt ohne Mitsprache der Kolonisten eine zentrale Regierung ein. Die Kolonisten leisten Widerstand. So verweigern sie in Connecticut die Rückgabe des königlichen Freibriefes und verstecken ihn vor britischen Truppen im Stamm einer mächtigen Eiche (»Charter Oak«) in Hartford.

Nach der *Glorious Revolution* in England 1688 wird William of Orange neuer König. In seinem Freibrief für Massachusetts (1691) sind die alten Rechte fast vollständig wiederhergestellt und die *Plimoth* sowie die *Massachusetts Bay Colony* und die Insel Martha's Vineyard in einer einzigen Kolonie vereinigt. 1692 beendet der neue Gouverneur Sir William Phips die Hexenverbrennungen (siehe S. 66 ff.).

Um 1700 ist die Zahl der Nichtpuritaner in den Kolonien so groß, dass die anfänglich sehr strengen theokratischen Strukturen allmählich an Macht verlieren. Politik beginnt die Religion zu ersetzen.

1689–1763: *French and Indian Wars*

In diesem Zeitraum werden in den westlichen Gebieten Neuenglands die vier *French and Indian Wars* ausgefochten. Etwa zeitgleich mit den englischen Kolonien in Neuengland treiben die Franzosen entlang dem Sankt-

Antibritische Proteste: Mit dem »Stamp Act« brummte die englische Krone den Siedlern Steuern für Zeitungen, Spielkarten und Notarpapiere auf

Lorenz-Strom und im Gebiet der Großen Seen die Besiedlung Neufrankreichs voran. Es kommt zu heftigen Kämpfen um die Kontrolle der westlichen Gebiete Neuenglands, doch die Entscheidungen fallen in Europa. Dort steht England sowohl im Spanischen Erbfolgekrieg (1701–13/14) als auch im Siebenjährigen Krieg (1756–63) auf der Siegerseite. Im Frieden von Utrecht (1713) und im Frieden von Paris (1763) verliert Frankreich u.a. sämtliche Kolonialgebiete östlich des Mississippi an England.

1764–74: **Der Konflikt spitzt sich zu**

Bisher erwartete England von seinen amerikanischen Kolonien Rohstoffe, Absatzmärkte und außenpolitische Unterstützung, dafür bot es Schutz gegen Spanier, Franzosen und Indianer. Nachdem besonders der letzte *French and Indian War* den englischen Etat stark belastet und der (in der Navigationsakte ausdrücklich verbotene) Handel der neuenglischen Hafenstädte, u.a. mit den karibischen Inseln und Afrika, reiche Ernte gebracht hatte, wollen die Briten zwei Fliegen mit einer Klappe schlagen: Die Kolonien sollen sich an den Finanzlasten beteiligen, und die wachsende Tendenz zur Selbstbestimmung soll niedergeschlagen werden.

1764 belegt der *Revenue Act* Zucker, Seide und Weine mit Steuern. 1765 folgt der *Stamp Act* mit Steuern auf Rechtspapiere, Zeitungen und

Boston Massacre: Britische Rotröcke erschießen fünf Patrioten

Boston Tea Party 1773: Als Indianer verkleidete Kolonisten warfen Teekisten ins Meer

Spielkarten. Nach Protesten und Boykott durch die Kolonisten *(no taxation without representation)* nimmt 1766 William Pitt die Gesetze zurück. Aber schon 1767 sind die *Townshend Acts* mit Steuern auf Papier, Glas und Tee beschlossen. Zwei britische Regimenter werden nach Boston verlegt. Die Präsenz der Soldaten steigert den Zorn der Kolonisten, geheime antibritische Gruppen werden gebildet. 1770 töten Rotröcke fünf Aufständische bei einer Protestaktion vor dem Haus des Gouverneurs (*Boston Massacre*, siehe S. 44) und verschaffen der Freiheitsbewegung ihre Märtyrer. Daraufhin werden die *Townshend Acts* bis auf die Besteuerung von indischem Tee aufgehoben.

Am 16. Dezember 1773 kommt es zur *Boston Tea Party*: 60 als Indianer und Schwarze verkleidete Kolonisten, an ihrer Spitze die *Sons of Liberty*, entern britische Handelsschiffe und kippen 342 Kisten mit Tee ins Bostoner Hafenbecken. Englische Zwangsmaßnahmen folgen, die Briten blockieren den Bostoner Hafen, die Konfrontation spitzt sich zu.

Am 5. September 1774 findet in Philadelphia der erste Kontinentalkongress statt. In Neuengland beginnen Vorbereitungen für eine bewaffnete Auseinandersetzung mit den Briten, außerhalb der Städte werden Waffenlager angelegt; *Minutemen* (Freiwillige der revolutionären Milizverbände) halten sich kampfbereit. Im April ergeht an den britischen Kommandanten in Boston, General Thomas Gage, die Anweisung, umstürzlerische Aktivitäten zu verhindern.

Romantisch verbrämt: Paul Reveres berühmter Mitternachtsritt

1775–83: *The Revolutionary War*

Der amerikanische Unabhängigkeitskrieg beginnt in Massachusetts. Am 18. April 1775 rücken 700 britische Soldaten aus Boston aus, um ein Waffenlager der amerikanischen Miliz bei Lexington auszuheben (siehe S. 56 ff.). Hier fällt »the shot heard around the world« (Ralph Waldo Emerson). 77 vorgewarnte Minutemen erwarten die Soldaten, acht Aufständische bleiben tot zurück. Ohne Verluste marschieren die britischen Rotröcke auf Concord, wo 273 von ihnen fallen. Im Juni 1775 stürmen britische Truppen unter schweren Verlusten die Anhöhe Bunker Hill, die den Landzugang nach Boston sichert. Die Kolonisten sind von ihrer Sache überzeugt und kämpfen auf heimischem Territorium. Gegen die englischen Truppen, die zum großen Teil aus Söldnern bestehen, haben sie – trotz schwerer Rückschläge – den längeren Atem.

Im Frühjahr 1776 vertreibt General Washington die Briten aus Boston. Die Kämpfe verlagern sich nach New York, New Jersey und Pennsylvania; die Staaten Neuenglands unterstützen den Kampf mit Soldaten, Material und Kriegsschiffen. Am 4. Juli 1776 nimmt der zweite Kontinentalkongress die Unabhängigkeitserklärung an. 14 der Unterzeichner kommen aus Massachusetts, Connecticut, New Hampshire und Rhode Island. Mit Ausnahme von New Port, das erst im Oktober 1779 von den Briten befreit wird, hat Neuengland seine Unabhängigkeit erreicht. Die Weltmacht England ist 1781 mit der Schlacht bei Yorktown besiegt. Im Frieden von Paris 1783 wird der Kriegszustand offiziell beendet.

1783–1865: Von der Kolonie zur amerikanischen Identität

Die Unabhängigkeit bringt der losen Konföderation der 13 Gründerstaaten neue Möglichkeiten, aber auch interne Probleme. Erst nach Festschreibung der Bundeskompetenzen, der Respektierung regionaler Interessen und der Garantie individueller Rechte in der *Bill of Rights* ratifizieren nach und nach alle Neuengland-Staaten die Bundesverfassung. Vermont schließt sich als letzter Staat der nun aktionsfähigen Union an. Maine wird 1820 der 23. Bundesstaat der Union.

Die wirtschaftlichen Folgen der Unabhängigkeit sind unterschiedlich. Die Küstenregionen, besonders in Massachusetts, Rhode Island und Connecticut, bringen es schnell zu Reichtum und Wohlstand. Fischerei und Walfangindustrie profitieren vom Export nach Europa, die Werftindustrie bedient die Weltmärkte mit schnellen und wendigen Hochseeschiffen. Besonders einträglich ist der berüchtigte *Triangle Trade*, der Dreieckshandel mit Afrika und den Westindischen Inseln: Neuenglische Schiffe bunkern Rum in Providence und tauschen ihn in Westafrika gegen Sklaven. Diese werden auf den Westindischen Inseln gegen Melasse und Zucker ausgewechselt, die wiederum in Neuengland zu Rum verarbeitet werden.

Die Küstenregionen blühen auf, aber die Lage der ländlichen Gebiete verschlechtert sich. Karge Böden und das harte Klima machen den Bauern zu schaffen. 1786 weisen die Farmer im westlichen Massachusetts in der *Shays' Rebellion* auf ihre miserable Situation hin, viele ziehen westwärts oder in die Industrieregionen.

Während der Kolonialzeit hatten die neuenglischen Schiffe einen kleinen Aktionsradius und waren durch die englische Kriegsflotte geschützt. Nach der Unabhängigkeit sind sie weltweit aktiv, aber schutzlos. Besonders während der Napoleonischen Kriege nehmen die Attacken auf amerikanische Schiffe zu. Präsident Jefferson will eine Einbeziehung in die europäischen Kriege verhindern und erlässt 1807 die *Embargo Acts*: Sie verbieten amerikanischen Schiffen den Handel mit außeramerikanischen Häfen. Auch der Krieg 1812–14 gegen England schadet Handel und Wirtschaft.

Da Importe fehlen, wird die Produktion im eigenen Land vorangetrieben. 1789 schmuggelt Samuel Slater, ein englischer Mechaniker, Pläne einer neuen Spinnmaschine von England nach Amerika. Das revolutioniert die amerikanische Baumwollverarbeitung. 1790 wird die erste rentable Baumwollspinnerei bei Pawtucket am Blackstone River eröffnet. Die Ausbeutung der Arbeiter führt 1800 zum ersten Streik. Um 1830 sind zwei Drittel aller amerikanischen Baumwollspinnereien in Neuengland angesiedelt.

In Connecticut schaffen Eli Whitney, der Erfinder der Baumwollentkörnungsmaschine, und Samuel Colt durch die Massenproduktion auswechselbarer Maschinen- und Waffenteile die Grundlagen der Industrialisierung (vgl. S. 154 f.). Ab 1808 lässt Eli Terry massenhaft Uhren herstellen, Charles Goodyear vulkanisiert Gummi. Auch in der Papier-, Schuh-, Schmuck- und Metallindustrie wird Neuengland führend.

Im Kampf um die Unabhängigkeit ist Neuengland politisches Zentrum; bis 1850 wird die Region zum industriellen, im Verlauf des 19. Jahrhunderts auch zum geistig-kulturellen Mittelpunkt der USA. Da für die Puritaner die Ausbildung der Priester und der gewählten Repräsentanten des öffentlichen

Lebens ein zentrales Anliegen ist, eröffnen sie bereits 1635 das »Boston Latin« als erstes Gymnasium. 1636 wird die Harvard-Universität gegründet, 1701 folgt Yale in New Haven. Beide gehören bis heute zu den erfolgreichsten Denkfabriken der Welt. Im 18. Jahrhundert kommen neue Colleges hinzu, die Neuenglands überragendes Bildungssystem etablieren.

1639 wird die erste Druckerpresse installiert. Bis 1850 gibt es mehr als 400 regelmäßig erscheinende Zeitungen. Seit 1858 ist die Boston Public Library mit 750 000 Büchern für alle Bürger geöffnet. Neuengland wird zur Wiege amerikanischer Kunst und Kultur, es entwickelt sich eine eigenständige Literatur und Philosophie. Schriftsteller, Poeten und Denker wie Edgar Allan Poe, Henry David Thoreau, Ralph Waldo Emerson, Henry Wadsworth Longfellow, John Greenleaf Whittier, Nathaniel Hawthorne, Herman Melville, James Russell Lowell, Mark Twain, Emily Dickinson, Harriet Beecher-Stowe und Robert Frost erzielen weltweite Beachtung (siehe S. 55, 59 f., 142, 156 f.).

Der Interessenkonflikt zwischen den agrarischen Südstaaten und den sich industrialisierenden Nordstaaten zeichnet sich schon seit 1830 ab. Im amerikanischen Bürgerkrieg, dem Sezessionskrieg (1861–65), wird Neuengland zum zentralen Pfeiler der Union.

1865–1929: Von der Blüte zum Überlebenskampf

Mit dem amerikanischen Bürgerkrieg endet auch eine Epoche. Neben der Kolonisierung des Landes westlich des Mississippi verändert die Hochindustrialisierung mit Schwer-, Öl- und Autoindustrie die Vereinigten Staaten. Die neue Entwicklung der USA lässt die ländlichen Regionen Neuenglands in einen Dornröschenschlaf versinken. Einzig die industrialisierte Küstenregion profitiert davon mit Rüstungsindustrie, Schiffs-, Maschinenbau und Feinmechanik. Die profitable Walfangindustrie (siehe S. 174 ff.) bricht durch Ölfunde in Pennsylvania (1857) und später in Texas zusammen.

Die Landwirtschaft erlebt bis 1900 weitere schwere Einbrüche, viele Farmer geben auf und ziehen nach Westen. Katastrophale Hungersnöte in Irland bringen ab 1845 Tausende neuer Einwanderer nach Neuengland. Die alteingesessenen Yankees müssen ab 1890 die Macht an die neue katholische Mehrheit abgeben. Die politischen Sitten verfallen, Korruption und illegale Geschäfte blühen besonders während der Prohibition. Soziales Elend in den Städten und die prunkvollen Sommerresidenzen der neuen Tycoons sind die beiden Seiten des *Gilded Age* (siehe S. 67 ff.).

Die Aufträge für den Ersten Weltkrieg überdecken die Krise und führen zu einer kurzen Blüte. Aber schon 1920 geht die Produktion drastisch zurück. Der Schwarze Freitag 1929 trifft Neuengland am härtesten. Die Löhne werden halbiert, 40 Prozent der Bevölkerung sind arbeitslos.

Ab 1930: Der Weg zu einer neuen Identität

Der *New Deal* verhindert den wirtschaftlichen Zusammenbruch; Zweiter Weltkrieg und Kalter Krieg sorgen mit Aufträgen für Waffen, Hubschrauber, Kriegsschiffe, Flugzeugmotoren und Atom-U-Boote (das erste atomgetriebene Unterseeboot, die »Nautilus«, läuft 1954 in Groton vom Stapel) für eine profitable neuenglische Rüstungsindustrie.

Strand von South Boston um die Jahrhundertwende

Mit dem Beginn der siebziger Jahre wird der Großraum Boston zu einem Schwerpunkt der Mikroelektronik. Viele neue, hochtechnisierte Betriebe öffnen, andere werden durch Rationalisierung profitabel. Das Ende des Kalten Krieges verschärft den Strukturwandel. Die ländlichen Gegenden – einst Problemzonen – entwickeln sich mit ihren Bilderbuchlandschaften und denkmalgeschützten Bauten zum touristischen Aushängeschild.

Neuengland gilt als einzige Region der USA, die alles Provisorische überwunden hat und ein eigenes, dauerhaftes Profil besitzt. So resümiert der amerikanische Kulturkritiker Bernard Devoto schon 1936: »It is the first American section to be finished, to achieve stability in its conditions of life. It is the first old, and the first permanent civilization in America.«

Seit 2000: Zur Jahrtausendwende startet Boston mit dem »Big Dig«, dem größten Bauvorhaben der Stadtgeschichte. Die Hauptverkehrsader wird für 15 Milliarden Dollar unter die Erde verbannt. Die Lebensqualität steigt, gut betuchte und top-qualifizierte Berufstätige zieht es zurück in die City. Boston bleibt das Zentrum des intellektuellen Lebens der USA.

Edward Kennedy, jüngster Bruder von John F. und Robert Kennedy, stirbt mit 77 Jahren im August 2009 in Hyannis, dem Familiensitz auf Cape Cod. Der letzte bedeutende Spross der Dynastie, dessen Leben reich an Skandalen und Tragödien war, entwickelte sich vom Sorgenkind der Familie zum Grandseigneur der Demokratischen Partei. Auf dem Nominierungsparteitag für Barack Obama im August 2008 hatte er die Fackel weitergegeben: »Die Hoffnung erwacht erneut. Und der Traum lebt weiter.«

ZWEI WOCHEN DURCH NEUENGLAND

1. Programm: Boston

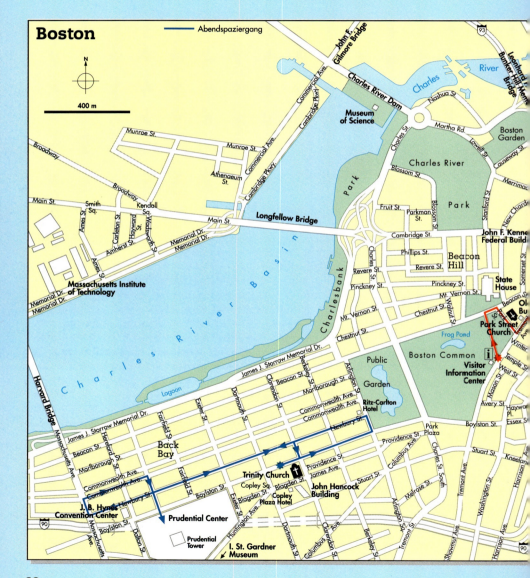

1. Programm: Boston

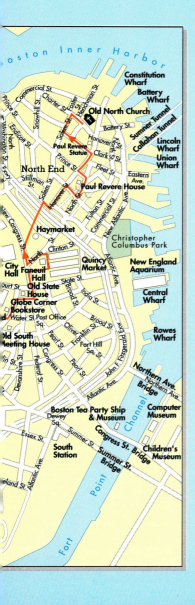

Vormittag	**Freedom Trail** vom Common bis Faneuil Hall
Mittag	Lunch im **Quincy Market**
Nachmittag	**Freedom Trail** von North End bis Old North Church. **Alternative mit Kindern:** wahlweise New England Aquarium, Boston Tea Party Ship & Museum, Children's Museum, Museum of Science.
Abend	Bummel und Dinner in der **Back Bay**, anschließend Abschiedsblick vom **Prudential Tower**.

Informationen: Das **Greater Boston Convention and Visitors Bureau** bietet auf seiner Webseite www.bostonusa.com alle Infos zu Themen wie »What to Do«, »Where to Stay« und »Boston by Season«. Dort kann man auch gleich die **Go Boston Card** buchen, mit der der Eintritt zu den 70 Top-Attraktionen der Stadt und der Umgebung gratis ist. Die Karte gibt es wahlweise für einen bis sieben Tage, für 3 Tage kostet sie € 68 ($ 100), für Kinder € 41 ($ 60). Man kann den Gutschein online ausdrucken und vor Ort gegen die Karte eintauschen.

In Deutschland wird Boston vom **Massachusetts Office of Travel & Tourism**, c/o Buss Consulting, Postfach 1213, 82302 Starnberg, ✆ (081 51) 73 97 87, vertreten. Unter ✆ (08 11) 73 97 87 oder per E-Mail (massachusetts@bussconsulting.de) kann man Infomaterial anfordern. Infos auf Deutsch unter www.massachusetts.de.

1. Programm: Boston

Boston mit Kindern: Im Visitors Center und in vielen Hotels liegt die Broschüre »Kids Love Boston«.

Hits für Kinder bis sechs Jahre:
– Skulptur »Make Way for Ducklings« im Public Garden: Die Bronze-Enten im nördlichen Ende des Parks nahe der Beacon St. sind die Lieblinge aller Bostoner Kinder. Entenmutter Mrs. Mallard und ihre acht Jungen sind die Helden des Kindermärchens »Make Way for Ducklings« von Robert McCloskey (erschienen 1941), das in jedem Buchladen und in vielen Hotelshops zu haben ist. Als 1989 eine der Bronze-Enten gestohlen wurde, empörte sich sogar die New York Times. Die Barkeeper der Umgebung sammelten damals erfolgreich für eine neue Federvieh-Skulptur.
– Ganz in der Nähe: Fahrt im Schwanenboot im Public Garden (Toastbrot zum Füttern mitnehmen); New England Aquarium mit riesigen Fischtanks und Streichelbecken.

Hits für Kinder ab sechs Jahre:
– New England Aquarium; Children's Museum; Boston Tea Party Ship & Museum mit Film und Show; Museum of Science mit dem integrierten Computer Museum; Hafenrundfahrt (das Schiff legt dabei meist an der Runway des Logan Airport an und wartet den nächsten Jet ab, der dann im Tiefflug über die Köpfe donnert).

1. Programm – Infos: Boston

Internet-Adressen:

www.BostonUSA.com – Alles über Boston.
www.boston.about.com
www.cambridge-usa.org – Alles über Cambridge.
www.citypass.net – Sechs Museen an neun Tagen zum gemeinsamen Sonderpreis.
www.massvacation.com – Infos zum Urlaub in Massachusetts und Online-Reservierungen.
www.artsboston.org – Veranstaltungen, Theater, Musik, Tanz, Tickets
http://boston.citysearch.com – Restaurants werden vorgestellt und bewertet.

i **Greater Boston Convention & Visitors Bureau**
2 Copley Place, Suite 105
Boston, MA 02116-6501
✆ (617) 536-4100, 1-800-888-5515
www.BostonUSA.com

i **Boston Common Information Center**
148 Tremont St., Boston Common
Boston, MA 02111
✆ (617) 536-4100, tägl. 9–17 Uhr
Kostenlose Karten und Broschüren; Ausgangspunkt des Freedom Trail.

i **Visitor Information Center**
The Shops at Prudential
Prudential Center, Center Court
800 Boylston St., Boston, MA 02111

Hotels:
Wer für ein Zimmer $ 300 aufwärts pro Nacht ausgeben will, hat in Boston eine

1. Programm – Infos: Boston, Salem

reiche Auswahl. Preiswertere Häuser sind leider kaum empfehlenswert, deshalb heißt der beste Tipp für alle, die ihr Budget schonen wollen: Raus aus der Stadt, beispielsweise nördlich von Boston ins 16 Meilen entfernte Salem, wo die Zimmer für zwei zwischen $ 70 und 140 kosten und während der Hauptverkehrszeiten alle 10–15 Minuten Züge nach Boston gehen (ansonsten stündlich, Fahrplan unter www.mbta.com). Wer es entspannter mag: Fünfmal täglich legen die Schiffe der Salem Ferry (© 978-741-0220) ab und fahren in 45 Minuten zum Long Wharf in Boston (Fahrplan www.bostonharborcruises.com) und zurück. Neben einigen Top-Hotels deshalb hier hauptsächlich attraktive und preisgünstige Adressen im Umland mit bester Verkehrsanbindung. Für Autofahrer sollte Boston ohnehin tabu sein: Einbahnstraßen-Chaos, fehlende oder sündhaft teure Parkplätze machen die Stadt zum Albtraum für Autofahrer.

Nine Zero
90 Tremont St., Boston, MA 02108

© (617) 772-5800, 1-866-906-9090
www.ninezero.com
Das neue 190-Zimmer-Hotel scheint direkt aus Manhattan zu stammen: ultrahip, durchgestylt und luxuriös, mit genialen Betten und opulenter Ausstattung im Bad und am Business-Schreibtisch. Ideal im Zentrum gelegen und mit spektakulärem Blick aus den oberen Etagen. Leicht reduzierte Preise im Internet. $$$–$$$$

Boston Park Plaza Hotel & Towers
50 Park Plaza at Arlington St.
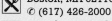
Boston, MA 02116-3912
© (617) 426-2000
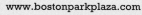
www.bostonparkplaza.com
Das 1927 eröffnete Luxushotel (941 Zimmer) mit dem Schwan im Wappen bietet für Familien spezielle Zimmer mit Kindersicherungen, ein Spielzimmer im Erdgeschoss sowie nostalgische Märchenstunden. Kinder unter 18 Jahren wohnen frei. Beste Lage unweit von Public Garden und Boston Common. $$$–$$$$

Lenox Hotel
61 Exeter St. at Boylston
Boston, MA 02116-2699
© (617) 536-5300, Fax (617) 267-1237
www.lenoxhotel.com
Persönlich geführtes Hotel in Familienbesitz aus dem Jahr 1900 mit 214 Zimmern, wenige Schritte von Prudential Center und Copley Sq. gelegen; Babysitting-Service. $$$–$$$$

Four Seasons
200 Boylston St.
Boston, MA 02116
© (617) 338-4400, 1-800-332-3442
Fax (617) 423-0154
www.fourseasons.com/boston
5-Sterne-Luxushotel am Public Garden, 273 große Zimmer auf 16 Stockwerken, Top-Service. Täglich um 15 Uhr wird in der Bristol Lounge High Tea serviert; Indoor-Pool, Babysitting-Service, Health Club. $$$–$$$$

Hotels und B&Bs nördlich von Boston:

Amelia Payson House
16 Winter St.
Salem, MA 01970
© (978) 744-8304
www.ameliapaysonhouse.com
Liebevoll geführtes kleines B&B mit vier Zimmern in einem historischen Haus von 1845, Fußweg zum Bahnhof, Frühstück inkl. $$–$$$

The Coach House Inn
284 Lafayette St.
Salem, MA 01970
© (978) 744-4092, 1-800-688-8689
www.coachhousesalem.com
Die viktorianische Villa im Historic District liegt zwei Blocks vom Meer entfernt, die Zimmer sind mit Antiquitäten ausgestattet; Frühstück inkl.; großer Parkplatz. $$–$$$

Cap'n Jack's Waterfront Inn

1. Programm – Infos: Boston, Swampscott, Marblehead, Beverly

253 Humphrey St.
Swampscott, MA 01907
C (781) 595-7910
www.capnjacks.com
Komplett renoviert, Meerblick, 10 Minuten nach Salem und Marblehead, Frühstück inkl.; direkte Zugverbindung nach Boston (alle 15 Min., mindestens jede Stunde). $–$$$

Marblehead Inn
264 Pleasant St.
Marblehead, MA 01945

C (781) 639-9999
www.marbleheadinn.com
Ideal für Familien: Kürzlich renoviert, bietet diese historische Villa ausschließlich Suiten mit kleiner Küche (4 Meilen zum Bahnhof von Salem). $–$$$

Lakeview Motor Lodge
5 Lakeview Ave., Beverly, MA 01915
C (978) 922-7535
www.lakeviewmotorlodge.com
Klassisches Roadside-Motel für den längeren Aufenthalt. Jede Einheit hat Wohnzimmer, Schlafzimmer, Küche und Bad, nett und sauber. Liegt an der Route 1A. Beverly ist eine Station der Bahnstrecke nach Boston. $–$$

BosTix
Faneuil Hall Marketplace
Boston, MA 02108
C (617) 482-BTIX, www.bostix.org
Di–Sa 10–18, So 11–14 Uhr
Bostons offizielles Entertainment Center und größte Ticket-Agentur verkauft Tickets für denselben Tag zum halben Preis.

Museum of Fine Arts
465 Huntington Ave., Boston, MA 02115

C (617) 267-9300, www.mfa.org
Sa–Di 10–16.45, Mi–Fr 10–21.45 Uhr, Tickets auch online, Eintritt $ 20, Kinder bis 17 Jahre frei
Bostons Louvre und Neuenglands größtes Kunstmuseum mit über 220 Galerien. Das imposante Gebäude aus dem Jahr 1909 (mit einem neuen Flügel von I. M. Pei) beherbergt u. a. die größte Sammlung französischer Impressionisten außerhalb Frankreichs, außerdem asiatische Kunst, amerikanische Malerei des 19. Jh. und eine eindrucksvolle ägyptische Kollektion.
Großer Museumsshop mit Reproduktionen, Büchern, Kinderspielzeug; gutes Restaurant, Cafeteria.

Isabella Stewart Gardner Museum
280 The Fenway, Boston, MA 02115
C (617) 566-1401
www.gardnermuseum.org
Tägl. außer Mo 11–17 Uhr, Eintritt $ 12/10
Ein Solitär unter den Museen: Der Bau im Stil eines venezianischen Palazzo beherbergt auf vier Stockwerken rund um den glasüberdachten Innenhof die Kunstsammlung einer außergewöhnlichen Millionärin.
Die in New York aufgewachsene Isabella Stewart Gardner (1840–1924) schockierte zur Jahrhundertwende das konservative Boston mit Aktionen, die ihr heute einen Ehrenplatz in jeder Talkshow garantieren würden. So trug sie Diamanten auf lange Antennen ins Haar gespießt und hielt zwei Löwen als Haustiere, die sie auf der Beacon Street ausführte.
Für ihre Kunstsammlung mit mehr als 2000 Gemälden, Möbelstücken und Skulpturen aus Europa und Asien ließ sie den Fenway Court genannten Palast erbauen, der ihr seit der Eröffnung 1903 auch als Bühne für zahlreiche Feste und Galas diente. Nach ihrem Tod wurde der Palast zum Museum. Bedingung der Eigentümerin: Nichts darf je verändert werden.

Museum of Science
Science Park am Charles River Dam
Boston, MA 02114-1099

C (617) 723-2500, www.mos.org
Tägl. 9–17, Fr bis 21, Hochsaison tägl. 9–19 Uhr

1. Programm – Infos: Boston

Eintritt $ 20/17, Tickets auch online
Das Museum, das seit 1951 auf dem Charles River Dam über dem Fluss hockt, ist eine Institution und ständig belagert von Schulklassen und Busgruppen. Favoriten unter den über 400 interaktiven Exponaten aus Naturwissenschaft, Biologie, Astronomie und Astrophysik sind die große Brutstation mit schlüpfenden Küken, das begehbare Modell einer Apollo-Mondkapsel und das **Theater of Electricity**, in dem in einer aufwendigen Show gezeigt wird, wie Elektrizität und Blitze entstehen.

Dem Museum sind das **Hayden Planetarium** und das **Mugar Omni Theater**, ein gigantischer Kinodom mit Rundum-Leinwand (nichts für Kinder unter 8 Jahren) angeschlossen.

 Children's Museum
308 Congress St., am Museum Wharf
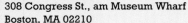 Boston, MA 02210
© (617) 426-6500
www.bostonchildrensmuseum.org
Tägl. 10–17, Fr bis 21 Uhr
Eintritt $ 12/9 , Fr 17–21 Uhr $ 1 pro Person
Hier macht das Lernen Spaß. In der Abteilung über den Körper werden z.B. ganz handgreiflich Sinne und Körperfunktionen erklärt. Aus den Lautsprechern dringen wüste Verdauungsgeräusche, und die Kids können einen darmlangen Schlauch aus der Wand ziehen oder mit einem Skelett tanzen. Ein Kletterlabyrinth verbindet die verschiedenen Stockwerke. Spielangebote (im Sommer auch Plansch- und Wasserspiele) für alle – vom Krabbelkind bis zum jugendlichen Baseball-Fan.

 New England Aquarium
Central Wharf
 Boston, MA 02110
© (617) 973-5200
 www.neaq.org
Mo–Fr 9–17, Sa/So 9–18 Uhr
Eintritt $ 20.95/12.95
Der Stolz des Museums ist der größte gläserne Salzwassertank der Erde, durc dessen zylindrisch geformte Welt zahllose Haie, Moränen, Schildkröten und Hunderte tropische Fische ihre Kreise ziehen.

Wie in einem Schneckenhaus wandern die Besucher an über 600 Meereswesen vorüber. Für Kinder sind die Seelöwen-Show und der offene Pool »Edge of the Sea«, in dem sie Seesterne, Krabben und Seeigel streicheln können, besonders attraktiv. In Neuenglands größtem IMAX-Kino kann man in 3D-Filmen die Unterwasserwelt hautnah erleben.

 Boston Tea Party Ship & Museum
Bleibt bis Sommer 2011 wegen Renovierung geschl. Details zur Renovierung und
 Neueröffnung unter www.bostonteapartyship.com
Subway-Station: South Station, von dort zu Fuß auf der Atlantic Ave. nach Norden und einen Block hinter der Federal Reserve Bank rechts abbiegen.

Vor Bostons imposanter Skyline liegt der originalgetreue Nachbau der Brigg »Beaver II«, eines jener englischen Handelsschiffe, deren Teeladung die Aufständischen seinerzeit in den Hafen kippten. Für Besucher wird die historische Tea Party mit viel Spaß nachgespielt.

 John Hancock Observatory
Trinity Place & St. James Ave.
Boston, MA 02116
»Closed until further notice due to 9/11« heißt es lapidar, seit man das Aussichtsdeck im 60. Stockwerk drei Tage nach den Terroranschlägen im September 2001 schloss. Seither kann man nur noch von außen die Spiegelungen der Trinity Church in der gläsernen Fassade des Gebäudes bewundern (Architekt I.M. Pei), der Blick über die Stadt bleibt den Bürochefs vorbehalten.

 Prudential Center Skywalk Observatory
 800 Boylston St., zwischen Huntington Ave. & Boylston St., Boston, MA 02199

– Infos: Boston

...648
...en Line bis Prudential Station
...tialcenter.com
... tägl. 10–22, Nov.–Feb. tägl.
10–20 Uhr, Eintritt $ 12/8
Von den Einheimischen »The Pru« genannt, gilt das 52 Stockwerke hohe Prudential Center als städtebauliche Sünde aus den 1960er-Jahren. Das Observation Deck auf dem 50. Stock in 213 m Höhe bietet ein 360-Grad-Panorama von Boston (mit Audio-Guide).

Freedom Trail
www.thefreedomtrail.org

Am Visitor Center im Boston Common beginnt die breite rote Linie auf dem Asphalt, die die Besucher über 2,5 Meilen auf den Spuren des historischen Boston durch die Stadt führt. Unterwegs markieren 12 Bauwerke und Schauplätze den Weg aus der kolonialen Geschichte in die Unabhängigkeit. Unter dem Motto »Walk into History« stehen täglich fünf unterschiedliche, geführte Touren zur Auswahl. Sie dauern jeweils 90 Minuten und kosten zwischen $ 12 und $ 43 (Historische Pubs), Tickets im Visitors Center (Tremont St., tägl. 9–17 Uhr).

Old State House
206 Washington St., an der Kreuzung Washington, Court & State Sts.
Boston, MA 02109
Subway-Station: State Street
✆ (617) 720-1713, www.bostonhistory.org
Tägl. 9–17 Uhr, Eintritt $ 7/3
Bostons ältestes öffentliches Gebäude aus dem Jahr 1713 auf dem Boden des Town House von 1657. 1780 wurde John Hancock als erster Gouverneur im State House vereidigt. Die Museumskollektion zeigt Zeugen dieser Zeit – neben Gemälden und alten Stichen auch Teekisten der Boston Tea Party.

Faneuil Hall
Faneuil Hall Sq. & Merchants Row
Boston, MA 02108
✆ (617) 523-1300
www.faneuilhallmarketplace.com
Mo–Sa 10–21, So 12–18 Uhr, Eintritt frei
In diesem Backsteinbau, der als Bostons Wahrzeichen gilt, fanden während der Revolution viele aufrührerische Versammlungen statt; berühmt ist auch die Grashüpfer-Wetterfahne auf dem Dach.

Old North Church (Christ Church)
193 Salem St., Boston, MA 02113
Subway-Station: Haymarket, North Station
✆ (617) 523-6676, www.oldnorth.com
Jan./Feb. Mo–Fr 10–16, Sa/So 9–17, März–Mai 9–17, Juni–Okt. 9–18, Nov./Dez. 9–17 Uhr, Messe So 9 und 11 Uhr
Die älteste Kirche Bostons aus dem Jahr 1723; im Kirchturm ist das Originalfenster zu sehen, aus dem Paul Reveres Laternen leuchteten. Die Orgel stammt aus dem Jahr 1759.

Old Town Trolley
Long Wharf, 296 State St.
Boston, MA 02127
✆ (617) 269-3626, www.trolleytours.com/
Boston, tägl. alle 20–30 Minuten, Sommer 9–17, Winter 9–16 Uhr, Tickets $ 36/13
Die Bähnchen starten an Long Wharf, man kann aber auch an jeder der 18 Haltestationen unterwegs aus- oder zusteigen. Eine Rundfahrt dauert 90 Minuten. Neben den klassischen Sightseeing-Touren gibt es auch Spezialthemen wie »Ghosts and Gravestones« oder »Chocolate Tour«.

Boston Duck Tours
3 Copley Place, Suite 310, Boston, MA 02116
✆ (617) 267-3824
www.bostonducktours.com
Amphibienfahrzeuge aus dem Zweiten Weltkrieg chauffieren die Gäste durch Bostons Straßen und das Hafenwasser. Die Touren starten am Museum of Science und am Prudential Center in Bostons Back Bay, Tickets gibt es am Counter im Prudential Center, im Museum of Science und in der Faneuil Hall. Die Rundfahrten dauern 80 Minuten und

1. Programm – Infos: Boston

kosten $ 30 für Erwachsene und $ 20 für Kinder (3–11 Jahre).

Schwanenboote im Public Garden
© (617) 522-1966, www.swanboats.com
Mitte April–Mitte Sept. tägl. 10–16 Uhr
$ 2.75/1.50

Die gemächliche Rundfahrt hat Tradition: Seit 1877 gleiten die Swan Boats, von einem Fahrer im Heck per Pedal angetrieben, mit zwei Meilen pro Stunde über den Teich. Erfinder der Schwanenboote war Robert Paget, ein englischer Einwanderer und Fan der Wagner-Oper »Lohengrin«. Die heutige Flotte mit sechs Booten (je 20 Gäste) gehört seinen Nachkommen; ältester Kahn ist »Big Bertha« aus dem Jahr 1918.

L'Espalier
30 Gloucester St. (Nähe Copley Sq.)
Boston, MA 02115
© (617) 262-3023, www.lespalier.com
Mo–Sa 11.30–14 und 18–22 Uhr

Das elegante Restaurant in einem klassischen Gründerzeithaus gehört zu den ersten Adressen in Boston. Service, Stil und Mahlzeiten sind perfekt; serviert wird kreative amerikanische Küche – unbedingt reservieren. Zur Auswahl stehen außer Essen à la carte auch 4-Gänge-Menüs zum freundlichen Festpreis. $$$

Union Oyster House
41 Union St., Boston, MA 02108
© (617) 227-2750
www.unionoysterhouse.com
Tägl. 11–21 Uhr

Stühle und Tische sind etwas klein und tendenziell ungemütlich, Küche und Atmosphäre dafür erstklassig und typisch *Ye Olde New England*. Kein Wunder, denn dies ist Bostons ältestes Restaurant (1826 eröffnet), und schon Daniel Webster schlürfte hier frische Austern. $$–$$$

The Daily Catch
323 Hanover St.
Boston, MA 02113
© (617) 523-8567, www.dailycatch.com

Der Name ist Programm, die Gäste warten gutgelaunt im kleinen Laden-Restaurant, bis ein Tisch frei wird (keine Reservierungen). $$–$$$

Shopping
Bostons **Charles Street** ist berühmt für ihre Antiquitätenläden, in der **Newbury Street** und im **SoWa District** (South of Washington Street) sind die Kunstgalerien zuhause und die **Back Bay** gilt als teuerste Fashion-Adresse Neuenglands. Hier entstand der Slogan »if-you-have-to-ask-you-can't-afford-it«. Highlights sind Adressen wie Chanel, 15 Arlington St., im Ritz-Carlton (© 617-859-0055), Ermenegildo Zegna, 39 Newbury St. (© 617-424-6657), Gianni Versace, 12 Newbury St. (© 617-536-8300), Hermès of Paris, 22 Arlington St. (© 617-482-8707), kate spade, 117 Newbury St. (© 617-262-2632) und La Perla, 250 Boylston St. (© 617-423-5709).

40 Autominuten südlich von Boston warten die **Wrentham Village Premium Outlets** (© 508-384-0600, www.premiumoutlets. com) mit Marken-Boutiquen von

Inline-Skating im Public Garden

1 Das Beste aus zwei Welten
Ein Tag in Boston

Für erfahrene USA-Reisende, die zum ersten Mal nach Boston kommen, ist die Überraschung perfekt. Das soll eine amerikanische Großstadt sein? Kopfsteingepflasterte Gassen mit Buchläden und Kunstgalerien, überfüllte Straßencafés, Feuerschlucker und Stehgeiger – viel eher fühlt man sich nach Amsterdam, Wien oder Paris versetzt. Verdutzt stolpert man weiter, immer noch in der Erwartung, dass der Spuk hinter der nächsten Ecke ein Ende hat.

Hier muss es doch so aussehen, wie in amerikanischen Städten gemeinhin üblich: weder Fußgänger noch Flaneure, dafür winddurchwehte Hochhausschluchten und hektische Aktivität hinter den gläsernen Fassaden der Skyscrapers. Stattdessen strahlt Boston mit baumbestandenen Alleen im Gründerzeit-Look, mit verwinkelten Gassen und unbeschwertem Straßenleben überall von Geschmack, Geist und Laisser-faire.

Tatsächlich vereint die Metropole am Charles River das Beste aus zwei Welten. Hier ist aufs Schönste zusammengewachsen, was keineswegs zusammengehört: das verwinkelte Chaos europäischer Altstädte und die kalte Pracht verglaster Hochhaus-Kunstwerke, das donnernde Leben des italienisch geprägten North-End-Viertels, wo der Belcanto aus den offenen Fenstern knödelt, und die kühlperfekte Funktionalität des Kongressviertels, in dessen musikdurchwehten

Glas-Arkaden man trockenen Fußes die halbe Stadt durchqueren kann. Kurzum: Lebensstil und Kultur tragen in Boston europäische Züge, und nicht nur die intellektuelle Elite fühlt sich durch Seelenverwandtschaft mit der Alten Welt verbunden. Als Hort und Inbegriff der erstrebenswerten Lebens- und Denkungsart gilt Frankreich, und Paris hat am Charles River den Nimbus eines kulturellen Mekkas.

Europäisch überschaubar sind auch die Ausmaße von Neuenglands heimlicher Hauptstadt. Weniger als drei Meilen misst das Zentrum vom quirligen North End bis zum gläsernen Prudential Center in der Back Bay. Dieses Planquadrat ist nicht nur leicht zu Fuß zu erobern, sondern auch mit einem sauberen und sicheren Subway-System (von den Einheimischen »T« genannt, eine Abkürzung für Trans-

Bostons elegantes Stadtviertel Back Bay am Charles River

portation) perfekt erschlossen. Alle Sehenswürdigkeiten finden sich zwischen diesen beiden Polen, und sämtliche patriotischen Schreine der 350-jährigen Stadtgeschichte noch dazu. Und die sind den Einwohnern ganz besonders ans Herz gewachsen. Denn mit der *Boston Tea Party* 1773 begann der revolutionäre Aufstand gegen die britischen Kolonialherren. Von hier aus wurde die Unabhängigkeit von der britischen Krone erkämpft. Entsprechend selbstbewusst sieht sich Boston als Wiege der USA.

Die Geschichte zieht sich denn auch ganz konkret als roter Faden durch die Stadt. Am Information Center im grünen Park des **Boston Common** beginnt die fette, rote Markierung des **Freedom Trail** und führt zu allen historischen Marksteinen. An dieser Stelle stöberte 1634 eine Gruppe Puritaner unter John Winthrop auf der Suche nach einem günstigen Siedlungsplatz einen Eremiten auf, der ihnen sein Land verkaufte und sich in eine ruhigere Gegend verzog. Auf dem Grund der ehemaligen Einsiedelei entstand der *Common* – die Gemeindewiese –, der überall in Neuengland eine zentrale Rolle spielt: Hier exerzierte das Militär, hier weideten die Kühe, und hier wurden die ersten Abweichler und Gesetzesbrecher abgestraft. Denn die Puritaner waren zwar wegen ihrer Andersgläubigkeit aus England geflohen, doch das machte sie Abweichlern gegenüber nicht nachsichtiger – Pranger, Galgen und andere Folter- und Strafinstrumente waren auch in Boston die ersten Möbel auf dem Platz.

Der 25 Hektar große Boston Common ist der älteste öffentliche Park in den USA und Schauplatz der meisten Open-Air-Veranstaltungen. Auf der hügeligen Ostseite findet man Straßenmusikanten und Kunstausstellungen, an der flachen Westseite finden Großveranstaltungen und Konzerte statt.

Unter dem goldenen Kuppeldach des State House wird Massachusetts regiert

Granary Burying Ground: puritanisch karg auch nach dem Tod

Nach wenigen Schritten leicht bergan sieht man den goldenen Kuppeldom des **State House**, eines der wichtigsten Wahrzeichen der Stadt und Sitz der Regierung von Massachusetts. Das güldene Dach empfiehlt sich als Orientierung für einen späteren Spaziergang, denn links vom Regierungssitz liegt **Beacon Hill**, eines der schönsten und nobelsten Viertel vom Beginn des 19. Jahrhunderts mit schmalen, kopfsteingepflasterten Gassen und eleganten Stadthäusern. Hier residierten einst die reichen Bostoner Kaufleute, und auch heute gehören Adressen wie Charles Street (mit Antiquitätenhändlern, Restaurants und Boutiquen) und die Gegend rund um den Louisburg Square mit Gaslaternen, Türklopfern und schmiedeeisernen Feuerleitern zu den besten und teuersten Wohnadressen.

Nächster Stopp auf dem Freedom Trail ist die Park Street Church aus dem Jahr 1809 mit dem benachbarten historischen Friedhof **Granary Burying Ground**, dessen kahle und karge Optik sehr beredt vom strengen, asketischen Geist des Puritanismus erzählt. Zahlreiche historische VIPs sind hier begraben, darunter auch John Hancock und Samuel Adams, die Helden der Revolution (siehe Zusatztag Concord) und Unterzeichner der amerikanischen Unabhängigkeitserklärung.

Im **Globe Corner Bookstore** (früher Old Corner Bookstore) trafen sich im 19. Jahrhundert führende Denker und Literaten wie Ralph Waldo Emerson, Henry David Thoreau, Nathaniel Hawthorne und Margaret Fuller, die Hauptvertreter des Transzendentalismus (siehe S. 59 f.). Häufiger Gast im Philosophenzirkel war auch Oliver Wendell Holmes, seines Zeichens Anatomieprofessor der Harvard-Universität, der sich in seiner Freizeit gerne literarisch betätigte.

Beacon Hill, Bostons teuerstes Pflaster

Bostons heutige PR-Spezialisten gehören zu seinen größten Fans, denn von Holmes stammt der euphorische Ausspruch, Bostons State House sei »the hub of the solar system«. Boston als Mittelpunkt des Sonnensystems – ein Zitat, das in keiner Werbebroschüre der Stadt fehlt.

Im **Old South Meeting House**, das 1729 als puritanisches Bet- und Versammlungshaus entstand, schildert eine Ausstellung die dramatischen Revolutionswirren. Über Kopfhörer kann man an den *Talking Walls* den Reden aufgebrachter Bürger lauschen, Portraits und Handschriften geben authentische Zeugnisse ab. Hier nahm am 16. Dezember 1773 die legendäre *Boston Tea Party* ihren Ausgang: Bostoner Bürger verkleideten sich als Indianer und Schwarze, stürmten zum Hafen, enterten die britischen Handelsschiffe und warfen 342 Kisten britischen Tee ins Meer – ein handfester Protest gegen die Steuerpolitik der Krone. Heute verkauft der *Gift Shop* neben dem Ausgang den Tee der britischen Unterdrücker im Beutelchen, und für die wahren Revolutionäre gibt es dickbauchige Bostoner Kaffeetassen als Souvenir.

Im **Old State House** aus dem Jahr 1713 residierten früher die Kolonialherren; heute sind im Museum im ersten Stock Bilder, alte Stiche und Relikte aus der kolonialen und revolutionären Zeit zu sehen. Vom Balkon des Hauses wurde die Unabhängigkeitserklärung verlesen. Draußen an der Ostseite des Gebäudes markiert ein Kreis aus Kopfsteinen den Ort des so genannten Boston-Massakers, an dem britische Soldaten im März 1770 fünf Patrioten töteten – ein Zwischenfall, der die gespannte Atmosphäre zwischen Patrioten und britischen Besatzern weiter aufheizte.

Zentrum der revolutionären Aktivitäten war die **Faneuil Hall**, ein Markt- und Versammlungshaus, das 1742 auf Antrag von Peter Faneuil, einem der reichsten Bostoner Kaufleute, gebaut worden war. Im Erdgeschoss herrschte schon damals buntes Markttreiben, im ersten Stock trafen sich die Bürger regelmäßig zum *town meeting*, das zusehends zu Protestveranstaltungen gegen das britische Empire geriet und der Faneuil Hall den Ehrentitel *Cradle of Liberty*, Wiege der Freiheit, einbrachte.

Inzwischen ist der Backsteinbau mit der goldenen Heuschrecke als Wetterfahne (aus dem Jahr 1746, und damit eines der wenigen authentischen Kunstwerke aus der Kolonialzeit) auch das Zentrum dessen, was die Amerikaner *festival marketplace* nennen: ein revitalisiertes historisches Viertel mit Boutiquen, Straßenmusikanten und buntem Flanierleben. Die umliegenden Markthallen des **Quincy Market** mit zahllosen Restaurants und Essständen tragen zur fröhlichen Rummelplatz-Atmosphäre bei.

Puppenhausartig duckt sich das Old State House zwischen den Bank- und Versicherungsgebäuden ▷

Buntes Markttreiben: Quincy Market im Stadtzentrum

Zigtausend Besucher haben hier täglich die Qual der Wahl zwischen New Yorker *bagels*, japanischen Nudelsuppen, italienischen Salaten, französischer Quiche, dänischem Smörrebröd und fangfrischem Hummer aus Maine. Das alles wird im Stehen oder Sitzen meist aus der Hand genossen, und dabei vergnügt man sich an den Auftritten der zahlreichen Straßenkünstler, die Kaninchen aus dem Zylinder zaubern oder auf dem Hochrad übers Hüpfseil springen – fast alles Harvard-Studenten, die sich so die nächste Monatsmiete verdienen.

Wer mit kleinen Kindern unterwegs ist, wird für die Nachmittagsstunden das nahe **New England Aquarium** ansteuern mit Seelöwen-Show und dem offenen Pool »Edge of the Sea«, in dem die Jüngsten lebende Seesterne und Meeresschnecken anfassen können.

Für Jugendliche ist das **Boston Tea Party Ship & Museum** ein Muss (bis Sommer 2011 wegen Renovierung geschlossen): Ambiente und die kleine Show in historischen Kostümen auf dem (seetüchtigen) Nachbau der Brigg »Beaver II« sind origineller als die beste Schulstunde zum Thema *Tea Party*: Im Schiffsbauch schauen in den Kojen täuschend echt die nackten

Faneuil Hall: In diesem Versammlungshaus trafen sich einst die Revolutionäre

Füße der Seeleute unter den groben Wolldecken hervor, Plastikratten tummeln sich auf der Treppe, und aus dem Bordlautsprecher erzählt der Kapitän mit knarriger Stimme von den Abenteuern, als die »Beaver II« noch nach Westindien fuhr.

An Deck kann man sich mit leichter Verspätung dem Aufstand gegen die britische Krone anschließen und mit dem historischen Schrei »dump the tea« ein angeleintes Teekisten-Bündel über Bord werfen. Zur Belohnung wird im Schiffsinneren (wo Ausstellungen und ein kurzer Spielfilm über die Tea Party informieren) eisgekühlter Tee ausgegeben.

Vom Schiffsdeck aus sieht man jenseits der Brücke ein Museum, das auch Ignoranten begeistert: das Kinder-Spielhaus **Children's Museum**, in dem sich ein ganzer Tag verbummeln lässt.

Wer auf Tea Party und Children's Museum verzichtet und stattdessen auf der Spur des Freedom Trail bleibt, nähert sich Bostons quirligstem Stadtviertel. Vom **Faneuil Hall Marketplace** überquert man die North Street und passiert auf der Union Street bei Hausnummer 41 mit dem »Union Oyster House« das älteste Restaurant der Stadt sowie den größten Obst- und Gemüsemarkt **Haymarket** (jeden Freitag und Samstag).

Das **North End** ist der älteste Stadtteil Bostons, das Einfallstor für alle Immigranten und heute fest in italienischer Hand. Früher war er durch die Autobahnbrücke von Downtown getrennt. Typisch für Bostons Little Italy ist die geschäftige **Salem Street** mit italienischen Gemüse-, Pasta- und Fischhändlern und duftenden Bäckereien. Einen Block rechts von der Salem Street stößt man auf die Hauptschlagader des North End, die **Hanover Street**. Hier begann vor wenigen Jahren der Siegeszug der italienischen Küche. Inzwischen gehört es zur lukullischen Allgemeinbildung, ein gepflegtes Gespräch über Farfalle und Gnocchi führen zu können.

Boston Tea Party Ship & Museum

Zwei Blocks die Hanover Street hinauf, geht es rechter Hand in die Prince Street und zum **Paul Revere House** (19 North Sq.), wo jener patriotische Silberschmied lebte, der die aufständischen Farmer in seinem Mitternachtsritt nach Lexington vor den britischen Truppen warnte (siehe S. 56 f.).

In der nahen **Paul Revere Mall** ist der Freiheitsheld mit einem dramatischen Reiterstandbild verewigt. Wenige Schritte weiter, in der Salem Street 193, hat man das Herz des North End erreicht: **Old North Church** ist die älteste Kirche der Stadt und nach Meinung amerikanischer Fachleute mit dem »süßesten Glockenklang in ganz Amerika« gesegnet. Auch sie gilt als ein nationaler Schrein, veredelt von etlichen Legenden aus der Zeit des Kampfes gegen die britische Krone. So soll Paul Revere, bevor er sich zu seinem nächtlichen Ritt in den Sattel schwang, dafür gesorgt haben, dass vom Turm der Kirche ein Lichtsignal meldete, von welcher Seite aus die britischen Truppen anrückten.

»One if by land, two if by sea«, hieß der Code – berühmt geworden durch das mythologisierende Versepos »Paul Revere's Ride«, das der Schriftsteller und Harvard-Professor Henry Wadsworth Longfellow 1861 zu Papier brachte. Das dichterische

Werk ist patriotisches Pflichtprogramm aller Schulkinder. Eine der beiden Laternen, die in jener Nacht im Fenster der Old North Church den Weg der britischen Truppen meldete, wird heute als Reliquie im Museum von Concord aufbewahrt (siehe S. 54). In der Old North Church zelebriert man jedes Jahr im April ein Remake: Zum Jahrestag hängen die Nachkommen der Rebellen Laternen ins Turmfenster.

Im Innern der Kirche sieht man die hochgeschlossenen Kabinen der *family pews*, mit Namensschildern für bestimmte Familien reservierte Kirchensitze (Türchen 54 führt zum einstigen Stammplatz der Familie Revere). In einer kleinen Kapelle hinter dem Ausgang ist ein kurioser Souvenirladen untergebracht. Hier endet unser Rundgang auf den Spuren der Geschichte – der Rest des Freedom Trail interessiert nur eingefleischte US-Patrioten.

Nächste Subway-Station ist Haymarket (jenseits vom Fitzgerald Expressway); von hier aus geht es mit der grünen Linie fünf Stationen nach Süden zum abendlichen Bummel durch die Back Bay, Start und Endpunkt dafür ist der Copley Square.

Auch wenn der Stadtteil **Back Bay** mit seiner altehrwürdigen Optik, mit viktorianischen Herrenhäusern, Gartencafés und eleganten Flanierstraßen zum Synonym für *Old Boston* wurde, ist es historisch gesehen doch das jüngste Viertel. Noch zu Beginn des 19. Jahrhunderts stand es als Teil des Charles River unter Wasser, wurde aufgeschüttet und schließlich zu Bostons extravagantestem Stadtteil. Vom Pariser Baustil der Boulevards inspiriert, entwarf Architekt Arthur Gilman für das neu geschaffene Nobelviertel ein symmetrisches Layout mit parallel zum Flussufer verlaufenden Avenues.

Hauptachse ist die **Commonwealth Avenue**, die Bostoner Variante der Champs-

Museum of Science: Zweimal täglich entlädt sich im Theater of Electricity ein Gewitter

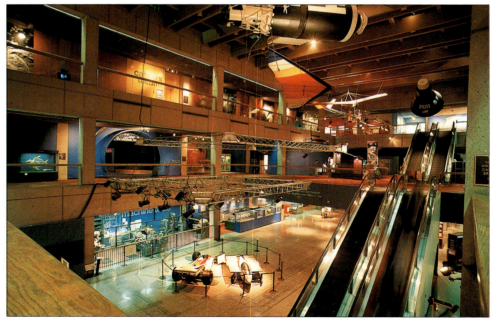

Bostons jüngstes Wahrzeichen: Leonard P. Zakim Bunker Hill Bridge, links das Science Museum

Élysées. Während der Magnolienblüte wird die Promenade in der Mitte zur schönsten Flaniermeile der Stadt. Vor der großen Depression lebte in den Herrschaftshäusern zu beiden Seiten das Großbürgertum. Teuerstes Pflaster der Back Bay ist aber nicht der *Comm Ave* genannte Nobel-Boulevard, sondern seine südliche Parallele, die charmante **Newbury Street**, wo (nach dem Rodeo Drive in Beverly Hills und Palm Beachs Worth Avenue) die dritthöchsten Mieten der USA kassiert werden. Mit 40 Kunstgalerien, zehn Antiquitätenläden, Boutiquen, Cafés und Restaurants bietet die Newbury Street die intime Version von New Yorks glamouröser Madison Avenue.

Wem im oberen Ende Richtung Public Garden die Läden zu teuer und die Passanten zu chic sind, der muss nur weiter bummeln: Je mehr man sich nach Westen bewegt, desto legerer wird die Szene. Hinter der Querstraße Fairfield hat sich bereits die eine oder andere gewöhnliche Wäscherei zwischen Hair Stylist und Edel-Boutique eingenistet, und kurz vor der Mass Avenue bevölkern dann endgültig Youngsters in zerrissenen Jeans die Eisdielen, und lilahaarige Punks hocken mit dem Sixpack am Straßenrand.

Startpunkt für unseren abendlichen Bummel ist der **Copley Square**, dessen gewagter Architektur-Mix zeigt, wie sich selbst schrillste Gegensätze zu einer harmonischen Komposition fügen. Da spiegelt sich die dunkle, wuchtige **Trinity Church** aus dem Jahr 1877 in der blaugrün schimmernden Glasfassade des eleganten, lichten **John Hancock Tower**, des höchsten und schönsten Skyscraper Neuenglands. Anfang der 1970er-Jahre gab es massive Bürgerproteste gegen den Bau des 62 Stockwerke hohen Turms von I. M. Pei, inzwischen gilt das schlanke Hochhausprisma längst als architektonischer Glücksfall.

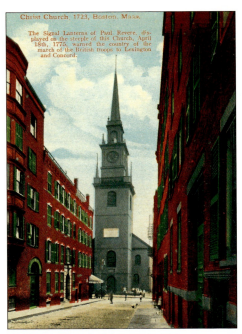

Old North Church: Laternen im Turm

Kirche und Hochhaus im Rücken, gehen wir auf der Boylston Street nach rechts bis zur Kreuzung mit der Arlington Street am Public Garden. Einen Block weiter steht gegenüber vom Park an der Ecke Arlington/Newbury Street das älteste **Ritz-Carlton Hotel** des Kontinents aus dem Jahre 1927. In der Lounge im zweiten Stock kann man sich im Ohrensessel bei einer Tasse Tee von der rummeligen Welt zurückziehen; jeden Freitag- und Samstagabend wird hier ein Hummer-Buffet aufgebaut. Wenn's nicht ganz so teuer sein soll, empfehlen sich die Cafés weiter westlich auf der Newbury Street wie Cafe Florian (Nummer 85) oder das Harvard Book Store Cafe (306).

Schräg gegenüber vom Harvard Cafe steht die **Ames-Webster-Villa** (306 Dartmouth St./Ecke Commonwealth Ave.), die als eines der imposantesten Häuser der Back Bay gilt. 1872 für den Eisenbahn-Tycoon Frederick L. Ames gebaut,

Schwanenboot im Public Garden: von jeher ein Muss für Boston-Besucher

Stilmix: Bostons Copley Square mit Trinity Church und John Hancock Tower

präsentiert sich das Haus im Innern ebenso gewaltig-theatralisch wie von außen. Wer den Wandel der Newbury Street vom Cartier-Glamour zur Meile der Studenten erleben mag, wandert bis zu ihrem Ende, biegt rechts in die Massachusetts Avenue und bummelt (wieder rechts) an den noblen Häusern der Commonwealth Avenue zurück.

Wieder am Copley Square erwartet uns bei der Trinity Church etwas zurückversetzt (138 St. James Ave.) ein krönendes Beispiel historischer Back-Bay-Pracht, das ohne Eintritt zu bewundern ist. Die gold- und spiegelgleißende Lobby des **Copley Plaza Hotel** aus dem Jahr 1912 macht deutlich, wie die hiesigen Herrschaften vor der großen Depression logierten. Der »Plaza Dining Room« wartet mit der besten Weinliste der Stadt auf. Einen Steinwurf vom löwenflankierten Hoteleingang entfernt, ragt der schimmernde **John Hancock Tower** in den Himmel. Das Observatory im 60. Stock wurde am 13. September 2001 geschlossen, weil der freie Zugang ins gesamte Gebäude als Sicherheitsrisiko gilt. Statt dessen bietet sich für uns der Blick vom nahen **Prudential Center** an, der nach seiner Fertigstellung 1964 mit 228 Metern das höchste Gebäude außerhalb Manhattans war. Die Aussichtsplattform im 52. Stock bietet einen Rundumblick auf alles, was wir uns heute erlaufen haben: die schnurgeraden Avenues der Back Bay (dahinter der Charles River samt Lagune), den Public Garden mit dem Schwanenboot-Teich, den Boston Common samt Freedom Trail und das North End. Die runde Kuppel am Charles River gehört zum legendären Massachusetts Institute of Technology (MIT) und weiter stadteinwärts ist die neue, zehnspurige **Leonard P. Zakim Bunker Hill Bridge** zu sehen, die erste asymmetrische Brücke der USA und Bostons jüngstes Wahrzeichen.

1.1 Route: Boston – Lexington – Concord – Walden Pond – Concord (42 km/26 mi)

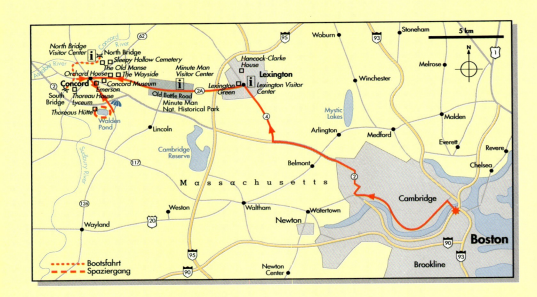

km/mi	Zeit	Route
0	9.00 Uhr	Von **Boston** über Memorial Dr. (am nördlichen Ufer des Charles River westwärts) auf Rt. 2 North, über Rt. 4 nach
19/12		**Lexington**. Spaziergang über Lexington Green und Besuch im **Minute Man Visitor Center**. Auf der Rt. 2A, der historischen Battle Rd., nach
32/20		**Concord**, einchecken. Besuch des Concord Museum. Weiter zur
35/22	12.00 Uhr	**South Bridge**. Von dort **Kanufahrt** auf dem Concord River zur North Bridge und zurück mit Picknick unterwegs. Mit dem Auto zur
38/24		**North Bridge** und Spaziergang über den **Sleepy Hollow Cemetery**. Zurück zur South Bridge und Ausflug zum
40/25		**Walden Pond**. Blick in die Replik von **Thoreaus Hütte**, Spaziergang um den See (2 km; Badesachen mitnehmen).
42/26	19.00 Uhr	Rückfahrt nach **Concord**.

1.1 Route: Boston – Lexington – Concord – Walden Pond – Concord (42 km/26 mi)

Natürlich kann man auch wieder ins Hotel nach Boston zurückfahren. Wer in Concord übernachtet, klinkt sich über folgende Strecke (etwa 20 Meilen) ins morgige Programm ein: Rt. 2A nach Lexington, I-95/Rt. 128 North Richtung Gloucester. Auf der Rt. 128 North bleiben bis zum Exit 35E, dort weiter auf die Rt. 114 East bis Marblehead Center (vgl. Karte 2. Route, S. 61).

1.1 Route – Infos: Lexington, Concord

Visitors Center
1875 Massachusetts Ave.
Lexington, MA 02420, ℂ (781) 862-2480
www.lexingtonchamber.org
Informationen, Lagepläne, Diorama.

Lexington Battle Green
Schauplatz des »ersten Schusses der Revolution«; die Statue des Captain Parker wurde 1799 aufgestellt.

Hancock-Clarke House
36 Hancock St., Lexington, MA 02421
ℂ (781) 862-1703
www.lexingtonhistory.org
April–Mitte Juni Sa/So 11–14, Mitte Juni–Ende Okt. tägl. 11–14 Uhr
Hier wurden die späteren Freiheitshelden John Hancock und Samuel Adams (1776 Mitunterzeichner der Unabhängigkeitserklärung) in der Nacht zum 19. April 1775 unsanft aus dem Schlaf gerissen, als Paul Revere und sein Kompagnon William Dawes die Warnung vor den anrückenden britischen Truppen überbrachten.

Minute Man Visitor Center
250 North Great Rd.
Lincoln, MA 01773
ℂ (781) 862-7753
www.nps.gov/mima
Ausstellung, Rangerprogramme, Bücher, Film »To Keep Our Liberty«.

North Bridge Visitor Center
174 Liberty St., Concord, MA 01742

ℂ (978) 369-6993
www.nps.gov/mima
April–Ende Nov. tägl 9–16, Dez.–Ende März tägl. 11–15 Uhr; Hartwell Tavern Ende März–Ende Okt. tägl. 9–17 Uhr
An der North Bridge trafen Briten und aufständische Farmer aufeinander. Die jetzige Holzbrücke wurde 1956 nach historischem Vorbild gebaut. Die Statue des Minute Man von Daniel Chester French und die Grabinschrift für die gefallenen britischen Soldaten erinnern an die Ereignisse von 1775. Im Visitor Center auf dem Hügel werden Kopien des damaligen Outfits der britischen Soldaten angeboten. Die Brücke ist über die Monument St. zu erreichen, eine Dreiviertelmeile von Concord entfernt. Informationen, Ausstellungen, Bücher, Rangerprogramme.

Sleepy Hollow Cemetery
Bedford St.
Concord, MA 01742
ℂ (978) 318-3233
Tägl. 7 Uhr bis Sonnenuntergang
Von der North Bridge zurück zum Zentrum von Concord führt links die Bedford St. zum Friedhof (Eingang linker Hand). Schilder (»Author's Ridge«) weisen zu den Gräbern von Ralph Waldo Emerson, Henry David Thoreau, Nathaniel Hawthorne, Lou-

1.1 Route – Infos: Concord, Lincoln

Concord Museum – Pilgerstätte für Patrioten

isa May Alcott und dem Minute-Man-Bildhauer D. C. French. Auch eine Skulptur von ihm ist hier zu finden: das Melvin Memorial, das drei Brüdern aus Concord gewidmet ist, die im amerikanischen Bürgerkrieg starben.

 Concord Museum
200 Lexington Rd. (Kreuzung Rt. 2 und 2A)
Concord, MA 01742
✆ (978) 369-9763
www.concordmuseum.org
April–Dez. Mo–Sa 9–17, So 12–17 (Juni–Aug. ab 9 Uhr) Uhr, Jan.–März Mo–Sa 11–16, So 13–16 Uhr, Eintritt $ 10/5
Für amerikanische Patrioten ist die Laterne des Paul Revere, die in der Nacht seines berühmten Rittes nach Lexington in der Old North Church in Boston hing, Höhepunkt der Museumsführung.

Die ganze Kollektion (Militaria, aufgebautes Schlacht-Diorama des Scharmützels an der North Bridge, persönliche Gegenstände von Thoreau und Emerson, eigene Abteilung mit indianischen Funden aus der Gegend) ist liebevoll und detailgenau präsentiert.

 South Bridge Boathouse
496 Main St. (Rt. 62), etwa eine Meile westl.
 vom Zentrum von Concord (hinter der Concord Academy)
Concord, MA 01742
✆ (978) 369-9438, www.canoeconcord.com
Mo–Fr 10–18, Sa/So 9–19.30 Uhr
Boot- und Kanumiete für Stunden, Tage oder Wochen. Das Flüsschen Concord ist idyllisch wie einst zur Indianerzeit und auch für Neulinge (samt kleinen Kindern) problemlos zu befahren; unterwegs kann man an kleinen Sandbuchten anlegen, baden und picknicken. Verpflegung mitbringen, Schwimmwesten werden gestellt.

 Etliche historische **Herrenhäuser** laden in Concord zur Besichtigung ein (meist tägl. 10–16.30 Uhr, Details erfragen), darunter **The Old Manse** aus dem Jahr 1770 (Monument St., kurz vor der North Bridge, ✆ 978-369-3909), in dem Emerson und Hawthorne lebten; das **Orchard House** (399 Lexington Rd., ✆ 978-369-4118), wo Louisa May Alcott 1858–77 lebte und ihre berühmte Novelle »Little Women« schrieb; **Emerson's House** (gegenüber vom Concord Museum, ✆ 978-369-2236), das Heim des Schriftstellers bis zu seinem Tode 1882; das **Thoreau Lyceum** voller Memorabilien (156 Belknap St., ✆ 978-369-5912) und **The Wayside**, ein Prachtbau aus dem 19. Jh. (an der Rt. 2A, gegenüber vom Concord Museum, ✆ 978-369-6975) und Heimat berühmter Literaten und Reformer.

 Gropius House
68 Baker Bridge Rd. (über die Rt. 126 am Walden Pond vorbei)
Lincoln, MA 01773
✆ (781) 259-8098

1.1 Route – Infos: Lincoln, Concord

www.historicnewengland.org
Anfang Juni bis Mitte Okt. Mi–So 11–16 Uhr, sonst nur Sa/So, Eintritt $ 10
Hier lebte Bauhaus-Architekt Walter Gropius von seiner Ankunft in den USA 1937 bis zu seinem Tod 1969. Gropius war 1933 vor den Nazis nach London emigriert und hatte ab 1937 einen Lehrstuhl an der Harvard University in Cambridge. Das heutige Museum zeigt außer den Möbeln und Einrichtungsgegenständen auch die Kunstkollektion der Familie.

Walden Pond
Walden St. (Rt. 126)
✆ (978) 369-3254
www.mass.gov/dcr/parks/walden
Von Concords Zentrum ist es nur etwa eine Meile auf der Walden St. nach Süden bis zum idyllischen See (kurz vor dem Ziel überquert man die Rt. 2). Die (gebührenpflichtigen) Parkplätze liegen linker Hand, rechts schimmert schon das Wasser durch die Bäume. Auf dem Weg zum Badestrand (kein Eintritt) passiert man das Modell der Hütte Thoreaus. Ein romantischer Spazierweg führt am Ufer entlang, vorbei an kleinen, einsamen Buchten. Von der historischen Hütte des Schriftstellers und Philosophen (am nördlichen Ufer bei Thoreau's Cove) sind nur noch Relikte zu sehen. Im Badehaus gibt es Kabinen, Duschen und Toiletten; Verpflegung muss man mitbringen.

The Colonial Inn
48 Monument Sq., Concord, MA 01742
✆ (978) 369-9200, 1-800-370-9200
Fax (978) 371-1533
www.concordscolonialinn.com
Der stilvolle Ausklang dieser Reise in die Vergangenheit: Etliche Siedlerfamilien der ersten Stunde wohnten in dem Herrenhaus aus dem Jahre 1716, darunter auch die Familie Henry David Thoreaus. 1889 wurde es in ein Hotel mit historischem Charme (50 Zimmer und Suiten) umgewandelt. $$–$$$$

Im einstigen Philosophen-See Walden Pond gehen heute die Bostonians baden

Der erste Schuss und die Hütte am See
Auf historischen Spuren in Concord

1.1 Route

Nicht nur Boston ist ein Glücksfall für Hirn und Herz, auch die Ziele des heutigen Ausflugs lassen an Charme und Liebreiz nichts zu wünschen übrig. Die meisten Amerikaner wären jedoch zumindest verstimmt, wenn man das Städtchen **Concord** wegen seiner typisch neuenglischen Bilderbuchschönheit loben würde, und das gleichnamige Flüsschen wegen seiner verwunschenen Naturidylle.

Sie bekommen aus ganz anderen Gründen glänzende Augen und weiche Knie, wenn von Concord die Rede ist: An der **North Bridge** in Concord war es, wo die freiheitsliebenden Puritaner zum ersten Mal als künftige Amerikaner auf den Plan traten. Sie schlugen die anrückenden Soldaten der verhassten britischen Krone, die sie wirtschaftlich ausbeutete, in die Flucht. Hier fand jenes erste Scharmützel statt, das den amerikanischen Unabhängigkeitskrieg einleitete, hier fiel »the shot heard around the world«.

Selbst die Anfahrt von Boston nach Lexington hat historische Weihen. In der Nacht vom 18. auf den 19. April 1775 gab hier der Silberschmied Paul Revere seinem Pferd die Sporen. In seinem legendären Mitternachtsritt jagte er sein Ross von Boston nach Lexington, um die aufständischen Farmer vor den anrückenden britischen Truppen zu warnen. Folge war, dass sich am nächsten Morgen 77 bewaffnete Bauern, die sich der Unabhängigkeitsbewegung angeschlossen hatten (Minutemen genannt, weil sie in kürzester Zeit kampfbereit waren), auf dem **Lexington Green** versammelten, um die immerhin 700 anrückenden Soldaten in Empfang zu nehmen.

Die Briten zogen nach kurzem Schusswechsel, bei dem acht Patrioten getötet wurden, weiter nach Concord, um auftragsgemäß die Waffenlager der Revoluzzer auszuheben und die Vorräte der Aufsässigen niederzubrennen. Doch mit jedem Meter, den sie auf der heutigen **Old Battle Road** zurücklegten, wuchs die Zahl der Minutemen, der bewaffneten Rebellen.

An der North Bridge standen sie einander schließlich gegenüber: 400 Farmer gegen 700 britische Rotröcke. Die Briten feuerten, die Amerikaner in spe schossen

Auf dem Lexington Green fiel der »shot, heard around the world«

zurück – und die Truppen Ihrer Majestät suchten ihr Heil in der Flucht, wobei ihnen auf dem Rückweg immer mehr bewaffnete Bauern Beine machten, denn in jedem Dorf kamen weitere Freiwillige dazu. Noch am gleichen Tag besetzten die Briten Boston; die Belagerung dauerte fast ein Jahr.

Der Schauplatz des Geschehens sieht heute ebenso sanft und idyllisch aus wie zu den Gründungszeiten der Siedlung im Jahr 1635, als an den Ufern des **Concord River** noch Indianer lebten. Hüfthoch wachsen die Wiesenblumen, und die Grillen zirpen mit den Rangern des North Bridge Visitor Center um die Wette, die in launigen Vorträgen den Besuchern alle historischen Details der Stätte erläutern. Dabei helfen sie der Phantasie etwas nach: Bei der Schilderung der anrückenden Rotröcke ertönt das leise Tschinderassabum marschierenden Militärs aus versteckten Lautsprechern. Und vor der Statue des **Minute Man** geht alle paar Minuten ein anderer Vater ergriffen in die Knie, um dem Sprössling von der Weihe dieses Ortes zu erzählen.

Am schönsten lässt sich die Naturidylle vom Wasser aus genießen, auf einer gemütlichen Bootsfahrt unter schattenspendenden Baumwipfeln. Das kleine Flüsschen Concord ist so träge, dass man kaum sieht, in welche Richtung es fließt. An der South Bridge stehen Kanus zur Miete bereit, und mit wenigen Paddelschlägen taucht man ein in die sonnenbeschienene, grillenzirpende Natur. Libellen tanzen über dem Wasser, Schildkröten recken auf morschen Stämmen den Kopf in die Sonne, Enten kommen zum Füttern vorbei. Wildgänse brüten an den sandigen Ufern, die auch zum Picknick einladen. Und verfahren kann man sich auch nicht: Irgendwann wölbt sich

Brücke in Concord: Tschinderassabum im Gebüsch

Der Concord River zeigt sich noch heute sanft und idyllisch wie zur Indianerzeit

die North Bridge über das Flüsschen, und der Wind weht ein leises Tschinderassabum herüber.

Doch Concord ist weit mehr, als nur ein Puzzlestein der amerikanischen Historie. In den schmucken Herrenhäusern entlang der Main Street residierten im vergangenen Jahrhundert Intellektuelle und Dichterfürsten, Philosophen und Politiker, und jedes der alten Häuser hat seine eigene Geschichte. So wurde beispielsweise **The Old Manse** neben der North Bridge 1769 von Reverend William Emerson erbaut, der am Fenster Zeuge des North-Bridge-Scharmützels wurde. Sein Enkel Ralph Waldo Emerson wuchs darin auf, und auch Nathaniel Hawthorne lebte einige Zeit hier und verewigte das Haus in seiner Erzählung »Mosses From an Old Manse«.

In Concord nahm auch jene philosophisch-literarische Bewegung ihren Ausgang, die als **Transzendentalismus** in die Literaturgeschichte einging und als erste eigenständig-amerikanische Weltsicht gilt. Fast alle wesentlichen Vertreter dieser Denkrichtung lebten hier und sind in der Author's Ridge auf dem **Sleepy Hollow Cemetery** begraben. Transzendentalisten wie Emerson, Hawthorne und Thoreau wehrten sich gegen den wachsenden Materialismus und die kalvinistische Starre der herrschenden Religion. Für sie war der Mensch eingebettet in eine vom göttlichen Prinzip regierte, harmonische Natur. Diese Hinwendung zur Natur als einzige Norm wird besonders deutlich im Leben und Werk von Henry David Thoreau.

1845–47 zog sich der Schriftsteller aus Protest gegen das »rastlose, nervöse, geschäftige, triviale 19. Jahrhundert« in eine selbstgezimmerte Hütte am **Walden Pond** zurück, einem in weite Wälder eingebetteten See bei Concord. Seine Tagebuchno-

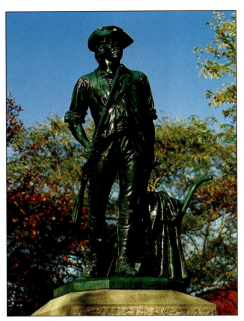

Minute Man: Ergriffene Kniefälle

tizen aus jener Zeit verarbeitete er zu einem literarischen Essayzyklus, der unter dem Titel »Walden, or Life in the Woods« (»Walden oder Leben in den Wäldern«) 1854 veröffentlicht wurde. Das Werk hatte weltweiten Erfolg und beeinflusste Autoren und Denker wie Yeats, Tolstoi und Gandhi.

Heute treffen sich an einem schönen Sommertag Tausende am Badestrand des Walden Pond, der schlammfrei und weitaus wärmer ist als der nahe Atlantik. Wer erst gegen Abend an den malerischen See kommt und noch dazu ein paar hundert Meter am Ufer entlang wandert, kann die Idylle Thoreaus nachempfinden. Auf der Nordseite sind die morschen Reste seiner Hütte zu finden, ein Nachbau davon (mit Flöte, Tisch und Bett) ist unweit vom Parkplatz besucherfreundlich in den Wald platziert. Wer sich für die Original-Relikte interessiert, findet sie im **Museum von Concord.**

Concord: patriotisches Pflaster und erstklassige Wohnadresse

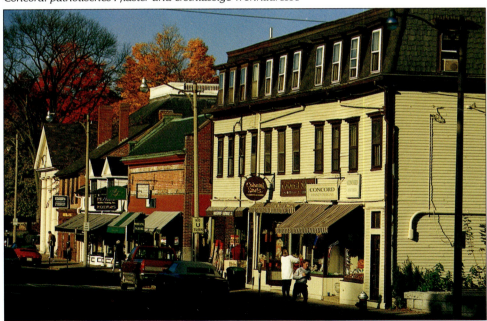

2. Route: Boston – Marblehead – Salem – Rockport
(80 km/50 mi)

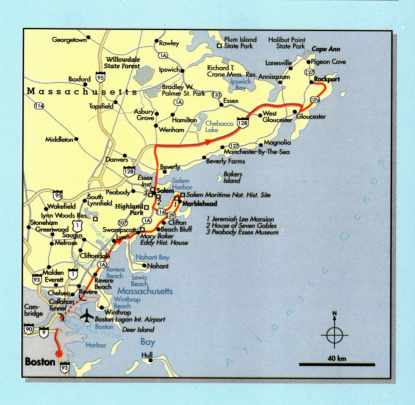

km/mi	Zeit	Route
0	9.00 Uhr	Von **Boston** auf der Rt. 1A North (durch den Callahan Tunnel Richtung Logan Airport) an der Küste entlang. Bei Swampscott auf die Rt. 129 East bis
32/20		**Marblehead**, Spaziergang durch den Historic District, Picknick im Crocker Park mit Blick auf den Hafen. Fahrt zum
35/22		**Marblehead Neck**. Weiterfahrt über die Rt. 114 auf 1A nach
42/26	12.30 Uhr	**Salem** mit Besuch wahlweise im **Salem Witch Museum**, im **Peabody Essex Museum** oder im **House of Seven Gables**. Weiter über Rt. 1A auf die 128 East und bei Exit 9 über **Gloucester** zum Tagesziel
80/50	17.00 Uhr	**Rockport**. Einchecken, Dinner und Bummel am Bearskin Neck.

Zusatztage auf Cape Ann:
Die Rt. 127/127A umrundet Cape Ann fast immer in Küstennähe, so dass man mit einigen Abstechern auf die Felsnasen auch alle fünf **Leuchttürme** zu sehen bekommt. Die schönsten **Badestrände** mit feinem Sand (Long Beach) und dramatischen Granitfelsen (Good Harbor Beach) liegen im Südosten; mit Kindern ist besonders **Good Harbor Beach** einen ganzen Ausflugstag wert. Sehenswert ist aber auch **Gloucester**, der älteste aktive Seehafen der USA. Ideal für Kinder ist hier das neue **Gloucester Maritime Heritage Center** (23 Harbor Loop, Gloucester, tägl. 10–17 Uhr, ℂ 978-281-0470) auf dem Gelände der ehemaligen Maritime Railway mit diversen Ausstellungen und *touch tanks* mit lebendem Seegetier zum Anfassen.

Der **Maritime Trail** in Gloucester führt auf vier kurzen Spazierrouten zu allen historischen Plätzen. Die Broschüre dazu gibt es im Gloucester Welcoming Center, ℂ (978) 281-8865, am Stage Fort Park. Gloucesters Wahrzeichen ist »The Man at the Wheel«, die bronzene Statue am Stacy Blvd.: Der Fischer am Steuerrad blickt seit 1923 hinaus aufs Meer – zu Ehren all jener, die dort ihr Leben ließen.

Gloucester ist aber auch ein attraktiver Ausgangspunkt für **Walbeobachtungen** (z.B. mit den Schiffen der Cape Ann Whale Watch, ℂ 1-800-877-5110, www.caww.com), denn die beiden größten Futterstellen der Meeressäuger sind ganz in der Nähe (Jeffrey's Ledge liegt acht Meilen im Norden, Stellwagen Bank 12 Meilen südlich und wird auch von Provincetown/Cape Cod aus angesteuert). Die **Rocky Neck Art Colony** in East Gloucester ist ursprünglicher und untouristischer als ihr Gegenstück in Rockport, kann auf eine 200-jährige Geschichte (mit Malern wie Winslow Homer und Schriftstellern wie Rudyard Kipling) verweisen und bietet urige Adressen für Lunch oder Dinner.

Zwei Meilen weiter südlich wartet ein originelles Museum namens **Sleeper-McCann-House** (75 Eastern Point Blvd., Gloucester, ℂ 978-283-0800, Mitte Mai–Mitte Sept. Mo–Fr 10–16 Uhr, stündl. geführte Rundgänge). Henry Davis Sleeper, Star-Designer der 1930er-Jahre, feierte hier rauschende Feste und richtete die 40 Räume mit Antiquitäten, kolonialen Fundstücken und kühner Phantasie nach historischen und literarischen Themen ein. Im Sommer werden Kammerkonzerte und Teestunden veranstaltet.

Optimal für eine leichte Küstenwanderung: **Halibut Point State Park** (Abfahrt an der Rt. 127 in Pigeon Cove, ℂ 978-546-2997); in den Sommerwochen werden naturkundliche Führungen angeboten. Tipp für Lunch oder Dinner im Freien mit Selbstbedienung und traumhaftem Blick: The Lobster Pool, 329 Granite St., Route 127, ℂ (978) 546-7898.

Infos im Internet: www.cape-ann.com und www.gloucesterma.com.

2. Route – Infos: Marblehead

Marblehead Chamber of Commerce
62 Pleasant St., Marblehead, MA 01945
ℂ (781) 631-2868, Fax (781) 639-8582
www.marbleheadchamber.org
www.visitmarblehead.com

1768 Jeremiah Lee Mansion
170 Washington St.
Marblehead, MA 01945
ℂ (781) 631-1768
www.marbleheadmuseum.org/LeeMansion.htm, Juni–Okt. Di–Sa 10–16 Uhr

Im Zentrum der Altstadt steht dieses Herrenhaus, das der Kaufmann und Schiffseigentümer Colonel Jeremiah Lee 1768 bauen ließ und mit allem ausstattete, was gut und teuer war – von handgemalten englischen Tapeten bis zu indianischem Kunsthandwerk. Heute residiert hier die Marblehead Historical Society, die neben Führungen auch Lesungen veranstaltet und Ausstellungen ausrichtet.

2. Route – Infos: Salem, Gloucester, Rockport

 Salem Office of Tourism
54 Turner St., Salem, MA 01970
✆ (978) 744-3663, www.salem.org

The Salem Witch Museum
Washington Sq. North, Salem, MA 01970
✆ (978) 744-1692
www.salemwitchmuseum.com
Tägl. 10–17, Juli/Aug. bis 19 Uhr
Eintritt $ 8/5.50
Alle halbe Stunde wird in dem düsteren, kirchenähnlichen Bau audiovisuell die Hexenverfolgung von 1692 mit lebensgroßen Puppen nachgestellt. Für europäischen Geschmack ist der verstaubte Zauber eher komisch. Deutsche Audioguides, Souvenirshop.

The House of the Seven Gables Historic Site
 54 Turner St., Salem, MA 01970
✆ (978) 744-0991, Fax (978) 741-4350
www.7gables.org
Ganzjährig tägl. 10–17, Juli–Okt. bis 19 Uhr
Eintritt $ 12/7.25
Der geführte Rundgang durch den Originalschauplatz des gleichnamigen Hawthorne-Romans schließt auch das benachbarte Geburtshaus des Autors mit ein.

Peabody Essex Museum
East India Sq., Essex Street Mall
Salem, MA 01970
✆ (978) 745-9500, 1-866-745-1876
www.pem.org
Tägl. 10–17 Uhr, Eintritt $ 15/11
Eines der attraktivsten Museen Neuenglands mit zahllosen Schätzen, die die Handelsschiffe aus Asien und Afrika mit in die Massachusetts Bay brachten. Faszinierende Ausstellungsräume (East India Marine Hall), interaktive Galerie für Kinder, schönes Museumscafé und Museumsshop.

 Salem Trolley
8 Central St., Salem, MA 01970
✆ (978) 744-5469
www.salemtrolley.com
April–Okt. tägl. 10–17, März und Nov. nur Sa/So 10–17 Uhr
Eintritt $ 13, Kinder (6–14 Jahre) $ 5
Einstündige, kommentierte Rundfahrten durch das historische Salem; Start u.a. am Visitor Center, 14 Stationen, Ticket gilt den ganzen Tag.

 Harbor Tours
Rogers St. (gegenüber von Walgreens)
Gloucester, MA 01930
✆ (978) 283-1979
www.capeannharbortours.com
Captain Steve Douglas fährt täglich um 13 Uhr mit seinen Gästen auf einer 90-minütigen Tour durch den Hafen von Gloucester und hinaus zu den Hummerbojen, um den Fang zu prüfen und neue Köder auszulegen. Erwachsene zahlen $ 16, Kinder (3–12) $ 8. Um 14.30 Uhr startet er zur Lighthouse Cruise (2,5 Stunden, $ 28/16).

 The Crow's Nest
334 Main St., Gloucester, MA 01930
✆ (978) 281-2965
www.crowsnestgloucester.com
Schon immer treffen sich die Fischer von Gloucester in dieser einfachen Arbeiterkneipe, die durch den Film »The Perfect Storm« (dt. »Der Sturm«, Regie: Wolfgang Petersen) berühmt wurde (Inhaber Gregg Sousa spielte in den Drehpausen Basketball mit George Clooney). Der Film zeigt den dramatischen Untergang des Fischkutters »Andrea Gail« und seiner Besatzung im Jahr 1991. Die Zimmer im oberen Stock kosten je nach Saison $ 55–75. »Lady Grace«, das Boot aus dem Film, ist im Maritime Heritage Center zu sehen.

 Rockport Chamber of Commerce
3 Whistlestop Mall, P.O. Box 67
Rockport, MA 01966
✆ (978) 546-6575, 1-888-726-3922
Fax (978) 546-5997
www.rockportusa.com
Mo–Fr 9–17 Uhr

 Bearskin Neck
Die schmale Landzunge mit ihren alten

2. Route – Infos: Rockport

Fischerkaten, in denen sich mittlerweile Kunstgalerien, Kneipen und Souvenirshops eingerichtet haben, ist gnadenlos touristisch, aber trotzdem charmant und ideal für den Sonnenuntergang.

Yankee Clipper Inn
127 Granite St., Rt. 127
Rockport, MA 01966
 ✆ (978) 546-0001, 1-800-545-3699
 Fax (978) 546-0002
www.yankeeclipperinn.com
Hier wohnten John Lennon und Yoko Ono ebenso wie John und Jackie Kennedy oder Bette Davis. Das Haupthaus »The Main Inn« und »The Quarterdeck« sind die Top-Adresse auf Cape Ann. Die Zimmer und Suiten im »Quarterdeck«-Haus (wie Golden State, Young America und Oriental) bieten sogar vom Bett aus einen Panoramablick über Felsküste und Atlantik. Frühstück und Lunch im »Bistro 127«.
 Von den 16 Zimmern bzw. Suiten haben die meisten *ocean view*; Gourmet-Restaurant »Bistro 127«, Pool. Frühstück inkl. $$$$

Emerson Inn By The Sea
Pigeon Cove, 1 Cathedral Ave.
Rockport, MA 01966
 ✆ (978) 546-6321, 1-800-964-5550
 www.emersoninnbythesea.com
 Ganzjährig geöffnet
 Benannt wurde das imposante Herrenhaus – in traumhafter Alleinlage mit Blick auf Felsküste und Atlantik – nach seinem berühmtesten Gast Ralph Waldo Emerson, der gemeinsam mit Henry David Thoreau einst hier Urlaub machte und immer wieder zurückkehrte. Die Innkeeper Bruce und Michele Coates kauften das Anwesen 1998, ergänzten das historische Flair mit modernem Komfort und wurden bereits mit etlichen Preisen ausgezeichnet.
 Das Restaurant mit seiner moskitogeschützten, offenen Veranda und einer prämierten Weinkarte gilt als eine der schönsten Dinner-Adressen auf Cape Ann (moderate Preise). Süßwasserpool am Meer und ein privater Wanderweg entlang der Küste. Achtung: Das Hotel liegt so versteckt, dass man leicht vorbeifährt (wenige Meilen hinter Rockport an der 127 North, kurz hinter der Bushaltestelle von Pigeon Cove). $$–$$$$

Eagle House Motel
8 Cleaves St., Rockport, MA 01966
 ✆ (978) 546-6292
www.eaglehousemotel.com
Ganzjährig geöffnet
Freundliches Motel im Herzen von Rockport, großer Parkplatz, alle 15 Zimmer mit Air-Conditioning und Kühlschrank, Fußweg zum Bearskin Neck und zur Front Beach (Sandbucht). $

Linden Tree Inn
26 King St., Rockport, MA 01966
 ✆ (978) 546-2494, www.lindentreeinn.com
Ganzjährig geöffnet
200 m vom Sandstrand und fünf Fußminuten vom Bearskin Neck entfernt, bietet die Villa von 1850 ein Dutzend gemütliche Zimmer und das legendäre Frühstück der Innkeeperin Tobey mit Quiche, frischen Scones, Erdbeermarmelade und Mango-Kiwi-Obstsalat. Der große Parkplatz ist ein Plus in Rockport. $–$$

Helmut's Strudel
69 Bearskin Neck, Rockport, MA 01966
✆ (978) 546-2824
April–Okt. 7–18, Hochsaison bis 22 Uhr
Hier stehen die Besucher nicht nur wegen der köstlichen österreichischen Mehlspeisen und Gourmet-Sandwiches Schlange, sondern auch vor dem einzigen Gäste-WC auf Bearskin Neck. $

My Place by the Sea
68 Bearskin Neck, Rockport, MA 01966
✆ (978) 546-9667
www.myplacebythesea.com
Gute Küche und Top-Panoramablick am äußersten Ende der Landzunge Bearskin Neck, unbedingt reservieren. $–$$$

Hexenhäuser und Romantik on the Rocks

Die Einwohner von **Cape Ann** nennen ihre Heimat mit Fischerdörfern, einsamen Felsküsten und Sandstränden »the quieter Cape« und wollen damit dem ewigen Konkurrenten Cape Cod und seinem Hochsaisonrummel eins auswischen. Tatsächlich hat sich Cape Ann mit seiner wildromantischen Küste, bunten Häfen und der lebenslustigen Künstlerkolonie Rockport den Charme des frühen Neuengland bewahrt. Im Gegensatz zur Halbinsel Cape Cod südlich von Boston gilt Cape Ann bislang noch als Geheimtipp – die meisten Besucher rauschen auf der Interstate 95 daran vorbei.

Unsere Route führt durch den Callahan Tunnel hinaus aus Boston und parallel zur Atlantikküste. Wer noch ein letztes Breitwandfoto von Bostons Skyline schießen mag, biegt bei Lynn ab und folgt der Nahant Road bis zum Ozean, wo sich ein phantastischer Blick zurück auf Neuenglands Metropole bietet. Danach geht es über Swampscott an den prächtigen Vil-

Manchester by the Sea: Viele Einwohner sind Pendler, die in Boston arbeiten

Hexenprozess in Salem: Der Wahn kam mit den Pilgern in die Neue Welt

len der Atlantic Avenue nach **Marblehead** hinein. 1629 als Marble Harbor von Fischern aus Cornwall gegründet, gilt es heute als eines der schönsten und besterhaltenen Hafenstädtchen Neuenglands. Kunstgalerien, Boutiquen und historische Gebäude drängen sich in den Gassen der Altstadt (sehenswert: das Herrenhaus **Jeremiah Lee Mansion**, in dem auch schon Washington und Lafayette zu Gast waren). Und im geschützten Naturhafen liegen die Yachten so dicht gedrängt, dass man trockenen Fußes auf die andere Seite käme.

Den besten Blick auf den Hafen hat man vom **Crocker Park** (Front St.); und wem es jetzt noch zu früh für ein Picknick ist, der fährt auf der Atlantic Avenue aus Marblehead hinaus und biegt links in die Ocean Avenue ein bis zum **Marblehead Neck**. Dort führt ein markierter Fahrradweg (auch für Autos erlaubt) rund um die Halbinsel an den schönsten Villen und Buchten vorbei. Die Gegend rund um den Leuchtturm Marblehead Light gilt als bester Aussichtspunkt bei den jährlichen Segelwettkämpfen in der letzten Juliwoche.

Weiter geht es ins nahe **Salem**, eine Stadt mit großer maritimer Tradition und die Heimat Nathaniel Hawthornes, der hier einen Klassiker der amerikanischen Literatur ansiedelte. Doch zum Ärgernis vieler Einheimischer gründet sich Salems heutiger Ruhm auf ein ganz anderes, finsteres Kapitel seiner Geschichte: Hier war das Zentrum der *Witchcraft Hysteria of 1692*, der amerikanischen Variante der Hexenverfolgung. Zwar konzentrierte sich die 300-jährige Hexenjagd zwischen 1450 und 1750 auf das christliche Westeuropa, doch mit den kalvinistischen Puritanern kam dieser Wahn auch in die Neue Welt: In den ersten kolonialen Gesetzestexten stand auf Zauberei die Todesstrafe.

So wurden zwischen Februar 1692 und Mai 1693 in Salem mehr als 300 Frauen und Männer der Hexerei angeklagt, selbst

fünfjährige Mädchen waren angeblich mit dem Bocksfüßigen im Bunde, wurden von Exorzisten, Theologen und Ärzten in die Mangel genommen und landeten im Kerker. 14 Frauen und fünf Männer wurden auf dem heutigen Gallows Hill, dem Galgenhügel im Westen Salems, gehenkt. Der Spuk hatte erst ein Ende, als auch die Ehefrau von William Phips, dem damaligen Gouverneur von Massachusetts, im Verdacht stand, mit dem Teufel gemeinsame Sache zu machen. Der Gouverneur stoppte sämtliche Verfahren und setzte alle Angeklagten auf freien Fuß. Insgesamt wurden jenseits des Atlantiks 36 Hexen hingerichtet, mehr als die Hälfte davon in Salem.

Heute macht die Stadt daraus eine Touristen-Show und inszeniert im düsteren **Salem Witch Museum** am Salem Common alle halbe Stunde ein Remake der Hexenhysterie. Während im Finstern der Soundtrack abläuft, beleuchtet ein Lichtspot wechselweise lebensgroße Wachsfiguren-Szenerien und führt die wichtigsten Täter und Opfer mit ihrer Geschichte vor.

Spannender als der verstaubte Zauber ist der Rundgang durch das benachbarte **Peabody Essex Museum**. In 30 Galerien sind von Porzellankunst aus dem Orient über exotische Möbel bis zur Elfenbein-Miniatur des Tadsch Mahal zahllose Schätze zu sehen. Außer den Kostbarkeiten, die Handelsschiffe aus aller Welt nach Salem mitbrachten, sind auch Americana aus den frühen Jahren Neuenglands ausgestellt. Der Grundstock der Sammlung wurde 1799 gelegt, was dem Peabody zum Ehrenplatz als ältestes Museum der USA verhalf.

Wer von hier den Hawthorne Boulevard Richtung Pickering Wharf hinuntergeht und nach links in die Derby Street abbiegt, stößt auf die Turner Street. Dort steht das **House of Seven Gables**, die reale Vorlage des gleichnamigen Romans

Emerson Inn by the Sea in Rockport: moderate Preise, Meerblick zum Dinner und freundliche Gastgeber

von Nathaniel Hawthorne und damit Salems literarisches Heiligtum.

Die fluchbeladene, unheilvolle Familiensaga »Das Haus mit den sieben Giebeln« erschien 1851. Das besagte Haus gehörte damals Susannah Ingersoll, einer Cousine Hawthornes. Sie schilderte dem Schriftsteller bei seinen zahlreichen Besuchen Geschichten und Tragödien aus Salems Frühzeit und zeigte ihm Dachkammer und Geheimtreppe, die im späteren Roman eine Rolle spielen. 1958 wurde Hawthornes Geburtshaus aus der Union Street hierher verlegt und ist heute im geführten Rundgang mit eingeschlossen.

Pickering Wharf, ein kleines Bummelquadrat am Wasser mit Souvenirshops und Restaurants, ist nur einen kurzen Weg entfernt und bietet vom *Gourmet-Popcorn* bis zum *Bavarian Strudel* etliche kleine Magenfüller für die kurze Weiterfahrt nach Rockport.

In **Gloucester**, dem ältesten Seehafen der USA, riecht es dann endgültig nach Tang und Meer: Seit ihrer Gründung lebt die Stadt vom Fischfang und verlor so viele tausend Männer in der rauhen See, dass sie den Opfern anlässlich des 300. Geburtstages der Stadt im Jahr 1923 ein eigenes Denkmal widmete. Am Stacy Boulevard trotzt der **Gloucester Fisherman** am Steuerrad seines imaginären Kutters den Stürmen. Als Inschrift dient ein Bibelvers aus dem Psalm 107 »They That Go Down to the Sea in Ships«.

Der kürzeste Weg nach Rockport führt von Gloucester über die Route 127, doch wer den kleinen Umweg in Kauf nimmt und am Meer entlangfährt (Route 127A), kann gleich einen begehrlichen Blick auf einen der schönsten Strände von Cape Ann werfen: **Good Harbor Beach** mit einer halben Meile mehlfeinem Sand, mächtigen Felsbrocken und imposanten Villen auf den Granithügeln.

25 Meilen wildromantische Küstenlinie säumen Cape Ann mit zwei Dutzend idyllischen Buchten und mehr als 20 kleinen und großen Stränden. Mit seinen tangbehangenen Docks, wettergegerbten Fischerkaten und schroffen Granitfelsen inspirierte das Fischernest **Rockport** schon seit Mitte des 18. Jahrhunderts Maler wie Winslow Homer und Edward Hopper. Heute leben hier weit über hundert Künstler; den ganzen Sommer über wechseln Musikfestivals mit Jazz-Tagen, Buch- und Kunstausstellungen. Zur Winterzeit wird neben der amerikanischen auch die skandinavische Weihnachts-Variante gefeiert: ein Tribut an die Nachkommen jener hauptsächlich finnischen Arbeiter, die Ende des 17. Jahrhunderts am Cape Granit brachen.

Besucher, die heute nach Rockport kommen, steuern – mit Kamera oder Zeichenpinsel bewaffnet – vor allem eins an: das *Motif No. 1* genannte rostrote Fischerhaus am Bradley Wharf (am besten

Return to Sender: Postman in Marblehead

69

zu sehen vom Ende des Tuna Wharf). Für die Amerikaner ist es »the world's most painted and photographed lobster shack«. Wahrscheinlich existiert an der US-Ostküste tatsächlich kein Haus, das so oft gemalt und abgelichtet worden ist wie dieser unscheinbare Holzschuppen mit seinen bunten Hummerbojen.

Die ursprüngliche Hütte aus dem Jahr 1840 ging 1978 bei einem Sturm zu Bruch und wurde originalgetreu wiederaufgebaut. Eigentlich ist das *Motif No. 1* eben nur berühmt, weil es berühmt ist, aber mit ein paar hölzernen Hummerfallen im Vordergrund gibt es tatsächlich ein leidlich gutes Motiv ab.

Rockports eigentliche Attraktion kann man nicht aufs Foto bannen. Es ist die unbeschwerte Atmosphäre mit ihrer Mischung aus Kunst und gutgelaunter (wenngleich alkoholfreier) Kneipenkultur in einer ungezähmten Natur, die nach Salz und Seetang riecht und mit kreischenden Möwen am Pier und in den kleinen Gassen auf sich aufmerksam macht.

Am schönsten lässt sich all das beim abendlichen Bummel auf der Landzunge des **Bearskin Neck** erleben, wo man mit dem Duft von *clam chowder* und Salzwind in der Nase, vorbei an zahlreichen Galerien und Souvenirshops, dem Sonnenuntergang entgegenschlendert – und womöglich kurzerhand beschließt, ein paar Tage länger zu bleiben.

Tatsächlich hat Cape Ann genügend Attraktionen für eine weitere Woche: Vom skurrilen Museum **Beauport** über einen **Whale-watching**-Ausflug zu den nahen Fischgründen der Wale bis zu Gloucesters **Rocky Neck Art Colony** (alle Details siehe »Zusatztage auf Cape Ann« S. 62). Für den Abend locken Hummer und frische Meeresfrüchte, aber auch ein romantisches Picknick auf den Granitklippen des **Halibut Point State Park** im äußersten Nordosten von Cape Ann, wo man Schwimmkrabben und Napfschnecken in den Gezeitentümpeln beobachten und die Möwen im Flug mit Popcorn füttern kann.

Quarterdeck-Haus des Yankee Clipper Inn: aus dem Bett der Blick aufs Meer

3. Route: Rockport – Newburyport – Kennebunkport – Freeport – Bath (272 km/170 mi)

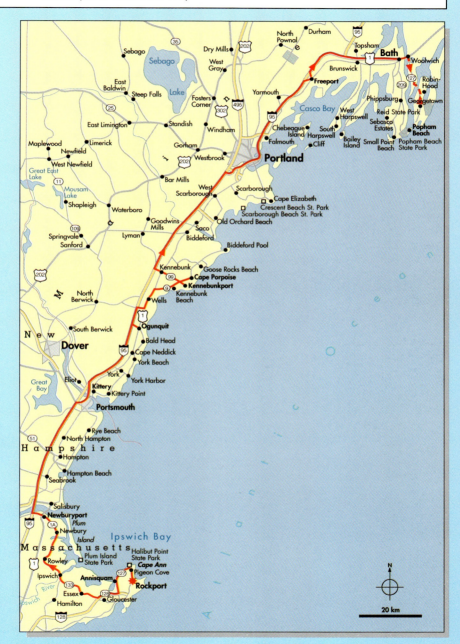

3. Route: Rockport – Newburyport – Kennebunkport – Freeport – Bath (272 km/170 mi)

km/mi	Zeit	Route
0	8.00 Uhr	Von **Rockport** auf Rt. 127 vorbei an Halibut Point mit Rundfahrt durch **Annisquam**; an der Einmündung auf Rt. 128 und bei Exit 14 auf Rt. 133 North. Über **Essex** und Ipswich nach
64/40	9.30 Uhr	**Newburyport**. Bummel durch High und State St. und zur Waterfront Promenade. (Wer Zeit hat für einen Badetag: Von der Water St. geht es in wenigen Autominuten zu den Traumstränden von Plum Island.) Auf die I-95 North und Stopp in
127/80		**Ogunquit**: (Perkins Cove, Ogunquit Museum of American Art, Wanderung »Marginal Way«, Lunch in einem der zahlreichen Fischrestaurants. I-95 bis Exit 2 und über US 1 und Rt. 9 nach
160/100	14.00 Uhr	**Kennebunkport**. Fahrt über Spring St. rechts in die Main St. mit den historischen **Kapitänsvillen**. Rechts in die South und weiter in die Pleasant St. Vorbei am **Captain Lord Mansion** links in die Pearl St. und wieder links auf die Ocean Ave. Zum **Spouting Rock** und vorbei am Sommersitz der Politiker-Familie von George Bush am **Walker's Point**. Entweder weiter zum **Cape Porpoise** (Spaziergang an den Docks) oder zurück auf I-95 North (Maine Turnpike) bis zum Exit 19 nach
240/150	17.00 Uhr	**Freeport**. Stippvisite bei **L. L. Bean**. Am Ende von Main St. links in den Mallet Dr. (Exit 20) und wieder auf I-95 North bis zum Exit 22 und weiter auf die US 1 nach
272/170	18.00 Uhr	**Bath**. Einchecken ins B&B. Wahlweise Dinner in einem der zahlreichen Restaurants oder kurze Fahrt über die Carlton-Brücke (Richtung Woolwich) und rechts ab auf die Rt. 127 nach Süden bis zum Ende. Dort wartet mit dem **Five Islands Lobster Co. and Grill** für alle Fans der simplen Outdoor-Küche ein echter Geheimtipp. Wer auf dem Rückweg nach einer Meile links in die Sequinland Rd. einbiegt, ist in fünf Minuten im
304/190		**Reid State Park** mit Picknicktischen, Felsen, Meer und Sandstrand – das perfekte Setting für einen Spaziergang zum Sonnenuntergang. Rückfahrt nach
328/205		**Bath**.

Alternative: Für ein paar stille Badetage mietet man sich wahlweise auf **Plum Island** bei Newburyport ein (Walton's Ocean Front) oder in **Popham Beach**, einem gewaltigen, wildromantischen Sandstrand abseits der touristischen Rennstrecken (von Bath auf der Rt. 209 nach Süden).

3. Route – Infos: Essex, Newburyport, Ogunquit, Kennebunkport

 Woodman's
121 Main St. (Rt. 133), Essex, MA 01929
✆ (978) 768-6057, 1-800-649-1773
www.woodmans.com
Tägl. 11–22, im Winter bis 20 Uhr
Traditionsreiche Seafood-Kneipe und eine Institution, zahllose Auszeichnungen als bestes »Eat in the Rough«-Restaurant. $–$$

 Greater Newburyport Chamber of Commerce
38R Merrimac St.
Newburyport, MA 01950
✆ (978) 462-6680, Fax (978) 465-4145
www.newburyportchamber.org

 Plum Island
www.plum-island.com
 Halbinsel und Vogelschutzgebiet vor Newburyport. Sieben der neun Meilen Sandstrand stehen unter Naturschutz. Nach Meinung des »National Geographic« gehört Plum Island zu den zehn schönsten Stränden der USA.

 Blue The Inn On The Beach
20 Fordham Way
 Plum Island, Newbury MA 01951
✆ (978) 465-7171, www.blueinn.com
Nur drei Meilen von Newburyport entfernt bringt das einzige Hotel auf Plum Island einen Hauch trendiges South Beach Miami auf das verschlafene Eiland. Bis vor Kurzem logierten Künstler und Bohemiens in dem liebenswert verschrobenen Gebäude direkt am Strand. Die neuen Besitzer haben viel investiert und wollen die »bourgeois bohemian«, sprich die neuen Yuppies aus Manhattan, in die Idylle locken. Wo einst Musiker, Maler und passionierte Surfer hausten, kann man jetzt neun durchgestylte Luxus-Apartments mit offener Feuerstelle, TVs, Luxusbädern und XXL-Meerblick mieten. $$$–$$$$

 Salisbury
Historische Sommerfrische (1638 gegründet) mit Kunsthandwerk, Antiquitäten und
 Restaurants. Berühmt ist der **Salisbury Beach** entlang der Rt. 1A. Auf dem drei Meilen langen, weißen Sandstrand findet sich auch einer der größten Amusement-Parks der ganzen Küste mit Minigolf, Roller Coaster, Piratendorf, Läden und einem abendlichen Feuerwerk am Strand (Fr).

 Ogunquit
www.ogunquit.org
 Ogunquit ist ein Sommertreff für Künstler und Lebenskünstler und berühmt für seine
 landschaftliche Schönheit (nach Norden zieht sich ein drei Meilen langer Sandstrand, im Süden schließt sich eine Meile Felsenküste an). Parallel zur Küste fließt der Ogunquit River. Sehenswert: Das kleine **Ogunquit Museum of American Art**, der Wanderweg **Marginal Way Cliff Walk** (1 Meile) entlang der Felsenküste sowie **Perkins Cove** mit Galerien, Ateliers und Restaurants.

 Ogunquit Museum of American Art
543 Shore Rd., Ogunquit, ME 03907
✆ (207) 646-4909
www.ogunquitmuseum.com
Juli–Okt. Mo–Sa 10–17, So 13–17 Uhr
Eintritt $ 7/4
Kleines, feines Museum direkt am Atlantik mit Skulpturen und Malerei amerikanischer Künstler des 20. Jh., darunter Werke von Henry Strater, Winslow Homer und Edward Hopper. Zwischen den Skulpturen vor dem Haus stehen oft Fischreiher.

 Kennebunkport Chamber of Commerce
P.O. Box 740, Kennebunk, ME 04043
✆ (207) 967-0857
www.kkcc.maine.org
www.kennbunkport.com
www.visitthekennebunks.com

 Captain Lord Mansion
Pleasant & Green Sts.
 Kennebunkport, ME 04043
✆ (207) 967-3141, 1-800-522-3141
www.captainlord.com
Die Kapitänsvilla aus dem Jahr 1812 mit dem Ausguck auf dem Dach steht unter

3. Route – Infos: Kennebunkport, Cape Porpoise, Freeport, Bath

Denkmalschutz, die 16 antik eingerichteten Räume tragen die Namen von Schiffen des Erbauers Kapitän Lord. Inhaber und Gastgeber sind die ehemaligen Werbe-Profis Bev Davis und Rick Litchfield. Souvenirshop im Haus. $$–$$$$

Cape Pier Chowder House Restaurant
79 Pier Rd.
Cape Porpoise Harbor, ME 04014
✆ (207) 967-0123
www.capeporpoiselobster.com
April–Okt. tägl. ab 11 Uhr geöffnet
Je nach Wetterlage kann man drinnen oder draußen essen, Blick auf Brandung, Goat Island Lighthouse und Lobsterboote. $–$$

L. L. Bean
95 Main St. (US 1), Freeport, ME 04032
✆ 1-800-559-0747, www.llbean.com
Ganzjährig tägl. 24 Std. geöffnet
Hier finden 3,5 Mill. Besucher pro Jahr (nicht nur) alles, was zum Leben in der Wildnis gehört. Im **L. L. Bean Kids** gibt es eine Kletterwand und andere Attraktionen für die jüngsten Outdoor-Fans.

Bath Business Association
4 Center St., Bath, ME 04530
✆ (207) 442-7291, www.visitbath.com

The Inn at Bath
969 Washington & North Sts.
Bath, ME 04530
✆ (207) 443-4294, 1-800-423-0964
www.innatbath.com
Ganzjährig geöffnet
Innkeeperin Elizabeth Knowlton hat lange in Südamerika gelebt und leitete zuletzt eine Lodge für Fliegenfischer in Montana. Ihre Kochkünste wurden mehrfach prämiert, entsprechend köstlich ist das mehrgängige Frühstück, das im Preis eingeschlossen ist (neun Zimmer, eine Suite, alle mit Airconditions, Bad und Kamin). Das Haus im *Greek Revival*-Stil aus dem Jahr 1810 mit schönem Garten liegt im Historic District von Bath (Exit »Historic Bath«). $$–$$$

The Captain's Watch
926 Cundy's Harbor Rd.
Harpswell, ME 04079

The Inn at Bath: Nur ein Katzensprung ist es zu den Traumstränden von Popham Beach

3. Route – Infos: Harpswell, Phippsburg, Bath, Brunswick

© (207) 725-0979
http://home.gwi.net/~cwatch/
Alle Zimmer der historischen Kapitänsvilla aus dem Jahr 1862 bieten Ausblick auf den Fischerhafen und das Meer; Innkeeper Donna Dillman und Ken Brigham gehen mit ihren Gästen auf Wunsch segeln (auch größere Fahrten zu moderaten Preisen). Harpswell liegt 20 Meilen von Bath entfernt direkt unter Cook's Corner (Rt. 24 South, Abzweigung zwischen Brunswick und Bath). $$

Edgewater Farm Bed & Breakfast
71 Small Point Rd., Rt. 216
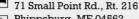
Phippsburg, ME 04562
© (207) 389-1322, Reservierung kostenfrei:
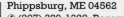
© (877) 389-1322, www.ewfbb.com
Gastgeber Bill und Carol Emerson bieten im historischen Farmhaus aus dem Jahr 1800 sechs Gästezimmer mit eigenem Bad (zwei davon Suiten für jeweils bis zu fünf Personen). Drinnen gibt es einen großen Pool, draußen einen Hot Tub, den Obstgarten und sechs Meilen Sandstrand. Familien mit Kindern sind herzlich willkommen.

The 1774 Inn at Phippsburg
44 Parker Head Rd.
Phippsburg (Center), ME 04562
© (207) 389-1774, www.1774inn.com
Das große Haus voller Antiquitäten am Ufer des Kennebec River steht komplett unter Denkmalschutz und bietet acht Gästezimmer. $$$

Popham Beach Bed & Breakfast
4 Riverview Ave., Phippsburg, ME 04562
© (207) 389-2409
www.pophambeachbandb.com
B&B in einem Haus der Küstenwache aus dem Jahr 1883 mit fünf Zimmern und Blick über Kennebec River und Atlantik. $$–$$$

Meadowbrook Camping Area
33 Meadowbrook Rd.
Phippsburg, ME 04562
© (207) 443-4967
www.meadowbrookme.com

100 große Stellplätze, viele davon am Strand, Swimmingpool, Minigolf, Waschsalon, kostenlose heiße Duschen; täglich frische Hummer und Muscheln.

Mae's Cafe
160 Center St., Bath, ME 04530
© (207) 442-8577
www.maescafeandbakery.com
Mo–Sa 8–21, So 8–14 Uhr
Ursprünglich eine Bäckerei: Hier wird kreativ und modern gekocht, die Nachspeisen sind ein Muss. $–$$

Solo Bistro
128 Front St., Bath, ME 04530
© (207) 443-3373, www.solobistro.com
Mo–Sa 17–24 Uhr
Helles, modernes Restaurant mit frischer lokaler Küche. Außer einem À-la-carte-gibt es täglich ein dreigängiges Prix-Fixe-Menü für $ 22.99 (mittwochs $ 15.99).

Five Islands Lobster Co. and Grill
Five Islands, ME 04548
© (207) 371-2990
www.fiveislandlobster.com
Mitte Mai–Okt. tägl. 11.30–19 Uhr
Hier kommen die Lobster an Land, und auch gleich in den Bottich und dann auf den Pappteller. Schönstes »Lobster-in-the-Rough«-Erlebnis im Freien mit Blick auf die namengebenden Inseln. $–$$

J.R. Maxwell & Co.
122 Front St., Bath, ME
© (207) 443-2014
www.midcoastrestaurants.com
Suppen, Salate und Sandwiches im ältesten Restaurant von Bath, das bei Einheimischen längst Kultstatus hat. Menü auf Website.

Reid State Park
An der Rt. 127, 14 Meilen südl. von Bath

© (207) 371-2303
Bilderbuch-Maine mit Felsen, sandigen Badebuchten und Brandung; Picknicktische im Grünen, zwei Strände, Toiletten und Snack-Bar.

3 Traumstrände, Shopping-Träume und kernige Kneipen

Woodman's in Essex: Lobster to go

Der heutige Tag kann teuer werden, denn auf der Strecke liegen gleich zwei der besten Shopping-Adressen Neuenglands. Gratis und mindestens ebenso attraktiv sind die Naturschauspiele, die es unterwegs zu sehen gibt: Sandstrände im Breitwandformat, zerklüftete Felsküsten mit donnernder Gischt, mächtige Flüsse und lauschige Waldeinsamkeit. Überall möchte man bleiben, manchmal am liebsten für immer. Weil das aber nicht sein kann, heißt die zentrale Übung des heutigen Tages: Gas geben und weiterfahren.

Das Training dafür beginnt schon mit dem Start. Wir verlassen Cape Ann vorbei an Halibut Point mit einem kurzen Besichtigungsschlenker durch den Nobelweiler **Annisquam** mit seiner sonntäglich gepflegten Villenwelt und dem Leuchtturm Annisquam Lighthouse. Bei Gloucester geht es auf die Route 128 Richtung Boston und über den Annisquam River. Wer hier rechts in die Atlantic Street einbiegt, steht am Ende der gewundenen Straße am Badestrand Wingaersheek Beach mit mehlfeinem Glitzersand und Blick über die Ipswich Bay.

Doch wir fahren ohne Abschweifung nach **Essex**. Gewaltig dampfende Kessel am Straßenrand künden gleich nach dem Ortseingang von einer kulinarischen Institution: Hier ist **Woodman's zu Hause**, ein Familienbetrieb, der als beste Seafood-Adresse nördlich von Boston gilt. Zum Mekka der Gourmets wurde die kernige Kneipe durch eine kulinarische Erfindung. Seit im Sommer 1914 Lawrence Henry Woodman ein paar Venusmuscheln ins heiße Fett fallen ließ, sind »Woodman's fried clams« eine landesweit gerühmte Spezialität.

Ebenso berühmt wie für seine Fischrestaurants ist Essex auch für seine Antiquitätenläden, die sich entlang der Route 133 aufreihen: mehr als 60 Antikhändler auf einer Meile Straße. In Ipswich führt die Stichstraße North Gate Road zu Crane's Beach – für viele einer der schönsten Strände am Atlantik. Der nahe Ipswich River mit seinem umliegenden Naturschutzgebiet gilt unter Kanuten als Traumrevier.

Unser nächster Kurzstopp gilt **Newburyport**. Herrenhäuser reicher Kapitäne und Kaufleute säumen die Hauptstraße. Auf manchen Dächern ist der *widow walk* zu sehen: Frau und Kinder verschollener Seeleute suchten von dort oben mit

Blicken das Meer ab – immer in der Hoffnung, dass die Masten des ersehnten Schiffes doch noch am Horizont auftauchen würden.

Newburyports hölzener Walkway an der Mündung des Merrimack River schenkt dem attraktiven Städtchen eine mediterrane Flaniermeile, und wer mit dem Auto die Water Street entlangfährt, landet nach drei Meilen an den Endlos-Stränden von **Plum Island** mit seinen skurrilen Sommerhäuschen. Ein Großteil der idyllischen Halbinsel gehört zum Parker River Wildlife Refuge – alles in allem ein Plätzchen, an dem man leicht ein, zwei Wochen bleiben könnte.

Auf der Interstate 95 rollt der Verkehr in moderatem Tempo, und man muss nur noch darauf achten, nicht hinterm Steuer einzuschlafen. Bei Kittery hat man bereits den kleinen Küstenanteil des Staates New Hampshire durchquert und mit **Maine**

Straßenverkauf von Kunsthandwerk in Maine

Ogunquit Museum of American Art: erste Adresse für eine Kunstpause

77

Neuenglands größten, aber mit nur etwas mehr als einer Million Einwohnern den am dünnsten besiedelten Staat erreicht.

Maine ist ein Paradies für Outdoor-Fans mit einsamen, wasserreichen Bergen und tiefen, weglosen Wäldern im Hinterland. Zum Schwärmen bringt die Neuengländer weniger die Waldeinsamkeit als die faszinierend zerklüftete Küste. Luftlinie sind es nur 225 Meilen von Kittery bis zur Nordostgrenze nach Kanada, doch folgt man dem Küstensaum mit seinen Buchten und Fjorden, werden daraus 2500 Meilen. Maines Küste ist *vacationland*, und viele ehemalige Fischerdörfer und Seeräubernester haben den Tourismus als lukrative Geldquelle entdeckt.

Die meisten amerikanischen Sommergäste urlauben an den weiten Sandstränden der sogenannten *South Coast* zwischen Kittery und Portland. Daran schließt sich bis zur Penobscot Bay die zerklüftete *Midcoast* an, und erst ganz oben im Nordosten folgt das wildromantische *Down East Maine* mit Acadia, dem einzigen Nationalpark Neuenglands.

Der verwirrende Begriff *Down East* für die nordöstliche Küstenregion stammt aus der Zeit der Segelschiffahrt, als man *downwind* brauchte, um diese abgelegene Wildnis zu erreichen. Wer heute aufseufzend von *Down East* schwärmt (und das tun alle Bewohner Neuenglands), beschwört damit die Sehnsucht nach sturmumtoster Einsamkeit, nach gischtumkränzten Felsklippen, verwitterten Fischerkaten, stolzen Leuchttürmen und dem rauhen Charme des einfachen Lebens.

Vorläufig merken wir davon rein gar nichts, denn wir bewegen uns auf der touristischen Rennstrecke von Maine, und Einsamkeit ist so ziemlich das einzige, was sich in **Kittery** garantiert nicht finden lässt. Das ehemalige Schiffsbauzentrum ist heute ein beliebtes Shopping-Paradies. Entlang der Route 1 bieten 115 Markenfirmen wie Aigner, Oshkosh, Calvin Klein

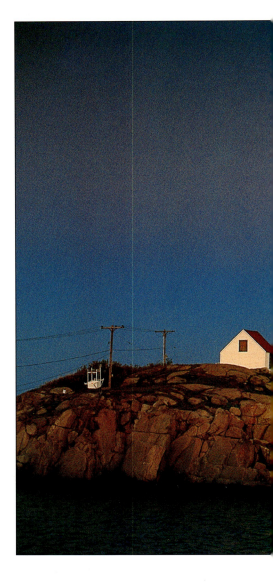

und Samsonite in so genannten Factory oder Outlet Stores ihre fabrikneue Ware 30 bis 50 Prozent reduziert an. Wer sich statt Ladenluft lieber frischen Wind um die Nase wehen lässt: Vom Fort McClary Memorial Park (Route 103) bietet sich ein Rundumblick über Ort und Hafen mit

Cape Neddick Light oder the »Nubble« bei York in Maine – Tag und Nacht belagert von Malern, Fotografen und Fischern

Hunderten von Segelbooten, Fischerkähnen und Hummerpötten.

Ab Kittery heißt die I-95 Maine Turnpike und führt uns bei **Ogunquit** erneut in Versuchung. Die Sommerfrische bietet nicht nur Traumstrände, sondern auch ein reges Boheme-Leben in der idyllischen Künstlerkolonie Perkins Cove. Edward Hopper verbrachte hier so manchen Sommer, und im »Ogunquit Playhouse« standen Stars wie Bette Davis auf der Bühne.

Wer sich den Stopp in Kittery versagt hat, findet jetzt Zeit für einen Bummel

durch **Perkins Cove** oder – noch besser – eine Wanderung über den **Marginal Way**. Eine Meile führt der schmale Weg zwischen dem Küstensaum und den noblen Ferienvillen entlang den Klippen, immer wieder laden lauschig platzierte Bänke und brandungumtoste Felsen zum Schauen ein. Einen traumhaften Blick auf die Küste bietet auch das kleine **Ogunquit Museum of American Art**.

Kennebunkport, die reizvolle, traditionsreiche Kleinstadt am Meer, gilt schon lange als erste Adresse an der Küste. Wie so oft in Neuengland beruht auch hier der Charme des Stadtbildes auf dem Fehlen üblicher US-Standards: keine Billboards, keine Neonreklame, weder Fastfood-Kneipen noch Shopping Malls. Zum Schauen und Einkaufen bummelt man in Kennebunkport über den pittoresken

Ogunquit, Maine: beliebt bei Künstlern und Lebenskünstlern

Dock Square am Kennebunk River mit vielen kleinen Läden und Kunstgalerien in aufgeputzten historischen Lagerhäusern. Von hier führt die Spring Street rechts in die Main Street.

Die Hauptstraße säumen imposante Herrenhäuser und Villen von Kaufleuten, die Anfang des vergangenen Jahrhunderts mit Handel und Schiffsbau Reichtümer anhäuften. Für europäische Augen sieht das alles nicht sehr städtisch aus: rundum weite grüne Wiesen und ulmenbestandene stille Straßen. Etliche Villen sind mit museumsreifen Antiquitäten möbliert und bieten als historische Inns eine Handvoll feine Gästezimmer.

Wer von der Main Street rechts in die South Street abbiegt, passiert einige besonders gelungene Exemplare, darunter an der Ecke Pleasant und Green Street

The Captain Lord Mansion, das zu den besten Inns Neuenglands gehört. Das Gebäude entstand 1812 während der britischen Blockade und war nach heutigen Maßstäben eine Arbeitsbeschaffungsmaßnahme des Kapitäns Nathaniel Lord, der mit dem Hausbau seiner lahmgelegten Schonerbesatzung eine neue Aufgabe bescherte. Tatsächlich besteht der denkmalgeschützte Bau aus Holz, das ursprünglich für die Planken eines Handelsseglers geschlagen worden war.

Nach links führen alle Wege auf die Ocean Avenue und – vorbei am kleinen Hafen, wo die Hummerfischer ihren Fang entladen – zur dramatischen Felsküste am Atlantik und dem **Spouting Rock**, der bei anrauschender Flut hohe Gischtfontänen spuckt. Wenige hundert Meter weiter parken die Autos wild am Fahrbahnrand der Ocean Avenue, und überall stehen Neugierige mit Ferngläsern und Teleobjektiven und halten mit gereckten Hälsen Ausschau nach Politprominenz.

Im Jahr 1903 kaufte George Herbert Walker, Sohn eines reichen Kaufmanns aus St. Louis, eine felsige Landzunge an der Küste von Kennebunkport, baute zwei imposante Herrenhäuser darauf und nannte die noble Liegenschaft **Walker's Point**. Längst ist diese Adresse in den ganzen USA bekannt: George Herbert Walker Bush, Enkel des Erbauers und 41. Präsident der USA machte Walker's Point zu seinem Sommersitz. Im ehemaligen *Summer White House* verbringt die Bush-Familie immer noch viele Wochen des Jahres.

Wer mag folgt der Ocean Avenue knappe vier Meilen zum **Cape Porpoise**, wo jeden Nachmittag die Lastwagen der Bostoner Fischlokale bereit stehen, um den Fang aus Flundern, Kabeljau, Schellfisch und Seehecht einzuladen und mitzunehmen.

Auch die Kneipen am Cape Porpoise sind von der unprätentiösen, herben Art. Doch nicht nur Fischer und Dockarbeiter gehören zu den Stammgästen. Bei »Tilly's« kauft auch die Bush-Familie ihre gebratenen Muscheln, und »Nunan's Lobster Hut« hat eine regelrechte Fan-Gemeinde, die im Sommer auch mal Schlange steht, um ein Plätzchen an einem der engen Tische zu ergattern.

Vorbei am Sandstrand von Goose Rocks Beach führt unsere Route nach Norden. Portland, Cape Elizabeth und das Portland Head Light – berühmt als meistfotografierter Leuchtturm der Küste von Maine – müssen aus Zeitgründen auf unseren Besuch verzichten. Erst bei Exit 19 scheren wir aus, um in **Freeport** mit dem legendären Kaufhaus **L. L. Bean** eine Institution an der Küste Neuenglands zu besuchen.

Es begann alles damit, dass Leon Leonwood Bean im Jahr 1911 im wenig erfolgreichen Kurzwarengeschäft seines Bruders jobbte und dabei den skurrilen

The Captain Lord Mansion: Kennebunkports Top-Adresse für nobles B&B

Portland Head Light am Cape Elizabeth: ältester und vielbesungener Leuchtturm von Maine

»Maine Hunting Shoe« erfand. Das Unikum mit Sohle und Fußteil aus Gummi und einem wasserdicht angenähten Schnürschaft aus Leder wurde in kürzester Zeit zum Renner unter den Geschäftsleuten, die freitags abends aus der Wall Street flüchteten, um das Wochenende über in den Sümpfen von Maine auf Entenjagd zu gehen.

Doch die Sensation war nicht nur die optimale Qualität der Fußbekleidung für den Edel-Jäger, sondern die lebenslange Garantie, die Bean mit seinem Produkt verband und die bis heute unverändert gilt. Wenn der Kunde es wünscht, wird jeder Artikel ersetzt – ohne Fragen zu stellen. Beans 11 000 Quadratmeter großes Kaufhaus ist an allen Tagen des Jahres rund um die Uhr geöffnet. Zu sämtlichen Outdoor-Themen stehen Spezialisten der jeweiligen Sportart bereit – egal ob man sich für die Kunst des Fliegenfischens interessiert, die Rocky Mountains auf Schneeschuhen durchqueren will oder nur eine Badehose braucht. Mehr als 100 Millionen Bean-Kataloge werden pro Jahr in die ganze Welt verschickt, und für viele seiner Kunden bedeutet das LLB auf dem Label auch ein Stück Weltanschauung: Das Familienunternehmen finanziert und unterstützt etliche Natur- und Umweltschutzprojekte.

Beans Boom hat dem verschlafenen Freeport einen gigantischen Aufschwung gebracht. Seit zwei Jahrzehnten siedeln sich unentwegt neue internationale Marken an, um vom Besucherstrom zu profitieren. Dank strenger Bauvorschriften kann sich das Ergebnis sehen lassen. Freeport ist nicht zum billigen Rummelplatz verkommen, sondern eine charmante Kleinstadt geworden, die in mehr als hundert Läden der gehobenen Qualität alle Kaufwünsche erfüllt. Viele Gäste quartieren sich hier gleich eine Woche ein: Shopping als Ferienprogramm.

Unser heutiges Tagesziel **Bath** ist nur noch 20 Highway-Meilen entfernt. Schon

Bath in Maine – strategisch optimal gelegen

von Weitem ragen die Symbole der Stadt in den Himmel: die gigantischen rotweißen Kräne der Bath Iron Works. Die Werft ist einer der größten Arbeitgeber in Maine, hier werden seit mehr als hundert Jahren Schiffe für die US-Marine gebaut. Diese Industrie hat in Bath eine lange Tradition. Experten schätzen, dass an den Ufern des Kennebec River insgesamt gut 5000 Schiffe zu Wasser gelassen wurden; allein zwischen 1862 und 1902 wurde in den damals 16 Werften die Hälfte aller amerikanischen Schiffe auf Kiel gelegt.

Im Vergleich zu unseren bisherigen Stationen mit ihrem Flair von unbeschwertem Urlaub und nobler Sommerfrische ist Bath eine geschäftige Stadt mit modernem Gesicht. Der typisch neuenglische Puppenstuben-Charme fehlt, und die Tradition wird weniger zur Schau gestellt. Doch auch hier haben sich entlang der Washington Street in den Villen ehemaliger Werftkönige komfortable Bed & Breakfast-Häuser etabliert, manche sogar mit Blick auf den Fluss.

Bath ist aber auch ein strategisch optimaler Ausgangspunkt für Abstecher auf die schmalen Halbinseln dieser Region. So führt beispielsweise die Route 209 in wenigen Minuten Fahrzeit durch Wald- und Küstenpanorama direkt zum **Popham Beach**. Liebhabern der Romane John Irvings ist die Gegend aus dem »Hotel New Hampshire« vertraut. Und tatsächlich findet sich vor Ort in der Popham Colony das skurrile, leicht melancholische Flair wieder, das den wild fabulierenden, köstlich ironischen Kult-Roman ausmacht. Der Popham Beach State Park ist ein ideales Urlaubsgebiet für Wanderer, Ornithologen und Angler. Die Dünen und Wälder sind von einem breiten, vier Meilen langen Sandstrand gesäumt, an dem sich selbst an einem lauen Sommerabend kaum eine Handvoll Spaziergänger einfindet.

Von John Irvings Roman haben die wenigsten Einheimischen je gehört, doch alle sind stolz darauf, auf historischem Boden zu leben. Hier unten an der Südspitze der Phippsburg Peninsula gingen die ersten Siedler Maines an Land, ihrem Andenken sind die Überreste des düsteren Fort Popham gewidmet. Die Unglücklichen gaben nach dem ersten, extrem harten Winter des Jahres 1607/08 auf und kehrten entmutigt nach England zurück. Die Heimreise traten sie auf dem selbstgebauten Segelschoner »Virginia« an, dem Historiker den Ehrenplatz des ersten, in Amerika von Siedlern gebauten Schiffes zusprechen.

Maine-Kenner schicken Besucher gerne auf den benachbarten Halbinsel-Finger, der (von Bath ebenfalls nur 14 Meilen entfernt) auch heute einen idealen Tagesausklang garantiert: **Reid State Park**. Dort trumpft Maine mit seiner typischen Bilderbuchkulisse auf. Hölzerne Picknicktische auf den Felsen bieten Aussicht auf die brausende Brandung; für Schwimmer und Spaziergänger gibt es zwei bewirtschaftete Strände.

Allerdings wartet nur wenige Autominuten entfernt mit dem »Five Islands Lobster Co. and Grill« am Ende der Route 127, noch ein weiterer Geheimtipp auf alle Freunde der kernigen Outdoor-Küche.

4. Route: Bath – Port Clyde – Rockland – Rockport – Camden – Bar Harbor (240 km/150 mi)

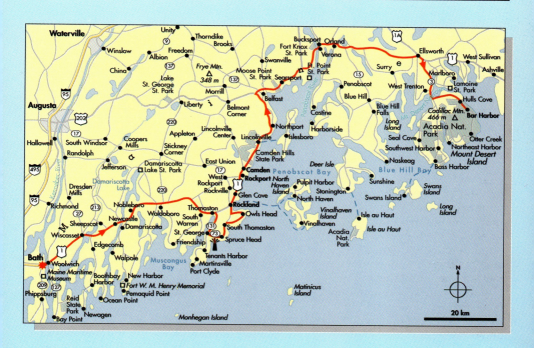

km/mi	Zeit	Route
	9.30 Uhr	Besuch im **Maine Maritime Museum** in **Bath** mit Rundfahrt auf dem **Kennebec River**.
0	11.30 Uhr	Abfahrt auf der US 1 über **Wiscasset** und Waldoboro nach Thomaston und kurz danach rechts ab auf die Rt. 131 Richtung **Port Clyde**. Bei St. George auf die Rt. 73, hinter der Ortschaft führt ein Weg (beschildert) zum Restaurant
80/50	12.30 Uhr	**Miller's Lobster**. Nach dem Lunch weiter auf Rt. 73 und Stippvisite im **Owls Head Transportation Museum** und am Leuchtturm. Weiterfahrt über **Rockland** (historische Häuser auf der Main St.) auf der US 1 North nach **Rockport** (Hafen). Weiterfahrt nach
112/70	16.30 Uhr	**Camden** mit Hafenbummel. Evtl. Ausflug auf den nahen Mount Battie im **Camden Hills State Park** mit Blick auf die Küste. Weiter auf der US 1 North über Searsport bis Ellsworth. Hinter Ellsworth auf die Rt. 3 East zum

4. Route: Bath – Port Clyde – Rockland – Rockport – Camden – Bar Harbor (240 km/150 mi)

km/mi	Zeit	Route
238/149		**Acadia National Park Visitor Information Center** in Hulls Cove (Landkarte und *Acadia Weekly* mitnehmen, evtl. Plätze für eine Wanderung oder Naturführung für morgen reservieren) und Ankunft in
240/150	19.00 Uhr	**Bar Harbor.** Einchecken im B&B bzw. Hotel, Bummel und Dinner.

Alternative: Wem die raue Küste von Maine ans Herz gewachsen ist, der wird auf der malerischen Künstlerinsel **Monhegan Island**, 11 Meilen vor Port Clyde, sein Paradies finden. Gut 70 Bewohner leben das ganze Jahr über auf dem klippengesäumten Eiland. Touristen verbringen ihre Zeit mit Galeriebesuchen und Wanderungen (17 Meilen Trails durch Kiefernwälder, über Waldwiesen und immer wieder entlang der dramatischen Felsküste – genaue Karten gibt es vor Ort).

Die originellste **Anreise** bietet ganzjährig (im Sommer dreimal tägl.) das Postboot »Laura B« (einfache Fahrt 70 Minuten) sowie die »Elizabeth Ann« (einfache Fahrt 50 Minuten) ab/bis Port Clyde (Details bei: Monhegan-Thomaston Boat Line, P.O. Box 238, Port Clyde, ME 04855, © (207) 372-8848, Fax (207) 372-8547, www.monheganboat.com. Autos werden nicht befördert, denn Monhegan hat keine befestigten Straßen.

Die **Übernachtungsmöglichkeiten** sind rustikal bis spartanisch, Elektrizität gibt es nur, solange der Generator läuft, oft wird das Dinner im Schein der Kerosinlampen oder bei Kerzenlicht serviert. Als bestes Hotel der Insel gilt **The Island Inn**, Box 128, Monhegan Island, ME 04852, © (207) 596-0371, Fax (207) 594-5517, www.islandinnmonhegan.com, Mitte Juni–Mitte Sept. geöffnet; $$-$$$. Das **Monhegan House** bietet knapp drei Dutzend Zimmer (etliche davon an Künstler als Dauergäste vermietet) mit Gemeinschaftsbad im zweiten Stock; Monhegan Island, ME 04852, © (207) 594-7983, Fax (207) 596-6472, www.monheganhouse.com, Ende Mai–Mitte Okt. geöffnet; $-$$. Informationen über das Leben auf der Insel findet man unter www.monhegan.com und www.monheganwelcome.com.

Extratage in Bar Harbor: Besuch in der Lobster Hatchery im Oceanarium neben dem Municipal Pier am Hafen, Kreuzfahrt mit einem historischen Drei-Mast-Schiff; Ausflüge nach Schoodic, Isle au Haut, Baker Island, Echo Lake, Pretty Marsh, Seawall, Bass Harbor Head.

4. Route – Infos: Bath, Rockland, Camden, Bar Harbor

Maine Maritime Museum
243 Washington St., Bath, ME 04530
© (207) 443-1316
www.mainemaritimemuseum.org
Tägl. 9.30–17 Uhr, Eintritt $ 12/9
Größtes Marine-Museum der USA am Kennebec River mit etlichen Gebäuden und diversen Ausstellungen. Die Präsentation »Lobstering and the Maine Coast« erläutert mit Filmen und Vorführungen am lebenden Objekt die Kunst und wirtschaftliche Bedeutung des Hummerfangs. Schöner Kinderspielplatz.

Port Clyde
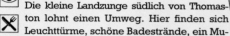
Die kleine Landzunge südlich von Thomaston lohnt einen Umweg. Hier finden sich Leuchttürme, schöne Badestrände, ein Museum und eine der besten Hummerkneipen. Von der Südspitze starten die Fähren nach Monhegan Island (vgl. Alternative).

Miller's Lobster
Wheelers Bay, 83 Eagle Quarry Rd.
Spruce Head, ME 04859, © (207) 594-7406
www.millerslobster.com, tägl. 11–19 Uhr
Am Ende einer unbefestigten Straße, die zwischen St. George und South Thomaston von der Rt. 73 abzweigt, steht das kernige Holzhaus mit Blick auf Wheelers Bay. Gegessen wird im Freien, auf den Picknicktisch kommt fangfrischer Hummer.

Owls Head Transportation Museum
Owls Head, Rt. 73,
2 Meilen südl. von Rockland, ME 04854
© (207) 594-4418, www.ohtm.org
April–Okt. tägl. 10–17, sonst bis 16 Uhr
Eintritt $ 10/8
Fans antiker Autos, Flugzeuge und Motorräder werden sich hier wohl fühlen; Aktionen und Flugvorführungen an Sommerwochenenden.

Rockland

Wirtschaftszentrum der Region, Fährstation zu etlichen Inseln und größter Hummerlieferant der Welt. Die historische Main Street ist heute Shoppingmeile.

The Farnsworth Art Museum & Wyeth Center
16 Museum St., Rockland ME 04841
© (207) 596-6457
www.farnsworthmuseum.org
Ende Mai–Anfang Okt. tägl. 10–17 Uhr, sonst Mo geschl., Eintritt $ 12/10, Kinder bis 16 Jahre frei
Amerikanische und europäische Malerei mit Schwerpunkt auf Künstlern und Motiven Neuenglands, z. B. Winslow Homer, Edward Hopper, Fitz Hugh Lane, John Marin, Andrew Newell sowie Andrew, Jamie und Newell Convers Wyeth.

Rockport
Idyllisches Hafenstädtchen mit Kunst- und Musikfestivals und Wahlheimat des Seehunds Andre (Statue im Hafen).

Camden
Das charmante Künstlerdorf mit dem pittoresken Hafen ist ein ganzjähriges Touristenziel mit großem Kultur- und Wassersportprogramm; im Sommer völlig überlaufen (www.camdenme.org).

Bar Harbor
Sommerfrische und touristischer Brennpunkt am Eingang des Acadia National Park auf Mount Desert Island.
Infos: www.barharbormaine.com

Chamber of Commerce
93 Cottage St., P.O. Box 158
Bar Harbor, ME 04609
© (207) 288-5103, www.barharborinfo.com

Acadia Welcome Center
1201 Bar Harbor Rd., Trenton, ME 04605
© 1-800-345-4617, www.acadiainfo.com
Ganzjährig tägl. 8–17 Uhr

Hearthside
7 High St., Bar Harbor, ME 04609
© (207) 288-4533, www.hearthsideinn.com
Juni–Okt. geöffnet
Das viktorianische B&B-Haus mit 9 Gästezimmern (alle mit Bad) stammt aus dem

4. Route – Infos: Bar Harbor, Acadia National Park, Blue Hill

Jahr 1907 und liegt zentral in einer stillen Seitenstraße von Bar Harbor. Frühstück und Nachmittagserfrischung sind im Preis eingeschlossen. $–$$

Manor House Inn
106 West St., Bar Harbor, ME 04609
© (207) 288-3759, 1-800-437-0088
www.barharbormanorhouse.com
April–1. Nov. geöffnet
Ebenfalls eine viktorianische Villa in einer stillen Seitenstraße nahe dem Zentrum aus dem Jahr 1887 mit 14 antik möblierten Zimmern und Suiten, alle mit Bad; Frühstück und Nachmittagstee im Preis eingeschlossen. Kinder erst ab 10 Jahre. $–$$

Mira Monte Inn
69 Mount Desert St., Bar Harbor, ME 04609
© (207) 288-4263, Fax (207) 288-3115
www.miramonte.com
Mai–Ende Okt. geöffnet
Die Villa stammt aus dem Jahr 1864 und diente einst den reichen Erbauern aus Philadelphia als Sommersitz. Die 11 Zimmer sind antik möbliert und luxuriös ausgestattet (oft mit Kamin und Whirlpool), viele bieten Balkon oder Veranda zum Garten. Frühstücksbuffet und Nachmittagstee; 5 Gehminuten zum Stadtzentrum. Das Haupthaus ist von Nov.–Mai geschl. Die Suiten sind auch in den Wintermonaten geöffnet.
   Wer zwischen Nov. und Mai hier wohnen will (ohne Zimmermädchen und Verpflegung) zahlt nur den halben Preis. Die Inhaberin Marian Burns wohnt in Ellsworth (etwa 30 km entfernt) und kommt im Winter nach telefonischer Absprache nach Bar Harbor, um die Gäste zu empfangen. Sie ist mobil zu erreichen unter © (207) 460-4263. $–$$$

Ivy Manor Inn
194 Main St., Bar Harbor 04609
© (207) 288-2138, 1-888-670-1997
www.ivymanor.com
Etwas ganz Besonderes: Sechs Suiten, eine Taverne im Stil eines englischen Pubs und »Michelle's Fine Dining Bistro« mit preis-

gekrönter *French-American cuisine*. $$–$$$$

Ullikana Bed & Breakfast
16 The Field, Bar Harbor, ME 04609
© (207) 288-9552, www.ullikana.com
Die Villa diente Alpheus Hardy, einem reichen Bostoner Kaufmann, seit 1885 als nobles Sommerdomizil. Sie versteckt sich in einem stillen Winkel mit Blick über die Frenchman Bay und liegt doch nur wenige Minuten von der Main St. entfernt (10 große, luxuriös ausgestattete Zimmer mit Bad). Im Preis ist das reichhaltige Frühstück eingeschlossen. Kinder sind ab 8 Jahre willkommen. $$–$$$

Cleftstone Manor
92 Eden St., Bar Harbor, ME 04609
© (207) 288-8086, 1-888-288-4951
Fax (207) 288-2089
www.cleftstone.com
Eine Meile vom Stadtzentrum und wenige Minuten vom Acadia National Park entfernt, bietet dieses historische Herrenhaus (Baujahr 1881) heute 16 Gästezimmer mit Airconditioning und Bad, etliche mit Kamin und Balkon. In »Abbie's Retreat« trifft man sich am späten Nachmittag zu Tee und Cookies, und auch das reichhaltige Frühstück ist im Preis eingeschlossen. $–$$

The Blue Hill Inn
40 Union St., P.O. Box 403
Blue Hill, ME 04614
© (207) 374-2844, 1-800-826-7415
Fax (207) 374-2829
www.bluehillinn.com
45 Autominuten vom Acadia National Park entfernt (bei Castine), bietet dieses typische neuenglische Inn einen Stützpunkt für alle, die abseits der Touristenströme das wahre Maine entdecken wollen, mit Segeltörns und Kajak-Touren durch die Penobscot Bay, mit lokaler Küche, Antiquitätenläden und Kammerkonzerten. Elf Zimmer und eine Suite, dazu eine exzellente Küche mit prämierter Weinauswahl; Frühstück ist inklusive. $$ (Suite $$$)

4. Route – Infos: Brooksville, Bar Harbor

 Oakland House Seaside Resort and Shore Oaks Seaside Inn
 435 Herrick Rd., Brooksville, ME 04617
✆ (207) 359-8521, 1-800-359-RELAX
 www.oaklandhouse.com
Es gibt kaum einen schöneren Platz in Maine. Zur Auswahl stehen 10 Zimmer im Shore Oaks Seaside Inn und 15 Cottages für Familien, etliche davon am Seeufer oder mit Blick auf die East Penobscot Bay; rundherum ist Wildnis, im Wasser der Bucht tummeln sich Seehunde und Kormorane, Sandstrände laden zum Schwimmen ein. Im Preis eingeschlossen sind Frühstück, Gourmet-Dinner (5 Gänge), Ruderboote, Kajaks und etliche Extras; jeden Do gibt's ein klassisches Lobster-Picknick; einmal in der Woche nimmt Captain Bill Baker Gäste mit zur Lobster-Fahrt.
Zimmer im Shore Oaks Seaside Inn $–$$, Cottages pro Woche ab $ 595 pro Person.

 Hadley's Point Campground
33 Hadley Point Rd., Bar Harbor, ME 04609
 ✆ (207) 288-4808, Mitte Mai–Mitte Okt.
5 Gehminuten zum Strand, 4 Meilen vom Acadia-Parkeingang, bietet dieser Campingplatz alle Annehmlichkeiten, einen großen geheizten Pool und zur Hochsaison einen Shuttle-Service nach Bar Harbor.

 West Street Cafe
76 West St., Bar Harbor, ME 04609
✆ (207) 288-5242, Mai–Okt. tägl. 11–21 Uhr
Populäre und preisgünstige Familienadresse in der historischen West Steet. Traditionelle Neuenglandküche mit saftigem Lobster (mit geklärter Butter), Seafood und dem wohl besten Blueberry Pie der Stadt. Drei Fußminuten von der Pier entfernt, eine typisch amerikanische Location, das fehlende Glied zwischen Restaurant und *Lobster in the Rough* am Picknicktisch: Einfachste Ausstattung aber *great food and great people*. $$

 Bar Harbor Route 66
21 Cottage St., Bar Harbor, ME 04609
✆ (207) 288-3708, www.bhroute66.com
Ganzjährig tägl. 11–21 Uhr
In dem rekonstruierten Kirchenbau feiern die 1950/60er-Jahre mit zahllosen Memorabilien Auferstehung; auf zwei Stockwerken wird solide amerikanische Seafood-, Beef- und Pastaküche serviert. $–$$

 Mount Desert Oceanarium
Bar Habor Site, 1351 Rt. 3
 Bar Harbor, ME 04609
✆ (207) 288-5005, Fax (207) 244-7330
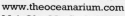 www.theoceanarium.com
Mai–Okt. Mo–Sa 9–17 Uhr, Führungen alle halbe Stunde
In dieser Lobster-Aufzuchtstation erlebt man den Hummer in allen Lebensaltern: live, unterm Mikroskop und auf dem Bildschirm; nach der Führung hat man die letzte Scheu vor dem Krustentier verloren.

 Acadia Bike
48 Cottage St., Bar Harbor, ME 04609
✆ (207) 288-9605, 1-800-526-8615
www.acadiabike.com
Riesenauswahl an Rädern, Tandems, Trailern, 50 Meilen autofreie Straßen, freundlicher Service, ab 8 Uhr früh geöffnet.

 Acadia Nature Cruises
1 West St. Harbor Place
Bar Harbor, ME 04609
✆ (207) 288-2386
www.acadianaturecruises.com
Die Törns werden gemeinsam bzw. in Abstimmung mit dem National Park Service durchgeführt, große Auswahl wie *Nature Cruise, Sunset Cruise, VIP Estates and Lighthouses*, von Mai–Nov. tägl.

 Downeast Windjammer Cruises
Inn Pier, Bar Harbor, ME 04609
✆ (207) 288-4585
www.downeastwindjammer.com
Tickets $ 35, Kinder $ 25 (6–11 Jahre), $ 5 (2–5 Jahre)
Zweistündige Fahrten auf dem Vier-Mast-Schoner durch die Frenchman Bay mit Seehunden, Adlern, Delphinen etc.; von Mai–Okt.

4 Das Loch im Donut und ein Selbstversuch im Lobster-Land

Hummer-Ignoranten haben heute einen schweren Stand, denn von irgendwoher fixiert einen immerzu ein Krustentier aus stummen Stielaugen – ob es nun vorwurfsvoll von der Plakatwand starrt oder sich als Logo auf der Tischserviette breitmacht. *Lobster to go* auf jedem Kneipenschild, *Lobster Fishing Trips* in jedem Hafen, selbst McDonalds hat kapituliert und setzt den »McLobster« auf die Speisekarte. Zwar bestehen die Geschmacks-Puristen darauf, dass der Hummer für seine optimale Zubereitung lediglich gekocht (am allerbesten gedünstet) werden darf, doch die Kneipenwirte schert das wenig. Sie marinieren das Fleisch in diversen Saucen, legen es auf den Rost, füllen es mit Krabben oder vermischen es mit

Lehrwerkstatt im Maine Maritime Museum in Bath

Auf dem Land bei Newcastle: Selbst mitten im Hochsommer ziehen Nebelwände auf

reichlich Mayonnaise zu Brotaufstrichen und Salaten.

Rein tischmanierenmäßig betrachtet, ist die klassische Variante »Hummer pur« die größte Schweinerei und entsprechend vergnüglich. Für die Kenner ist der Gipfel des Genusses erst erreicht, wenn sie den blanken Lobster unter freiem Himmel an sperrigen Picknicktischen und mit Blick auf eine stille Meeresbucht oder einen kleinen Fischerhafen verspeisen. Das rote Krustenvieh hockt bei dieser kernigen Version auf einem Wegwerfteller, und daneben schwimmt die geschmolzene Butter im Plastikschälchen. Meist gibt es einen Nussknacker dazu, um auch die letzten Schalen zu öffnen – der Rest ist Handarbeit: Mit den Fingern wird das zarte Fleisch Häppchen für Häppchen in die flüssige Butter getunkt.

Lobster in the rough nennen das die Amerikaner, und für viele gehört es zu den Höhepunkten der Reise nach Maine. Dabei galt der Hummer längst nicht immer als kulinarische Kostbarkeit. Früher waren die schwerfälligen Schalentiere an der Neuengland-Küste so zahlreich und riesig, dass sie häufig vom Seegang an Land gespült wurden und nur eingesammelt werden mussten. Hummerfleisch war zu jener Zeit ein Arme-Leute-Essen und wurde besonders den Sklaven vorgesetzt. So häufig, dass diese sich dagegen wehrten und einen Speiseplan forderten, auf dem nicht öfter als viermal pro Woche Lobster stand.

Unser Selbstversuch mit der Spezialität lässt noch etwas auf sich warten, aber immerhin spielt der Hummer schon beim ersten Programmpunkt eine tragende Rolle: im **Maine Maritime Museum** in **Bath**. Auf dem weitläufigen Gelände mit historischen Werftgebäuden und der parkähnlichen Wiese mit Kinderspielplatz am Ken-

*Pemaquid Point Light bei Bristol, Maine, mit einem kleinen Museum ▷
zur Geschichte der Leuchttürme und der Fischerei*

nebec River ließe sich leicht ein halber Tag zubringen, denn hier wird spannend und anschaulich die gesamte Geschichte des Schiffsbaus dokumentiert. Modellsammlungen, Gemäldegalerien und historische Relikte lassen die Boomzeit der großen Frachtensegler lebendig werden.

Den modernen Fiberglas-Yachten begegnen viele Einwohner von Maine mit Verachtung. Sie haben ihr Herz an die klassischen Boote verloren, die in Handarbeit auf traditionelle Weise aus gebeiztem und poliertem Holz hergestellt werden. Im *Apprentice Shop*, der Lehrwerkstatt des Museums, können Besucher zuschauen, wie historische Prachtstücke renoviert und neue Exemplare nach alter Tradition auf Kiel gelegt werden.

In den Sommermonaten starten am Museumspier Bootstouren zur Mündung des **Kennebec River**. Gleich zu Beginn dreht der Ausflugskahn eine Runde vor der benachbarten Marinewerft der **Bath Iron Works** mit ihren gigantischen Aufbauten. Seit 1889 werden hier Zerstörer, Patrouillenboote und Schlachtschiffe gebaut. Aus der Nähe darf das Gelände der US-Kriegsmarine nicht besichtigt werden. Die Stapelläufe werden von der Stadt nach wie vor als Festakte begangen. Der Rest der 50-minütigen Flussfahrt ist weitaus friedlicher: mit Kormoranen, Reihern und einigen noblen Herrenhäusern im birkenlichten Ufergrün. Vor 20 Jahren glich der Kennebec auf dieser Höhe einer Chemiekloake, doch seit die Papierfabrik nicht mehr arbeitet und die Kanalisation angeschlossen wurde, hat der mächtige Fluss auch im Mündungsgebiet wieder Trinkwasserqualität.

Schönster Pfälzer Mischwald begleitet die Weiterfahrt bis **Wiscasset**, das von sich behauptet »the prettiest village in Maine« zu sein. Die US 1 führt mitten

Wiscasset – nach überzeugender Eigenwerbung Maines schönste Kleinstadt

durchs fotogene Zentrum, und wer bei der Fahrt über die Brücke des Sheepscot River nach Süden blickt, sieht zwei Schiffsrümpfe im Schlamm hocken. Es sind die Überreste der stolzen Vier-Mast-Schoner »Luther Little« und »Hesper«, die einst gewaltige Frachten entlang der Atlantikküste transportierten und nun als historische Relikte vor sich hin rotten.

Östlich von Wiscasset gäbe es schon wieder etliche Versuchungen, vom rechten Weg abzukommen, und wer ein paar zusätzliche Tage zu vergeben hat, kann die Route 27 nach Süden einschlagen. Sie führt nach **Boothbay Harbor**, das touristische Zentrum der Region und eines der hübschesten Hafenstädtchen an der Küste. 60 000 Besucher fallen hier in jeder Sommersaison ein, Parkplätze sind teure Mangelware, und vom *Fisherman's Festival* über die *Windjammer Days* bis zu den *Antique Auto Days* und dem *Fall Foliage Festival* jagt eine Veranstaltung die nächste.

Auch die Route 129, die von Damariscotta nach Süden führt, wäre eine Sünde wert, denn später zweigt die Route 130 ab und endet bei dem beliebten Gemäldemotiv der dramatischen Felshalbinsel **Pemaquid Point** mit dem gleichnamigen Leuchtturm aus dem Jahr 1827. Selbst wenn sich die Brandung bei Ebbe vom gischtumtosten Riff zurückzieht, spiegelt sich der Turm immer noch recht fotogen in den seichten Wassertümpeln.

Hinter Thomaston biegt unsere Strecke auf der Route 131 nach Süden ab. Wer die Fähre nach Monhegan Island nehmen will, fährt bis an ihr Ende nach Port Clyde (siehe Tagesinfos). Ansonsten steht nun der endgültige Selbstversuch in Sachen *lobster in the rough* bevor, und um dieses Mahl in optimalem Ambiente zu genießen, geht es zu **Miller's Lobster**, wo die knappe Menüliste auch gleich die Qual der Wahl erspart. Da hockt man dann einträchtig schlürfend und schmatzend am Picknicktisch und hat alle Hände voll

Farnsworth Museum in Rockland mit viktorianischem Dekor

zu tun, mehr schlecht als recht die glitschigen Hummerschalen zu knacken. Keine hundert Meter weiter demonstriert derweil ein Fischreiher, dass es durchaus möglich ist, auch beim Verzehr von widerspenstigem Seafood mit Eleganz zu Werk zu gehen.

Richtung Rockland führt unsere Strecke hinter South Thomaston auf die Halbinsel **Owls Head**. Wer Interesse an historischen Flugzeugen und alten Autos hat, macht eine Stippvisite im **Owls Head Transportation Museum**, das an Sommerwochenenden mit Airshows, Auktionen und Rallyes auf seine Sammlung aufmerksam macht. Hinter dem Leuchtturm **Owls Head Lighthouse**, der auf einer 30 Meter hohen Klippe steht, führt ein kurzer Fußweg hinunter ans Wasser mit schöner Rundumsicht.

Rockland ist nur sechs Kilometer entfernt und empfängt die Autofahrer als

Camden ist am besten vom Mount Battie zu bewundern

moderner Seehafen mit einer Parade hässlicher Lagerhallen und Gebrauchtwagenmärkte. Auf Rocklands Historic Main Street dagegen reihen sich architektonische Prachtexemplare der unterschiedlichsten Stilrichtungen – von *Greek Revival* bis zum Kolonialstil. Der große, geschäftige Hafen ist nicht nur ein Zentrum des Hummerfangs, sondern auch Heimat der größten Windjammerflotte von Maine, die Kurzkreuzfahrten, aber auch drei- bis sechstägige Inselausflüge auf schmucken Schonern bietet.

Friedvoll und mit allen Bildzitaten des klassischen Maine präsentiert sich das nahe **Rockport**, dessen Häuser im Halb-

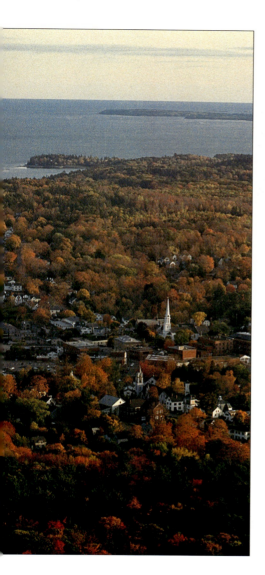

Seehund Andre im Hafen von Rockport

rund am Hang um einen idyllischen Hafen gruppiert sind. (Den schönsten Blick genießt man von der Children's Chapel auf dem Vesper Hill.) Und auch dieses kleine Städtchen hat Unvergängliches zur amerikanischen Geschichte beigetragen. Jedenfalls sind die 2800 Einwohner davon überzeugt, denn schließlich wurde hier im Jahre 1847 das Loch im Donut erfunden. Zu jener Zeit missfiel Seekapitän Hanson Gregory die teigig-weiche Mitte der kleinen Pfannkuchen, und als Mann der Tat stach er sie kurzerhand aus. »The rest is history«, kommentiert man in Rockport das Ereignis. Dem Kapitän wurde übrigens im benachbarten Glen Cove tatsächlich ein Denkmal gesetzt.

Doch Rockport hat noch eine zweite Berühmtheit, deren Denkmal im Marine Park am Hafen zu bewundern ist: **Andre the Seal**, bis heute der einzige Seehund, dessen Tod der *New York Times* einen Nachruf Wert war. Bis 1986 hatte der Waisenknabe Andre über zwei Jahrzehnte lang die US-Nation gerührt, wenn er jeweils im Frühjahr sein Aquarium in Boston verließ und zu seinem einstigen Retter Harry Goodridge nach Rockport schwamm, wo er den Sommer über im Hafenbecken Kunststücke lernte und abenteuerliche Stunts vorführte.

Die Seehund-Abenteuer sind im Bestseller »A Seal Called Andre« (von Harry Goodridge und Lew Dietz, Down East Books) nachzulesen und wurden 1994 verfilmt – nach Meinung des Nachrichtenmagazins *Times* allerdings mit einer skandalösen Fehlbesetzung, denn die Hauptrolle wurde an einen »viel zu großen Seelöwen von der Westküste« vergeben.

Auch **Camden** präsentiert sich in traumhafter Lage zwischen den majestätischen Küstenbergen und der Penobscot Bay und zählt zu den liebenswertesten Orten Neuenglands. Allerdings ist das nette Hafenstädtchen mit seinen 4000 Einwohnern im Sommer von Touristen völlig überlaufen und dann am besten aus der Entfernung, nämlich vom **Camden Hills State Park**, zu bewundern. Die kostenpflichtige Straße, die auf die Spitze des **Mount Battie** führt, zweigt nördlich von Camden ab. Den malerischen Rundblick auf das Hafenidyll kann man über die Camden Hills und die Penobscot Bay auch zu Fuß erreichen. Der steile, eine Meile lange Pfad des Mount Battie South Trail beginnt nördlich vom Town Square am Ende der Megunticook Street.

Hinter Camden flaut der touristische Boom merklich ab, und auch die Preise der Motelzimmer am Straßenrand sinken mit jeder Meile. Die nächste Stunde geht es bergauf, bergab durch das waldreiche Maine, und irgendwann versprechen die Reklameschilder schon das *Lobster Dinner* gratis zum Zimmer. Diese Freigiebigkeit geht merklich zurück, wenn wir uns Ellsworth nähern und damit der Route 3, die – flankiert von einer Kirmes aus Wasserrutschen, Country Stores, Christmas Shops und Icecream-Buden – nach Bar Harbor, und damit zum **Acadia National Park** führt.

Um die vergangene Jahrhundertwende war Bar Harbor ein Refugium des Geldadels. Millionäre wie J. P. Morgan, Joseph Pulitzer und John D. Rockefeller bauten sich für ein paar Sommerwochen *Cottages* genannte Villen und genossen die herbe Schönheit der Landschaft. 1916 kauften sie mehr als 13 000 Hektar Land auf und stifteten es dem Staat als Acadia National Park. In den dreißiger Jahren war die große Zeit der Sommerfeste in Bar Harbor vorüber, und die prunkvollen Häuser verfielen. 1947 wurden die meisten durch einen Großbrand zerstört. Heute gilt Bar Harbor mit Kunstgalerien und Boutiquen, Restaurants und Museen, Ausflugsbooten und B&B-Herbergen als idealer Urlaubsstützpunkt.

Die eigentliche Attraktion ist jedoch die wildromantische Natur des nahen Nationalparks. Ein bis zwei zusätzliche Tage sind das absolute Minimum, um Hirn und Herz die Chance zu geben, jenseits aller touristischen Standardprogramme die Magie von Down East Maine zu erleben. Dazu muss man gar keine großen Aktivitäten einplanen, eine Ahnung davon stellt sich schon beim bloßen Nichtstun in der freien Wildnis ein. Bei Ebbe kann man bäuchlings auf den mächtigen Küstenfelsen von Otter Point das bunte Leben der Schwimmkrabben, Seesterne, Miesmuscheln und Seeanemonen in den Gezeitentümpeln betrachten.

Und selbst wer nur in den Himmel schaut, wird dort früher oder später eine Möwe entdecken, die einen Seeigel im Schnabel hat. In den nächsten Sekunden wird sie ihre Beute auf die Granitklippen fallen lassen, um anschließend aus der zerborstenen Stachelrüstung das Fleisch herauszupicken. Und während man noch ganz von solchen Entdeckungen gebannt ist, kriecht vom Meer eine kalte Nebelwand heran und lässt binnen Minuten die bunte, warme Welt eines sonnigen Sommertages in wattedichtem Nebelgrau verschwinden.

Manchen Acadia-Liebhabern gelingt es sogar, die Morgendämmerung hoch oben auf dem **Cadillac Mountain** zu erleben. Denn von dieser höchsten Erhebung der Ostküste hat man nicht nur den schönsten Blick über das zerklüftete Reich aus Inseln, Felsen, Meer und Wald, sondern einen ganz exklusiven Thrill: Wer im Morgengrauen auf dem Cadillac Mountain steht, ist an diesem Tag mit Sicherheit der erste Mensch in den USA, der die Sonne aufgehen sieht. ❖

4.1 Route: Rundfahrt durch den Acadia National Park (80 km/50 mi)

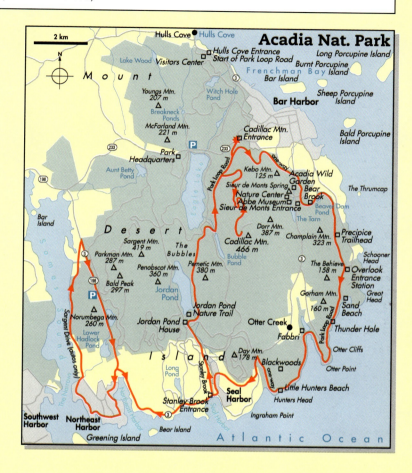

Vormittag

Von **Bar Harbor** auf die **Park Loop Rd.**, Stopps bei **Sand Beach**, **Thunder Hole, Otter Cliffs, Otter Point**. An der Kreuzung mit der Rt. 3 teilt sich die Strecke. Schwere Fahrzeuge wie Campmobile fahren die Park Loop Rd. weiter, Pkws biegen auf die Rt. 3 ab nach **Seal Harbor** und **Northeast Harbor**. Im Ortszentrum den Schildern folgen zum Sargent Dr. Direkt hinter dem Tennisclub liegt links ein *turnout*: ideal für ein Picknick mit Aussicht über den **Somes Sound**.

Nachmittag

Danach geht es weiter am Fjord entlang bis zur Rt. 3., auf dieser zurückfahren und beim Stanley Brook Entrance auf die Park Loop Rd. zum **Jordan Pond Restaurant** (www.jordanpond.com). Nachmittags-

4.1 Route: Rundfahrt durch den Acadia National Park (80 km/50 mi)

tee auf der Wiese. Weiterfahrt nach Norden und Auffahrt auf den Gipfel des **Cadillac Mountain**. Rückfahrt nach **Bar Harbor**.

Der Abend wurde bewusst offengehalten, damit sich das Tagesprogramm wahlweise nach hinten verschieben lässt. Wer an einer oder mehreren Stationen der Rundfahrt an Programmen der Parkranger teilnehmen oder einen Trail erwandern will, dem bleibt immer noch genügend Zeit für den Rest der Rundfahrt. Die Zufahrt zum Cadillac Mountain wird erst um Mitternacht geschlossen.

4.1 Route – Infos: Acadia National Park

Acadia National Park
The Superintendent
P.O. Box 177, Bar Harbor, ME 04609
✆ (207) 288-3338
www.nps.gov/acad
Hervorragende Präsentation, die auch sämtliche Rangerprogramme vorstellt.

Visitors Center
Hulls Cove an der Rt. 3
✆ (207) 288-3338, 288-5262
www.acadiamagic.com/visitorcenter.html
April–Okt. tägl. 8–18 Uhr
Alle halbe Stunde zeigt ein 15-minütiger Film die wichtigsten Sehenswürdigkeiten

Rangervortrag am Otter Point: Heute schon einen Seestern gestreichelt?

4.1 Route – Infos: Acadia National Park

des Parks. Hier kann man auch die Kassette von »Tape Tours« mieten oder kaufen, die eine vierstündige Rundfahrt erläutern. Die kostenlose Zeitung *Acadia Weekly* nennt alle Veranstaltungen, Rangerprogramme, Wetterprognosen sowie Flut- und Ebbedaten.

Viele der Hauptsehenswürdigkeiten liegen an der 27 Meilen langen Aussichtsstraße Park Loop Rd., die beim Visitors Center beginnt. Die wichtigsten Stationen sind **Sieur de Monts Spring** (Naturausstellung, Wildblumengarten und Abbe Museum mit Artefakten der Ureinwohner), **Champlain Mountain Overlook** mit schönem Panoramablick über die Frenchman Bay und die Inseln bis zur Schoodic Peninsula und nach Süden auf Teiche mit Biberbauten. Es folgt **The Precipice**, einer der kürzesten und anstrengendsten Trails in Acadia, der Schwindelfreie mit einer fantastischen Aussicht belohnt. Von **Schooner Head Overlook** hat man etwa die gleiche Sicht wie vom Champlain Mountain, allerdings dichter an der Wasserlinie; ein kleiner Pfad führt hinab zum Ufer.

Die nächsten Stopps sind die beliebtesten der Loop Rd. und im Sommer entsprechend überfüllt (wenn die Parkplätze voll sind, darf das Auto auf der rechten Fahrspur abgestellt werden): **Sand Beach** ist der einzige Badestrand im Nationalpark; an der gegenüberliegenden Seite der Bucht beginnt der Great Head Trail, der über den Felsen an der Bucht entlangführt und schöne Aussichten auf Strand und Meer bietet.

Thunder Hole ist eine lang gezogene Felskluft, die sich bei steigender Flut oder starkem Wind springflutartig füllt und leert. **Otter Cliffs** bieten eine grandiose Aussicht von einer 30 m hohen Granitwand, angeblich »the highest headlands along the Atlantic coast north of Rio de Janeiro«. Der Parkplatz von **Otter Point** ist ein beliebter Treffpunkt für Rangertouren und Anfang eines Pfads zu den Uferfelsen, wo man die Gezeitentümpel studieren kann.

Hinter **Hunters Head** verlässt unsere Rundstrecke die Park Loop Rd. und ihren vergleichsweise dichten Autoverkehr und gelangt über **Seal Harbor** und **Northeast Harbor** an den ma-

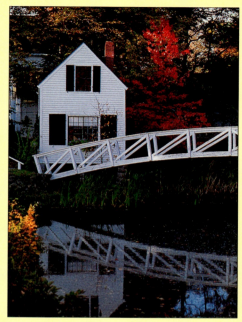

Somesville auf Mount Desert Island

jestätischen **Somes Sound**, den einzigen natürlichen Fjord an der Ostküste.

Wenn der unbefestigte Sargent Dr. wieder auf die Rt. 3 trifft, führt der Weg zurück nach Northeast Harbor und über den Stanley Brook Entrance auf die Park Loop Rd. Richtung **Jordan Pond**. Das Restaurant »Jordan Pond House« serviert nicht nur Lunch und Dinner, sondern auch einen gepflegten Nachmittagstee auf dem Rasen mit Blick auf den See und die **Bubbles**, zwei von den Gletschern rundgeschliffene Hügel. Ganz in der Nähe startet der leicht begehbare Nature Trail.

Die letzte Station der Rundfahrt ist auch die spektakulärste: Eine der besten Bergstraßen des Kontinents (nie mehr als 7 % Steigung) führt auf den Gipfel des **Cadillac Mountain**, des (mit nur 466 m) höchsten Berges der Atlantikküste nördlich von Brasilien. An klaren Tagen kann man von hier den 160 km landeinwärts liegenden Mount Katahdin sehen.

Acadia National Park
Der Zauber von Down East Maine

4.1 Route

Fast alle Besucher – und ganz besonders die amerikanischen – verschätzen sich beim ersten Besuch in Acadia. Tatsächlich ist er im Vergleich zu den gigantischen Nationalparks des Südwestens mit einem Durchmesser von 25 Kilometern fast ein Winzling, bietet aber mit seiner weit zerklüfteten Küstenlinie und der schwer zugänglichen Inselwelt, mit lang gezogenen Seen, rundbuckligen Gebirgszügen, Granitfelsen und dichten Wäldern genügend Stoff für ein mehrtägiges Programm.

Jahrtausendelang lebten die Abnaki-Indianer in diesem Naturparadies vom Fischfang und von der Jagd. 1604 betrat mit dem Franzosen Samuel de Champlain der erste Europäer die Insel. Wohl wegen ihrer kahlen Bergrücken nannte er sie Isle des Monts Déserts, was später zu Mount Desert verballhornt wurde. Champlain annektierte für Frankreich ein riesiges Stück Land, das von New Jersey bis Nova Scotia reichte und Acadia genannt wurde. 1614 kamen mit John Smith auch die Engländer und kassierten

Sunrise auf dem Cadillac Mountain, einem beliebten Treffpunkt der Acadia-Fans

Bass Harbor Head Light lotste seit 1858 zahllose Schiffe in die Blue Hill Bay ▷

Bernard im Südwesten von Mount Desert Island: Hinter der malerisch verwitterten Fassade mit ihren Lobster-Bojen versteckt sich ein Museum

dasselbe Land kurzentschlossen für die Krone.

Der Streit um die Nordostregion der Neuen Welt dauerte mehr als 170 Jahre. Dann übernahmen die jungen Vereinigten Staaten die Insel und boten das Land den Einwanderern zum Kauf an.

Der Nationalpark besteht seit 1919 und ist jenen Tycoons und reichen Sommergästen zu verdanken, die Anfang des Jahrhunderts für die Erhaltung der einsamen Inselwelt als Erholungsgebiet alles verfügbare Land aufkauften und dem Staat kostenlos abtraten. John D. Rockefeller Jr. war einer jener spendablen Sommergäste, die sich hier Villen mit Dienstpersonal hielten.

Doch als die ersten knatternden und stinkenden Automobile in der Naturidylle auftauchten, war der Millionär darüber so verärgert, dass er die Einrichtung von 45 Meilen privaten Kutschenwegen für seine Familie und Freunde beschloss und den Bau dieser *carriage roads* von 1913–40 persönlich überwachte. Später wurden sie zusammen mit mehreren historischen

Herbst im Acadia National Park

Unsere Rundtour verbindet die Highlights der Park Loop Road mit Naturschönheiten im touristisch weniger befahrenen Westteil der Insel. Wer frühzeitig startet, kann außerdem auf zahlreichen Wildnistrails die ganz spezielle Magie von Acadia erleben.

Zahllose professionell und freundlich geführte Touren zu Fuß oder per Boot mit den Naturalisten der Parkrangers informieren (nur auf Englisch) über Fauna und Flora; wer teilnehmen will, muss sich telefonisch oder persönlich im Visitors Center anmelden. Das kostet zwar nichts, aber nur bei einer namentlichen Reservierung erfährt man den Treffpunkt und die Uhrzeit; die Programme sind in den Zeitungen *Beaver Log* und *Acadia Weekly* ausführlich beschrieben.

Mit Acadia endet für fast alle Besucher die Reise in den nordöstlichsten Bundesstaat der USA. Doch Maines wildromantische Küste ist hier keineswegs zu Ende, auch wenn der Tourismus östlich von Bar Harbor noch nicht Fuß gefasst hat. Zwar kann man überall in den kleinen unverfälschten Fischerstädtchen ein Quartier finden, doch an den Kais der früheren Piraten- und Schmugglernester, wie Machias östlich von Winter Harbor, tummeln sich auch heute noch mehr Seebären als Touristen.

Steinbrücken dem Nationalpark zugeschlagen.

Mehr als vier Millionen Gäste kommen jedes Jahr nach Mount Desert Island; in der Besucherstatistik steht die Wildnis von Maine unter allen Nationalparks der USA an zweiter Stelle. Die meisten Besucher bleiben allerdings nur einen halben Tag, fahren über die **Park Loop Road**, halten an der **Sand Beach** einen Zeh ins kalte Wasser, schießen ein paar Fotos von der Gischt bei **Thunder Hole** und bestaunen den Sunset auf dem **Cadillac Mountain**.

5. Route: Bar Harbor – Bangor – Gorham – Mt. Washington – North Conway (416 km/260 mi)

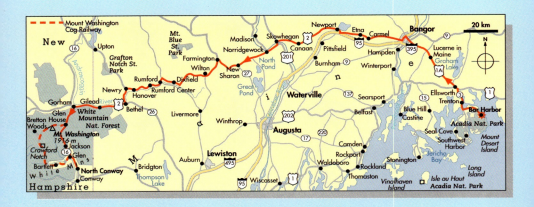

km/mi	Zeit	Route
0	8.00 Uhr	Abfahrt in **Bar Harbor** auf der Rt. 3 West über Ellsworth, dort auf der US 1A Richtung Bangor, und kurz vor Bangor über die I-395 West auf die US 2. Über
112/70		Newport, Skowhegan, Farmington und
248/155		Rumford, mit einer Lunchpause evtl. in **Bethel**, bis Gorham, New Hampshire. Im Stadtzentrum zweigt die Rt. 16 South ab; nach acht Meilen folgt rechter Hand der Zugang zur gebührenpflichtigen Bergstraße auf den
336/210	14.00 Uhr	**Mt. Washington**. Wer nicht selbst auf den 1916 m hohen Gipfel fahren mag, bucht vor Ort eine geführte Rundtour im Kleinbus. Danach Weiterfahrt auf der Rt. 16 South über Jackson nach
416/260	18.00 Uhr	**North Conway**. Einchecken im Hotel, evtl. kurzer Trip zur Cathedral Ledge und (mit Picknick und Badezeug) zum **Echo Lake**.

Alternative: Wer zeitig genug dran ist, kann den Berggipfel auf ungewöhnliche Weise erreichen: Exakt sechs Meilen nordwestlich der Sommerfrische **Bretton Woods** (an der Rt. 302) startet jede volle Stunde mit viel Getöse der historische Dampfzug **Mount Washington Cog Railway** zu seiner dreistündigen Fahrt auf den Gipfel und zurück (letzter Start 16 Uhr). Die Bergfahrt mit der Dampf-Zahnradbahn von 1869 (in der Hochsaison möglichst mindestens einen Tag im voraus telefonisch reservieren) lässt sich mit den nahe gelegenen Natur-Attraktionen der **White Mountains** mit Wasserfällen, Seen, Bergen und Schluchten (Crawford Notch, Franconia Notch) leicht zu einem Tag oder mehreren Extratagen kombinieren (siehe auch Kasten »White Mountains« S. 109).

5. Route: Bar Harbor – Bangor – Gorham – Mt. Washington – North Conway (416 km/260 mi)

»The Road Not Taken«
Besuch bei Robert Frost

Liebhaber der Gedichte des amerikanischen Lyrikers Robert Frost können **Robert Frost's Farm** besuchen (Juli–Anfang Okt. tägl. außer Di 13–17 Uhr, ✆ 603-823-5510, www.frostplace.org). Frost kaufte das bäuerliche Anwesen 1915 nach der Rückkehr aus England für sich und seine Familie und schrieb hier etliche seiner berühmtesten Gedichte. Ein 20-minütiges Video, das alte Farmhaus mit Memorabilien sowie der knapp ein Kilometer lange »Poetry Trail« durch den nahen Wald (Mückenschutzmittel nicht vergessen) geben einen Eindruck vom Leben und Werk des Dichters. Die Farm liegt ca. eine Meile südlich von Franconia nahe der Rt. 116 South an der Ridge Road.

5. Route – Infos: Wilton, Bethel, Gorham

 Wilson Lake Inn
183 Lake Rd., Wilton, ME 04294
 ✆ (207) 645-3721, 1-800-626-7463
www.wilsonlakeinn.com
29 Zimmer, drei Suiten, Zimmer mit Kitchenette. Fern vom Touristentrubel, direkt am See, hauseigene Kanus. Günstige Wochen-Mietpreise. $–$$

 Bethel Inn
Bethel Inn & Country Club, The Common Bethel, ME 04217, ✆ (207) 824-2175 oder 1-800-654-0125, www.bethelinn.com
Tägl. Lunch und Dinner in lockerer Atmosphäre in der Millbrock Tavern oder feiner bei Pianomusik und Kerzenschein im Main Dining Room. Im Sommer auf der Terrasse, Kindermenüs. $–$$

 Mount Washington Auto Road
Rt. 16, Pinkham Notch, Gorham, NH 03581
✆ (603) 466-3988
www.mountwashingtonautoroad.com
Anfang Mai–Anfang Okt. tägl. 8–16, Mitte Juni–Ende Aug. 7.30–18 Uhr; $ 18 pro Pkw und Fahrer, weitere Personen $ 7/4
Achtung: Keine Zufahrt für überladene Pkws und Campmobile. Die Straße auf den Gipfel ist acht Meilen lang, hat eine durchschnittliche Steigung von 12 % und ist im Vergleich zu Bergstraßen in den Alpen problemlos.
 Die Fahrt dauert pro Strecke etwa 45 Minuten. In der Gebühr ($ 20 für Auto und Fahrer, $ 7 pro Erwachsener, $ 5 für Kinder ab 5 Jahre) ist eine CD eingeschlossen. Geführte Touren im Kleinbus (✆ 603-466-

5. Route – Infos: Bretton Woods, Gorham, North Conway, Bartlett

3988) werden von 8.30–17 Uhr angeboten (Erwachsene $ 26, Kinder ab 5 Jahre $ 11).

Mount Washington Cog Railway
Rt. 302, Bretton Woods, NH 03575

✆ (603) 278-5404, 1-800-922-8825
www.thecog.com, Abfahrten: Mitte Juni–Ende Juli tägl. 9–16, Aug.–Anfang Sept. bis 17 Uhr, Mai und Okt. eingeschränkt; Erwachsene $ 59, Kinder ab 4 Jahre $ 39 Die Fahrt dauert hin und zurück jeweils 90 Minuten, auf dem Gipfel bleiben etwa 20 Minuten Zeit; warme, winddichte Kleidung anziehen – unterwegs wird es kalt und windig (möglichst keine hellen Farben, weil es Ruß regnet); nichts für Kleinkinder.

Weather Discovery Center
2779 Main St., Rt. 16
North Conway, NH 03860
✆ (603) 356-2137
www.mountwashington.org
Juni–Dez. tägl. 10–17 Uhr, Eintritt frei
In diesem interaktiven Wissenschaftsmuseum kann man hautnah erleben, was die Wetter-Profis im Mount Washington Observatory treiben und unter welchen Umständen sie oben auf dem Gipfel leben und forschen, ein spannendes Erlebnis für die ganze Familie.

Town & Country Motor Inn
Rt. 2, Gorham, NH 03581

✆ (603) 466-3315, 1-800-325-4386
www.townandcountryinn.com

160 Gästezimmer, sehr gute Küche, Indoor-Pool, Health Club, Golfplatz. $–$$$

Briarcliff Motel
Main St., Rt. 16 & 302
North Conway, NH 03860

✆ (603) 356-5584, 1-800-338-4291
www.briarcliffmotel.com
31 Motelzimmer, geheizter Außenpool und Blick auf die Berge. $–$$

Cranmore Mount Lodge
859 Kearsarge Rd.
North Conway, NH 03860

✆ (603) 356-2044, 1-800-356-3596
Fax (603) 356-4498

www.cranmoremountainlodge.com
Authentisches Inn aus dem Jahr 1863 mit 18 Zimmern, Pool, Health Club; zusätzlich gibt es »Town Houses« und ein Hostel, in dem das Bett (im Mehrbettzimmer) $ 30 pro Nacht kostet, in allen Preisen ist Frühstück inkl.; wer außerhalb der US-Ferienzeiten unter der Woche bucht, zahlt vier Nächte und wohnt die fünfte gratis. $–$$ (Town Houses $$$)

Mount Washington Resort
Rt. 302, Bretton Woods, NH 03575

✆ (603) 278-1000, 1-800-314-1752

www.mountwashingtonresort.com
Das historische Grand Hotel aus dem Jahr 1902 vor der spektakulären Bergkulisse hat Geschichte geschrieben und ist heute wieder eine der ersten Adressen in Neuengland. 2006 wechselte der Eigentümer des 365-Zimmer-Hotels, 2009 wurde u.a. ein neuer Wellness- und Spa-Bereich eröffnet. Insgesamt 8 Restaurants, Golfplatz (27 Loch), 12 Tennisplätze, zwei Pools, Health Club und jede Menge Sport, vom Fliegenfischen über Canopy-Touren über den Baumwipfeln bis zum Skilauf. $$–$$$$

Stonehurst Manor
Rt. 16, North Conway, NH 03860

✆ (603) 356-3113, 1-800-525-9100
www.StonehurstManor.com
Elegantes Landhaus der Jahrhundertwende mit allem Luxus, einschließlich Outdoor-Pool und Tennisplätzen; die Trails und Wanderwege beginnen vor der Tür. $$–$$$

Silver Spring Family Campground
US 302, Bartlett, NH 03812
✆ (603) 374-2221
50 idyllische Stellplätze direkt am flachen, kinderfreundlichen Fluss; saubere, nette Anlage.

Bearcamp River Campground
330 Newman Drew Rd.
West Ossipee, NH 03890-0104

108

5. Route – Infos: North Conway

 © (603) 539-4898, www.bearcamp.com
Zauberhafter kleiner Platz mit 68 Stellplätzen am bewaldeten Flussufer (Angeln, Schwimmen, Kanu fahren), moderne, saubere Anlage, je ein Cottage und Trailer zu mieten. Der Platz liegt nahe der Kreuzung der Routes 16 North und 25 West.

 The Conway Scenic Railroad
Rt. 16, North Conway, NH 03860
© (603) 356-5251, 1-800-232-5251
www.conwayscenic.com
Mitte Juni–Mitte Okt. Abfahrten 10.30, 11.30, 13.30, 14.30 und 16.30 Uhr, sonst weniger, Mitte April–Mitte Mai und Nov.–Mitte Dez. nur Sa/So; Erwachsene $ 45, Kinder $ 30
Die vergnüglichen Fahrten mit dem historischen Zug aus dem Jahr 1874 beginnen an der pittoresken Station in North Conway und führen durch Crawford Notch oder das Mt. Washington Valley. Hin- und Rückfahrt 5 Std.

 Cathedral Ledge
Wenige Autominuten nordwestlich von North Conway, jenseits des Saco River, zieht der gleichnamige Felsvorsprung verwegene Kletterer und Zuschauer an. Die Cathedral Ledge Rd. führt hinauf. Der Vorsprung bietet einen weiten Blick übers Tal.

Ganzjähriges Ferienparadies
White Mountains

Der **White Mountain National Forest** umfasst über 3000 km² und ist heute eines der beliebtesten Feriengebiete Neuenglands. Früher galt er als wilde und unwirtliche Region. Zahllose Seen und Teiche, Flüsse und Wasserfälle, dichte Wälder und bald 2000 km Wanderwege sind ein ideales Terrain für ganzjährige Outdoor-Aktivitäten. Gletschergeformte Bergseen wie der **Profile Lake**

Überdachte Brücke: Wahrzeichen der Region

(www.nhparks.state.nh.us), wildromantische Schluchten wie die **Flume Gorge** (www.visitwhitemountains.com/franconia.htm) und Wasserfälle wie die **Arethusa Falls** bei Crawford Notch sind die großen Natur-Attraktionen der Region. Gondelbahnen wie die der Wildcat Ski Arena bei Pinkham Notch, Jackson (© 603-466-3326, www.skiwildcat.com), oder die Cannon Aerial Tramway bei Franconia Notch (www.cannonmt.com) bieten Panoramablicke. Die drei touristischen Zentren der Region sind das **Washington Valley** (hier liegt unser heutiges Tagesziel North Conway), **Crawford Notch & Bretton Woods** sowie **Franconia Notch**.

Wer mag, findet außer Natur aber auch genügend künstliches Remmidemmi wie den Märchenpark **Story Land** bei Glen (© 603-383-4186, www.storylandnh.com), den Wasser- und Schwimmpark **The Whale's Tale** bei Lincoln (© 603-745-8810, www.whalestalewaterslides.com), die Westernstadt **Six Gun City** (© 603-586-4592, www.sixguncity.com) und **Santa's Village** bei Jefferson (© 603-586-4445, www.santasvillage.com), wo die Kinder das ganze Jahr mit Santa Claus die Rentiere füttern und auf dem Christmas-Karussell ihre Runden drehen.

5 Ein eiskalter Präsident und rußgeschwärzte Jungs
Mount Washington

Heute geht es ruhiger zu, denn der Tag spielt sich weitgehend hinterm Steuer ab. Wir müssen Maine verlassen, den geographisch größten der Neuenglandstaaten. Das dauert seine Zeit und viele Meilen, in denen uns die Kabelstränge am Straßenrand wie leere Notenlinien begleiten. Außer während der herbstlichen Laubfärbung, der *Foliage*, wenn der Wald ringsum in Rot-, Gelb- und Erdtönen lodert, bleibt die Kulisse meistens grünmeliert – ein hügeliger Schwarzwald mit Ortschaften ohne besonderen Charme. Immerhin, je näher man dabei New Hampshire und den White Mountains kommt, desto abwechslungsreicher wird die Szenerie.

Auf der US 2, der nördlichsten Straße von Maine, durchqueren wir den Bundesstaat. Das vergleichsweise dichte Verkehrsnetz, das die Küstenregion erschließt, endet mit dieser Straße – der Staat Maine jedoch noch lange nicht. Nach Norden dehnen sich Hunderte Mei-

Turn the radio on: Wälder bis zum Horizont und Würmer an der Tankstelle

110

Auf dem Land bei Bethel, Maine, kurz vorm Tagesziel

len einsame Wasser- und Waldlandschaft bis zur kanadischen Grenze. Herzstück ist der bei Wanderern und Outdoor-Fans berühmte Baxter State Park, ein mehr als 80 000 Hektar großes Naturschutzgebiet von mystischer Urgewalt, das den 1605 Meter hohen Mount Katahdin samt 17 weiteren Gipfeln und zahllosen Seen umfasst.

Von Bar Harbor aus geht es über Ellsworth und später die Interstate 395 zur US 2, die fast bis an unser Tagesziel führt – mit unterschiedlichem Straßenbelag und unterschiedlichem Tempo. Camper und vereinzelte Holzlaster sind unterwegs, und in kleineren Ortschaften wie Etna gibt es schon gar keine Verkehrsampeln mehr, nur ein Blinklicht schaukelt einsam über der Kreuzung. Wer irgendwo hinter Newports Fertighäusern an die Tankstelle fährt, stellt fest, dass sich der Lebensvollzug hier aufs Wesentliche reduziert: In der Kühlvitrine stapeln sich neben der Milch die Plastikschachteln mit fetten Würmern für die Angler.

Irgendwann nach Meile 100 wird die Landschaft vorübergehend flach, und neben den einsamen Farmhäusern gähnen Satellitenschüsseln in den Himmel. Am **Wilson Lake** möchte man dann schon wieder ein paar Ferientage zu vergeben haben. Idyllisch liegt das Wilson Lake Inn am See; die Kanus, die am Ufer dümpeln, sind ebenso wie Birkenwald, Strand und Pier exklusiv für die Gäste des Hauses da – und selbst in der Hochsaison ist es hier fast menschenleer.

Kurz vor der Grenze nach New Hampshire taucht mit **Bethel** endlich wieder eine charmantere Ortschaft auf, die sich auch für eine Rast oder ein Picknick anbietet. Die historische Siedlung aus dem Jahr 1774 liegt zwischen dem White Mountain National Forest und dem lang gestreckten Becken des Androscoggin River und ist zu jeder Jahreszeit ein preisattraktives Ferienparadies für Wanderer, Kanuten, Angler und Skiläufer.

Eine Autostunde von hier beginnt die acht Meilen lange Route auf den mächtigen **Mount Washington**. Noch vor wenigen Jahren galten amerikanische Wagen mit dem Aufkleber »This Car Climbed Mt. Washington« als schrottreif, doch mittlerweile wurde die Straße auf den Gipfel saniert. Bequemer ist es trotzdem, sich von einem »organisierten« Kleinbus hinaufkutschieren zu lassen. Die gutgelaunten Fahrer erzählen derweil die Historie der Straße, die 1861 für Kutschfahrten angelegt wurde. Und auf dem Gipfel bleibt eine halbe Stunde Zeit für eine kurze Rundumschau: Angeblich kann man an klaren Tagen 130 Meilen weit sehen. Im Observatorium (mit Museum und kleinem Laden) werden die berüchtigten Aufkleber verkauft. Das Sherman Adams Summit Building beherbergt Radio und TV, die Wetterstation macht immer wieder Schlagzeilen mit den Berichten über die arktischen Verhältnisse, die hier oben herrschen.

Tatsächlich ist der Mount Washington nicht nur der höchste Gipfel östlich der Rocky Mountains, sondern auch einer der kältesten Orte der ganzen USA. Am 12. April des Jahres 1934 wurde am Gipfel eine Windgeschwindigkeit von 370 Stundenkilometern gemessen – bislang weltweit die Rekordmarke. An hundert Tagen im Jahr bläst der Wind mit 120 Kilometern pro Stunde immer noch in Hurrikanqualität. Wenn man für den Besuch des grimmigen Präsidenten das statistische Durchschnittswetter zu Rate zieht, muss man mit einer Windstärke von 60 bei drei Grad minus (Celsius) rechnen. Auch mitten im Hochsommer wüten plötzliche Blizzards, und an jedem Tag des Jahres kann Schnee fallen.

Wissenschaftler erklären diese extremen Bedingungen damit, dass der 1916 Meter hohe Gipfel in die beiden stärksten Luftströme des US-Nordostens hineinragt und diese durch seine spezielle Topographie wie ein Quirl beschleunigt. Entsprechend kältegestählt – und sonst nur in arktischen Gegenden zu finden – sind die Fauna und Flora der Gipfelregion.

Eine andere Kuriosität kann man an der Westflanke des Berges bei Bretton Woods besichtigen. Dort schnauft und prustet seit 1869 die abenteuerliche **Mt. Washington Cog Railway** auf der zweitsteilsten Schienenstrecke der Welt zum Gipfel. Zu Beginn war sie die weltweit erste Zahnradbahn, die einen Berg bezwang, heute ist sie eine touristische Top-Attraktion. Höhepunkt der Fahrt ist das Teilstück der »Jacob's Ladder«, auf der das Bähnchen im Zeitlupentempo eine 37-prozentige Steigung emporknattert.

Während der einstündigen Auffahrt verbraucht die Lok eine Tonne Kohle und

»Schwarzarbeiter« an der Schienenstrecke

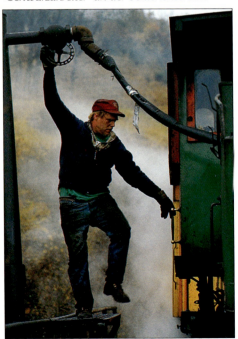

Mount Washington Cog Railway – ein einmaliges Erlebnis

fast 4000 Liter Wasser, und die fetten Rußschwaden, die sie an die Bergflanken pustet, schwärzen nicht nur die Gäste, sondern die ganze Umgebung. Doch Lärm und Dreck gehören dazu, und auch, dass einige der Heizer verblüffend an den jungen Marlon Brando in »Endstation Sehnsucht« erinnern. Die meisten der muskelstarken, rußgeschwärzten Jungs, die hier rangieren und Kohle schaufeln, sind Sportstudenten der umliegenden Elite-Colleges. Am Ende der Fahrt bitten sie charmant und entsprechend erfolgreich um »Geld für ein Stück Seife«.

Das heutige Tagesziel **North Conway** ist das kommerzielle Zentrum des Erholungsgebietes der White Mountains und liegt am südlichen Ende des Mount Washington Valley mit seinen zahlreichen Schluchten, Klammen, Seen und Wasserfällen. Amerikaner sprechen diesem Dorf mit seinen 2000 ständigen Einwohnern und dem adretten Ortskern einen urigen und ursprünglichen Charakter zu. Auf unsereinen macht es eher einen rummeligen Eindruck. Mit seinen Outlet Stores von Ralph Lauren, Anne Klein und L. L. Bean steht North Conway übrigens nach Freeport und Kittery in Maine an dritter Stelle der Shopping-Paradiese Neuenglands.

Wer sich heute Abend überwinden kann, noch mal für wenige Minuten (versprochen!) ins Auto zu steigen, fährt im Nordwesten von North Conway auf der River Road über den Saco River und die kurze Aussichtsstraße Richtung **Cathedral Ledge** bis ans Ende. Auf dem Felsvorsprung führen fast immer kühne Kletterer einem staunenden Publikum ihre dramatische Kunst vor. Der weite Panoramablick ins Tal ist ebenfalls gratis. Gleich nebenan lockt der **Echo Lake** mit Kanus, Tretbooten, schönem Sandstrand und Badehaus zum erholsamen und erfrischenden Tagesausklang.

> **6. Route:** North Conway – Kancamagus Highway – Lincoln – Lebanon – Woodstock (240 km/150 mi)

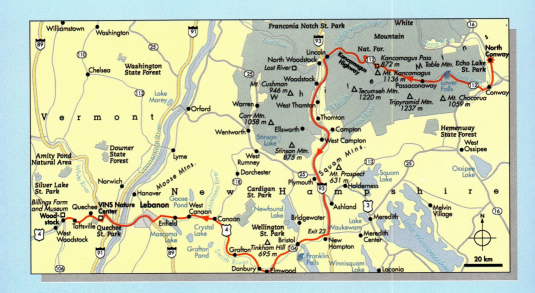

km/mi	Zeit	Route
0	8.00 Uhr	Nach dem Frühstück Snacks für ein Picknick in den White Mountains einkaufen und Abfahrt aus **North Conway** Richtung Süden. Kurz hinter Conway Stopp in der Rangerstation für Informationen und Rt. 112 rechts auf den
13/8		**Kancamagus Highway** mit prachtvoller Natur, einem Dutzend ausgeschilderten Stopps zum Wandern, Schwimmen, Fotografieren oder Faulenzen.
67/42	14.00 Uhr	Von **Lincoln** aus auf der I-93 nach Süden bis zum Exit 23, dort auf der Rt. 104 West bis Danbury und weiter auf der US 4 über **Lebanon** nach Vermont. Kurz hinter der **Quechee Gorge** liegt
240/150	18.00 Uhr	**Woodstock**, das Tagesziel. Einchecken, Bummel und Dinner.

> **Extratage:** Billings Farm and Museum, Dana House Museum, VINS Nature Center, Wanderung auf Billings Park Trail.

Tipp: Wer Zeit hat für ein paar idyllische Ferientage in einem der schönsten Resort-Hotels in Neuengland: Das nahe **Mountain Top Inn** in Chittenden, VT (Rt. 7 North, kurz hinter Rutland rechts ab in die Chittenden Rd., vgl. Karte S. 124) liegt in traumhafter Alleinlage am See und bietet mit Reitstall, Fly-Fishing-Kursen, Tennis, Golf und eigenem Strand mit Booten alle Ferienvergnügungen; 35 Zimmer sowie Suiten und Chalets (℡ 802-483-2311 oder 1-800-445-2100, www.mountaintopinn.com).

Der **Kancamagus Highway** ist eine zweispurige Bergstraße, die New Hampshires Naturschönheiten quasi im Schnelldurchlauf präsentiert. Auf der Strecke sind 14 Stopp-Stationen ausgeschildert (Meilenangaben vom Start in Conway): **Saco Ranger Station** (Meile 0.1; Broschüren und Infos); **Dugway Road** (Meile 6): Albany Covered Bridge, der drei Meilen lange Boulder Loop Trail beginnt am Parkplatz; **Lower Falls** (Meile 6.7): Wasserfall und Möglichkeit, im Swift River zu schwimmen; **Rocky Gorge Scenic Area** (Meile 8.4): Wanderpfad zum Fluss, schöne Picknick-Gegend, aber keine Möglichkeit zum Schwimmen; **Bear Notch Road** (Meile 11.8): eine neun Meilen lange, szenische Straße nach Bartlett; **Passaconaway Historic Site** (Meile 12.3): Schindelhaus eines der ersten Siedler der Gegend; **Sabbaday Falls** (Meile 14.9): ein kurzer Wanderweg führt durch eine Schlucht an kleinen Wasserfällen entlang; **Scenic Overlook** (Meile 16.8): Blick auf Sugar Hill und die Berge im Osten; **Lilly Pond** (Meile 18.1): guter Platz, um Elche zu sehen; **Kancamagus Pass** (Meile 20.5): der höchste Punkt der Strecke; **Scenic Overlook** (Meile 20.9): Blick auf den Mt. Osceola; **Otter Rocks Rest Area** (Meile 25.7): endet an einer kleinen Schwimmgrotte; **Lincoln Woods** (Meile 28.8): führt zu einer langen Hängebrücke, hier kann man auch im Fluss schwimmen; am **White Mountain Visitor Information Center** endet der Kancamagus Highway. 1999 wurden die Bäume entlang der Straße massiv eingeschlagen, um den Gästen einen eindrucksvollen Fernblick zu garantieren *(vista clearing)*, seither empfiehlt sich der Kancamagus auch als Traumstrecke für die *foliage* im Herbst.

6. Route – Infos: North Woodstock, Quechee, Taftsville

Lost River Gorge
In Kinsman Notch, Rt. 112
North Woodstock, NH 03262
℡ (603) 745-8031
www.findlostriver.com
Mai–Okt. tägl. 9–17 Uhr (Ticketverkauf endet jeweils 1 Std. vor Schließung)
Eintritt $ 14/10

Quechee Gorge
Rt. 4, Ottauquechee River
Quechee, VT 05059

Acht Meilen östlich von Woodstock fällt »Vermonts Grand Canyon« gut 50 m tief zum Ottauquechee River ab (ausgeschilderter Aussichtsplatz nördlich des Highway). Ein 15-minütiger Fußweg führt auf den Grund der Schlucht. Souvenirshops, Restaurants.

Taftsville Country Store
404 Woodstock Rd.

US 4, kurz vor Woodstock
Taftsville, VT 05073
℡ (802) 457-1135, 1-800-854-0013
www.taftsville.com, tägl. 8–18 Uhr
Gegenüber der überdachten Brücke liegt am Rande der kleinen Ortschaft Taftsville der gleichnamige Country Store aus dem Jahr 1840. Vom Ahornsirup bis zum Vermonter Käse werden hier alle Feinkostspezialitäten des Landes nicht eben billig, aber plastikfrei und in stilvollem Ambiente verkauft. Feine Souvenirs. Besucher

115

6. Route – Infos: Woodstock

Besuch auf dem Bauernhof: Billings Farm and Museum nördlich von Woodstock

erhalten auf Wunsch künftig den hauseigenen Katalog.

Woodstock Area Chamber of Commerce
18 Central St., Woodstock, VT 05091
℃ (802) 457-3555, 1-888-496-6378
www.woodstockvt.com

Information Booth
Direkt auf dem Town Green
Woodstock, VT 05091
℃ (802) 457-1042
Ende Juni–Ende Okt. geöffnet

Woodstock Inn and Resort
No. 14 On The Green
Woodstock, VT 05091
℃ (802) 457-1100, 1-800-448-7900
Fax (802) 457-6699
www.woodstockinn.com
Woodstocks erste Adresse, 144 Zimmer, Country Club, Golf Course, Tennis, Health-

und Fitness-Center, Top-Restaurant.
$$–$$$$

The Jackson House Inn
1143 Senior Lane, Woodstock, VT 05091
℃ (802) 457-2065, 1-800-448-1890
www.jacksonhouse.com
15 antik ausgestattete Luxuszimmer in der historischen Villa eines Holzbarons aus dem Jahr 1890. Die Inhaber sind mit Passion bei der Sache. Hors d'œuvres mit Champagner und Top-Frühstück sind im Preis eingeschlossen. Kinder erst ab 14 Jahren. $$$–$$$$

The Charleston House
21 Pleasant St.
Woodstock, VT 05091
℃ (802) 457-3843, 888-475-3800
www.charlestonhouse.com
Die Villa im *Greek Revival*-Stil liegt an Woodstocks Main Street und ist damit ideal zum Bummeln. Neun gemütliche Zimmer,

6. Route – Infos: Woodstock, Killington, Quechee

manche mit Jacuzzi und Kamin. Gastgeber Dieter und Willa Nohl (samt Katze Katmandu) geben gerne Tipps für Ausflüge. $$–$$$

The Shire Riverview Motel
46 Pleasant St., US 4, Woodstock, VT 05091
© (802) 457-2211, www.shiremotel.com
42 große Motelzimmer mit Bad, Kühlschrank und TV am Ufer des Ottauquechee River; günstige Lage. $–$$$

Billings Farm and Museum
Rt. 12 & River Rd.
Woodstock, VT 05091-0489
© (802) 457-2355, Fax (802) 457-4663
www.billingsfarm.org
1. Mai–31. Okt. tägl. 10–17 Uhr
Eintritt $ 12/6
Das vielzitierte Symbol für das ländliche Vermont besteht aus einer modernen Farm (Milchwirtschaft) und einem Bauernhof-Museum, in dem das Leben des Jahres 1890 konserviert und demonstriert wird. Frederick Billings, eine berühmte Figur der Vermonter Geschichte, gründete die Farm 1871 mit Rindern von der Insel Jersey. Sonderprogramme und Vorführungen.

Dana House Museum
26 Elm St., nördl. der Kreuzung Rt. 12 und US 4, Woodstock, VT 05091
© (802) 457-1822
Mai–Okt. Mo–Sa 10–16, So 12–16 Uhr
Eintritt $ 5
Die Woodstock Historical Society hat hier ihren Sitz und präsentiert neun restaurierte Räume mit Gemälden, Kostümen, historischen Spielsachen, Kunsthandwerk und Möbeln; einstündige Führungen.

VINS Nature Center
6565 Woodstock Rd., Rt. 4
Quechee, VT 05059
© (802) 359-5000, www.vinsweb.org
Mai–Okt. tägl. 10–17, Nov.–März Mi–So 10–16 Uhr, Eintritt $ 9/7
Vom Adler bis zur Langohr-Eule können hier 23 Raubvogelarten Neuenglands aus der Nähe betrachtet werden; sie sind wegen Verletzungen in Pflege. Naturschutzgebiet mit Wanderwegen.

Hemingway's
4988 US Rt. 4, Killington, VT 05751
© (802) 422-3886
www.hemingwaysrestaurant.com
Mi–So ab 18 Uhr
Ein Dinner in diesem 4-Sterne-Restaurant gehört zu den Highlights der Reise. Zur Auswahl stehen drei unterschiedlich ausgestattete Räume (vom »Paris Room« bis zum Weinkeller), die den Lebensphasen des amerikanischen Schriftstellers nachempfunden sind. Die Küche hat zahllose Preise und Auszeichnungen, *Conde Nast Traveler* wählte »Hemingway's« zu einem der »50 Top-Restaurants der USA«. À la carte, aber auch bezahlbare Menüs zu Festpreisen. Unbedingt reservieren. $$–$$$

The Mill at Quechee
1760 Quechee Main St., Quechee, VT 05059
© (802) 295-1470 und 1-800-774-5277
www.simonpearce.com
Tägl. 11.30–14.30 und 18–21 Uhr
Dieses ungewöhnliche Restaurant residiert in einer restaurierten Mühle am Ottauquechee River. Die Gäste genießen hervorragende American cuisine und den Blick auf den Fluss, bei gutem Wetter wird auch draußen gedeckt. Inhaber Simon Pearce ist ein irischer Glasbläser, Geschirr und Gläser stammen aus der eigenen Produktion, bei der man (ein Stockwerk tiefer) zusehen kann. Natürlich gibt es auch einen Shop (tägl. 9–21 Uhr). Reservierung (möglichst Fensterplatz) empfohlen.

Bentley's
3 Elm St., Woodstock, VT 05091
© (802) 457-3232
www.bentleysrestaurant.com
Burgers, Chili, hausgemachte Suppen und regionale Spezialitäten in originellem Setting; So Jazz-Brunch. $–$$

Top-Adresse für Americana-Fans: Das Shelburne Museumsdorf beim Lake Champlain

Zusatztage in Vermont
Sommerfreuden im charmanten Skidorf

Im Nordwesten Vermonts bei Burlington nahe dem Lake Champlain (vgl. Übersichtskarte vordere Umschlagklappe) liegt mit dem **Shelburne Museum** ein liebevoll gestaltetes Museumsdorf. Die Sammlung der Gründerin Electra Webb (80 000 Americana vom Kinderspielzeug über Löschzüge und Planwagen bis zu Attrappen für die Entenjagd) gilt als beste und vollständigste ihrer Art. In der großen Parkanlage sind 37 Gebäude aus dem Neuengland der letzten drei Jahrhunderte zu einem Dorf gruppiert. Hauptattraktion ist – neben Zwergenschule, Gefängnis, einer überdachten Brücke und einer Bahnstation – der Raddampfer »SS Ticonderoga«, der seinen letzten Liegeplatz an einem waschechten Leuchtturm gefunden hat. Shelburne Museum, US 7 (von der I-89 Exit 13), 1. Mai–Ende Okt. tägl. 10–17 Uhr, ✆ (802) 985-3346, www.shelburnemuseum.org. Die Eintrittskarte gilt für zwei aufeinanderfolgende Tage.

Den Rundgang durch die Eiscreme-Firma Ben & Jerry kann man sich sparen: Ein Hit ist dagegen der Rundgang durch die Fabrikräume der **Vermont Teddy Bear Company**, wo das Spielzeug in Handarbeit entsteht. Im Shop wartet eine grandiose und verrückte Bären-Auswahl (2236 Shelburne Rd., Shelburne, VT 05483, Touren Mo–Sa 9.30–16, So 10.30–16 Uhr, ✆ 802-985-3001).

Wenn die Vermonter von »den Inseln« reden, meinen sie nicht die Karibik, sondern die Inseln des nahen **Lake Champlain**. Der See ist ebenso wie die Metropole **Burlington** mit dem Church Street Marketplace und der romantischen Waterfront ein Ziel für Extra-Ferientage. Ideale B&B-Unterkunft: Heart of the Village Inn, 5347 Shelburne Rd., Shelburne, VT 05483, ✆ (802) 985-2800, www.heartofthevillage.com.

Diese Ausflugsziele sind nur einen Katzensprung von Vermonts bekanntestem Erholungsort **Stowe** entfernt, das im Winter als Neuenglands beliebtester Skiort gilt und im Sommer alle Ferienfreuden der Berglandschaft bietet (mit Gondelfahrten, zahllosen Seen und Wanderwegen im Mount Mansfield State Forest and Park, dramatischen Landschaftsszenerien und dem Gebirgspass von Smuggler's Notch). Die luxuriösen Resorts und Chalets, die im Winter oft wochenlang im voraus gebucht werden müssen, sind im Sommer zu reduzierten Preisen zu haben.

Die Stowe Area Association, P.O. Box 1320, Stowe, VT 05672, ✆ (802) 253-7321, Fax (802) 253-2159, www.gostowe.com, verschickt kostenlos Broschüren mit den preisgünstigen *Summer Value Fun Packages*, die alle preisattraktiven Offerten der 45 Hotels, Motels und Country Inns der Region auflisten; Kinder übernachten dabei fast immer gratis.

Naturparadiese und Rockefellers Jugendliebe
Lower Falls und Woodstock

Einheimische nennen es den *Conway Crawl*, und leider handelt es sich dabei nicht um eine lukullische Spezialität der Gegend, sondern um das, was sich auf den fünf Meilen zwischen **North Conway** und **Conway** abspielt, wenn dort der Kaufrausch ausbricht. Besonders zäh fließt der Verkehr an Regentagen, denn entlang der Route 16 versprechen Shopping-Zentren wie Settler's Green Mall mit mehr als 50 Läden preiswertes Einkaufsvergnügen. Markenfirmen wie Benetton und L. L. Bean, Levi's und Calvin Klein locken mit Outlet Stores und attraktiven Preisen: In New Hampshire gibt es keine *sales tax* – für viele Amerikaner Grund genug, hier ein paar Tage zu verbringen.

Doch wir haben schließlich alle Einkäufe bereits in Freeport/Maine erledigt und heute morgen nur die Zutaten für ein

North Conway, die Nummer drei unter Neuenglands Shopping-Paradiesen

Picknick erstanden. So riskieren wir keine begehrlichen Seitenblicke, sondern fahren möglichst schnell zum **Kancamagus Highway** (bei den Einheimischen nur *Kanc* genannt). Obwohl der Name an eine Autobahn erinnert, handelt es sich um eine bequeme Aussichtsstraße die mitten durch die herzerfrischend schöne Natur der White Mountains führt.

Benannt wurde die Route nach dem furchtlosen Indianerhäuptling Kancamagus, der im 17. Jahrhundert in dieser Gegend lebte und sich (am Ende erfolglos) für ein friedliches Zusammenleben zwischen Indianern und weißen Siedlern einsetzte. Sein Großvater war der legendäre Passaconaway, der 1627 mehr als ein Dutzend verfeindete Stämme auf friedlichem Weg zu einer Konföderation vereinte. Der Bau der 34 Meilen langen Straße wurde in den dreißiger Jahren vom Civilian Conservation Corps begonnen und erst 1959 beendet. Unterwegs gibt es ausgeschilderte Stopps mit Aussichts- und Picknickplätzen sowie sechs einfache Campgrounds (keine Reservierungen möglich). Der Kancamagus hat das Prädikat des *Scenic Byway* und unterliegt strengen Naturschutzauflagen: keine Läden, keine Eisbuden oder Tankstellen, in denen man kaufen könnte, was man vergessen hat.

Dafür gibt es Natur satt mit etlichen ausgeschilderten Wanderwegen und Trails durch die White Mountains, die zwischen 30 Minuten und mehreren Tagen dauern und meist an den Parkplätzen der einzelnen Stopps oder den Campgrounds beginnen (als leichter Trail gilt die kleine ausgeschilderte Wanderung Rail 'n' River Trail am Passaconaway Historic Site bei Meile 12,3). Ein absolutes Muss ist der ebenfalls kurze **Sabbaday Brook Trail** durch eine wildromantische

Kancamagus Highway: Badefreuden an den Lower Falls des Swift River

Glückliches Vermont: Hier fressen sogar die Deko-Kühe echtes Gras

Wasser- und Waldlandschaft zu den **Sabbaday Falls** (Meile 14,9), deren Wasser unterwegs im felsigen Tal weiche Wannen aus dem Stein gewaschen hat.

Doch die Schönheit des Freizeitparks New Hampshire lässt sich auch ganz ohne sportliche Einlagen genießen. Am besten macht man es den Einheimischen an den **Lower Falls** nach: Mitten im grandiosen Naturpanorama hocken sie auf Klappstühlchen – Kühltasche und Zeitung maximal auf Armlänge entfernt – und betrachten das bunte Treiben im breiten Swift River. Dort rutschen Kinder und Youngsters in der Strömung über die spiegelglatt ausgewaschenen Felsen, planschen in stillen Kehrwassermulden und sonnen sich auf den gewaltigen Granitfelsen. Nirgendwo lässt sich ein heißer Sommertag besser aussitzen.

Auf der Fahrt durch New Hampshire stößt man immer wieder auf den Spruch »I Found The Lost River«. Wer diesen Sticker partout fürs heimische Autoheck haben will, muss auf dem Kancamagus etwa zwei Stunden Zeit einsparen und bleibt nach dem Ende des Highway weiter auf der Route 112: Sechs Meilen westlich von North Woodstock, in Kinsman Notch, windet sich der **Lost River** durch eine enge Schlucht, in der er ab und an für kurze Zeit unterirdisch verloren geht. Wer Eintritt bezahlt, kann auf Stegen, über Leitern und Brücken seinem Weg folgen.

Wir lassen die Franconia Notch Area rechts liegen und biegen am Ende des Kancamagus auf die Interstate 93 nach Süden ein. Das eindrucksvolle Panorama der White Mountains begleitet die Fahrt fast bis zum Abzweig. Der Rest der Strecke zieht sich zeitweise recht zäh dahin, und verschnarchte Ortschaften wie Canaan sorgen nicht gerade für Adrenalinstöße. Ringsum beherrschen mal wieder Bäume und Kabelstränge die Aussicht. In Jesse's Market gibt es sieben

Tage in der Woche *worms and crawlers* – Würmer und Köder –, und in den Hinterhöfen stapeln sich verrottete Kanus.

Wenn es in den USA einen Bundesstaat gibt, in dem bei jedem Projekt sozusagen von Amts wegen Öko-Freaks das Sagen haben, dann ist es **Vermont**, unser Ziel für heute und morgen. Nirgendwo sonst gelten solche strikten Gesetze zum Schutz von Landschaft und Umwelt. Selbst die Reklametafeln, die Ikonen der amerikanischen Kommerzgesellschaft, sind jenseits der Grenze am Connecticut River verboten. Und so möchte Vermont auch von der Welt gesehen werden: als unverdorbener, idyllisch-ländlicher Winkel Neuenglands.

Der französische Entdecker Samuel de Champlain, nach dem das größte Seengebiet Vermonts benannt ist, beschrieb die waldreiche hügelige Einsamkeit im Jahr 1609 als »les verts monts«, die grünen Berge. Siedler aus Europa ließen sich aber erst viel später in der Region nieder: Nach dem Sieg der Engländer über die Franzosen 1759 in Québec, und damit nach 150 Jahren blutiger Gemetzel zwischen Algonkin-Indianern und Irokesen, Franzosen und Briten. 14 Jahre lang war Vermont unabhängig und schloss sich erst 1791 als 14. Staat den USA an. Als sich die Siedler im 19. Jahrhundert zum großen Treck nach Westen aufmachten, schien Vermonts Schicksal als dünn besiedelter Bauernstaat besiegelt.

Lange Zeit zählte man in Vermont weit mehr Kühe als Menschen. Und selbst heute wohnen in diesem zweitkleinsten Neuengland-Staat (250 Kilometer lang und maximal 145 Kilometer breit) gerade mal 560 000 Einwohner. Davon sind nur gut die Hälfte waschechte Einheimische, denn seit den sechziger Jahren hat sich die grüne Idylle zum Refugium der Aussteiger, Alt-Hippies und Lebenskünstler entwickelt.

Damals galt das wald- und weidereiche Land als Armenhaus und hinterwäldlerische Region und wurde zum idealen Terrain für Aussteiger, die eine Alternative zur klassischen Karriere-Hatz suchten. Heute gibt es in Vermont mehr Farmen mit biologisch-dynamischem Anbau als im Rest der USA, und in den schmucken Ortschaften haben sich Künstler, Spielzeugmacher und Instrumentenbauer niedergelassen.

Der eine oder andere alternative Lebensentwurf brachte es im Laufe der Jahre sogar zur Touristenattraktion. Bestes Beispiel dafür ist die Eiscreme-Produktion der ehemaligen Aussteiger Ben Cohen und Jerry Greenfield, die vor 20 Jahren eine alte Fabrik in Burlington zur Eisdiele umbauten. Heute ist die ökologisch hergestellte Leckerei »Ben & Jerry's« nicht nur für die Zeitschrift *Time* die beste Eiscreme der Welt. Die Factory unweit des Lake Champlain wurde zum Besucherhit. Dabei ist die Firma ein Unternehmen ganz nach Vermonter Art: Alle Mitarbeiter sind am Profit beteiligt, und ein beträchtlicher Prozentsatz des Gewinns geht alljährlich an gemeinnützige Projekte.

Vermonts touristisches Herz schlägt zumindest im Sommer im Süden des Landes. Die Green Mountains (unser morgiges Programm) sind neben Stowe (siehe S. 118) das zweite Skizentrum Neuenglands, doch die Ferienqualitäten der Bergwelt waren schon vor der Erfindung des Schlepplifts unter der High Society bekannt. Abraham Lincoln und seine Familie verbrachten die Sommerwochen oft in Manchester am Fuß des Mount Equinox, und bald entstanden anmutige Sommerfrischen mit Villen im Federal und Kolonialstil.

Auch **Woodstock** steht in dieser Tradition. Das charmante Städtchen, das wir nach einem Blick hinunter in die **Quechee-Schlucht** (»Vermont's Little Grand Canyon«) und einem lukullischen Shopping-Stopp im Tante-Emma-Laden von **Taftsville** (gegenüber der überdachten Brücke) erreichen, empfängt seine Besu-

Woodstock Inn and Resort: das ganze Dorf von Rockefeller adoptiert

cher mit perfekt renovierten Bilderbuchhäusern aus dem vergangenen Jahrhundert. Der Rasen des historischen Common strahlt wie ein Teppich nach der Vollreinigung, und ringsum atmet alles Historie und Heimatliebe. Wen wundert's da noch, dass gleich vier der Kirchenglocken von Mitgliedern der Familie des Patrioten Paul Revere finanziert wurden.

Im Ortszentrum überspannt eine überdachte Brücken den Ottauquechee River, und ein weiteres traditionsreiches Erbe wartet an der Ecke Elm und Central Street: Auf der großen Tafel des *Town Crier Chalk Board* werden seit Generationen alle wichtigen lokalen Veranstaltungen per Hand angeschrieben; hier sind auch Zeit und Startpunkt der beliebten historischen Stadtspaziergänge zu erfahren. Der Shopping District in der Cabot und French Street glänzt stilvoll mit Kunstgalerien, Restaurants, noblen Boutiquen und Büros von Grundstücksmaklern.

In den dreißiger Jahren lernte Laurance Rockefeller beim Sommerurlaub in Woodstock seine künftige Frau Mary French kennen – was dem Ort bis heute zugute kommt.

Die Rockefeller-Familie betreibt das Woodstock Inn and Resort direkt am Green, und sie hat auch sonst gehörig dazu beigetragen, dass der Schöngeist der Sommerfrische bewahrt blieb. Mary Frenchs Großvater wiederum war jener berühmte Anwalt Frederick Billings, der um 1890 seiner lukrativen Kanzlei in San Francisco den Rücken kehrte und in Woodstock eine neue Karriere als Modellfarmer startete. Auf **Billings Farm** (vgl. Tages-Infos) wuchs George Perkins Marsh auf. Er studierte die Wechselbeziehungen zwischen den Rodungen und dem Wasserstand des Ottauquechee River und legte mit seinem Werk »Man and Nature« den Grundstein zu einer wissenschaftlich fundierten Ökologie.

7. Route: Woodstock – Plymouth – Manchester – Mt. Equinox – Bennington (157 km/98 mi)

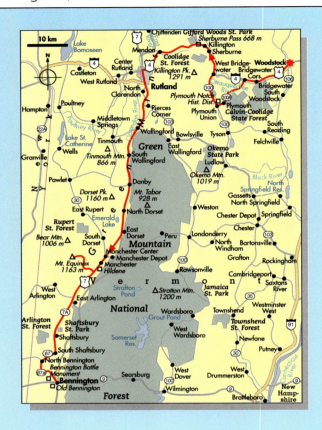

km/mi	Zeit	Route
0	9.00 Uhr	Abfahrt von **Woodstock** auf der US 4. Wahlweise über die Rt. 100A nach
23/14		**Plymouth Notch** mit **Calvin Coolidge Birthplace** (über die Rt. 100 zurück auf die US 4) oder Lift- bzw. Gondelfahrt auf den **Killington Peak**. Hinter Rutland auf die US 7 South und auf der Rt. 7A nach **Manchester Center**. Stopp am Chamber of Commerce und Weiterfahrt auf der Rt. 7A nach
104/65	13.00 Uhr	**Village of Manchester**. Besuch im **American Museum of Fly Fishing** und Lunch im **Equinox Hotel**. Kurze Weiterfahrt auf der 7A nach

7. Route: Woodstock – Plymouth – Manchester – Mt. Equinox – Bennington (157 km/98 mi)

110/68		**Hildene**, Sommersitz der Familie Lincoln. Evtl. Besichtigung und Weiterfahrt zum (kostenpflichtigen) 5.2 Meilen langen **Skyline Drive** (je nach Wetter) auf den
120/75		**Mount Equinox**. Weiterfahrt auf der Rt. 7A South. Bei South Shaftsbury auf die Rt. 67 West und in North Bennington auf die 67A. Vorbei an mehreren überdachten Brücken geht es zum Tagesziel
157/98	16.00 Uhr	**Bennington**. Alle historischen Sehenswürdigkeiten wie das Bennington Battle Monument, die Old First Church und das Bennington Museum liegen im Stadtteil **Old Bennington** an der West Main St.

Achtung: Morgen steht mit den Berkshires die teuerste Region Neuenglands auf dem Programm, die in der Hochsaison fast immer ausgebucht ist. Wer also nach der Ankunft nicht etliche Stunden damit verbringen will, ein freies Bett zu suchen, sollte spätestens heute telefonisch reservieren (siehe Übernachtungstipps Route 8, S. 137 f.).

7. Route – Infos: Plymouth, Killington, Manchester

President Calvin Coolidge State Historic Site
Plymouth Notch, 6 Meilen südl. der US 4 an der Rt. 100A, Plymouth, VT 05056
✆ (802) 672-3773, www.calvin-coolidge.org
www.historicvermont.org/coolidge
Ende Mai–Mitte Okt. tägl. 9.30–17 Uhr
Eintritt $ 7.50/2
Das idyllisch gelegene Dorf inmitten der White Mountains ist ein anschauliches Beispiel für das Leben vor 100 Jahren. Das Freilichtmuseum besteht aus 11 Gebäuden – darunter Coolidges Geburts- und Elternhaus –, die mit den Originalmöbeln der Jahre 1872–1926 eingerichtet sind. Das Grab des Präsidenten ist auf dem Plymouth Cemetery (ein Stück weiter auf der anderen Straßenseite der 100A) zu finden.

Killington Peak
Killington, VT 05751, ✆ (802) 422-3333
Gondel: Mitte Sept.–Mitte Okt. tägl. 9–16 Uhr
Die »K1 Express Gondola« fährt von Killington Base zum Gipfel. Vom Aussichtsdeck des Killington Peak Restaurant kann man 4 US-Staaten plus Kanada sehen.

Chamber of Commerce
2 Main St., an der US 7 auf dem Green
Manchester (Center), VT 05255
✆ (802) 362-2100
www.manchestervermont.net
Tägl. 9–17 Uhr

Northshire Bookstore
Main St., an der Kreuzung von Rt. 7A und 30/11, Manchester, VT 05254
✆ (802) 362-2200, 1-800-437-3700
www.northshire.com
So/Mo 10–19, Di–Sa 10–21 Uhr
Einer der größten und besten Buchläden Neuenglands mit gemütlichen Café.

The American Museum of Fly Fishing
4104 Main St., Manchester (Village), VT 05254, ✆ (802) 362-3300

7. Route – Infos: Manchester, Weston, Bennington

www.amff.com, Di–Sa 10–16 Uhr
Außer Ruten und Rollen berühmter Hobby-Angler ist in der Villa die weltweit größte Ausstellung handgeknüpfter Fliegen zu bewundern. Neben wechselnden Ausstellungen gibt es Gemälde und Fachliteratur zum Thema – und kompetente Ansprechpartner.

 Equinox Hotel Resort and Spa
Rt. 7A, Manchester (Village), VT 05254
© (802) 362-4700, 1-800-362-4747
www.equinoxresort.com
Das Luxushotel aus dem Jahre 1769 ist mit 193 Gästezimmern und Suiten, großem Spa-Bereich und Indoor-Pool der Star des historischen Manchester. Zwischen 11 und 16 Uhr kann man sich auf der Terrasse des Dormy Grill ein *casual lunch* oder einen Snack mit Blick auf den Gleneagles-Golfplatz servieren lassen. Das Hotel vermittelt u.a. Kurse im Fliegenfischen, Allrad-Training im Landrover und Unterricht in der Falknerei (siehe unten); auch Kombinationen sind möglich. $$–$$$$

 The British School of Falconry
Rt. 7A, Manchester (Village), VT 05254
© (802) 362-4780, Fax (802) 362-4817
www.equinoxresort.com/amenities_and_activities/falconry.cfm, ganzjährig tägl. 9–17.30 Uhr bzw. bis Sonnenuntergang
Was über Jahrtausende nur Königen und dem Adel vorbehalten war, kann man hier aus nächster Nähe erleben. Die erste und einzige Lehrstätte für Falknerei in den USA ist ein Ableger der renommierten Schule im schottischen Gleneagles Hotel und ist dem Equinox Hotel angeschlossen. Zur Auswahl stehen unterschiedliche Kurse, von der 30-minütigen Einführung ($ 70) über eine kurze Jagd ($ 180) bis zum 4-tägigen Kurs mit Übernachtung im Equinox ($ 1800). Alle Kurse auch für Gäste, die nicht im Equinox wohnen.

 The Orvis Store
41850 Main St., Rt. 7A (zwischen Equinox Hotel und Jelly Mill), Manchester, VT 05254

© (802) 362-3750, 1-800-333-1550
www.orvis.com, Mo–Fr 9–18, So 10–17 Uhr
Hier steht das Flaggschiff des traditionsreichen Mail-Order-Giganten, der seit 1856 Neuengland im standesgemäßen Country-Stil kleidet und die Fliegenfischer der Nation mit dem korrekten Outfit versorgt.

 Lincoln's Hildene
An der Rt. 7A, 2 Meilen südl. der Kreuzung Rt. 7A und Rt. 11/30, Manchester, VT 05254
© (802) 362-1788, www.hildene.org
Mitte Mai–Ende Okt. tägl. 9.30–16.30 Uhr
Führung $ 12.50/5
Bis 1975 lebten die Nachkommen Abraham Lincolns in diesem Herrenhaus im *Georgian Revival Style*. Die 24-Zimmer-Villa wurde zur Jahrhundertwende als Sommerhaus für den Lincoln-Sohn Robert Todd gebaut. Im Eintrittspreis sind eine ausführliche Dia-Show im Visitors Center von Hildene und ein geführter Rundgang durch das Haupthaus enthalten.

 The Vermont Country Store
Rt. 100, Weston, VT 05161
 © (802) 362-8460
www.vermontcountrystore.com
Tägl. 10–17 Uhr
Der Abstecher ins idyllische Städtchen Weston (20 Meilen) führt direkt in die *good old days*. Der Laden, den die Orton-Familie 1946 eröffnete, ist eine Institution und ein nostalgisches Glücksversprechen – weil man hier all das findet was vor 50 Jahren angesagt war.

 Equinox Skyline Drive
Rt. 7A, Manchester, VT 05254
© (802) 362-1114
www.equinoxmountain.com/skylinedrive/
1. Mai–1. Nov. tägl. 8–22 Uhr
Eine 5,2 Meilen lange, gebührenpflichtige Straße führt auf den Gipfel des Mount Equinox und verspricht bei gutem Wetter einen *spectacular five-state view*.

 Bennington Chamber of Commerce
Veterans Memorial Dr.

7. Route – Infos: Bennington

Bennington, VT 05201
✆ (802) 447-3311, Fax (802) 447 1163
www.benningtonvt.net/chamber

The Kirkside Motor Lodge
250 West Main St., Bennington, VT 05201
✆ (802) 447-7596
www.kirksidemotorlodge.com
Was klingt wie ein simples Motel entpuppt sich als heißer Tipp. Inhaber Billy Soto bietet 25 individuell ausgestattete Zimmer, manche mit Antiquitäten, alle mit eigenem Bad, etliche mit Küche. The Kirkside liegt nur einen Fußweg von allen Attraktionen entfernt und hat selbst zur Hochsaison moderate Preise. $–$$

Paradise Inn
141 West Main St., Bennington, VT 05201
✆ (802) 442-8351, Fax (802) 442-3889
www.vermontparadiseinn.com
Modernes Motel mit 76 De-Luxe-Zimmern und Suiten, einige davon mit Balkon, Sauna oder Jacuzzi; Pool und Tennisplatz; gute Lage, günstige Preise. $–$$

The South Shire Inn
124 Elm St., Bennington, VT 05201
✆ (802) 447-3839, www.southshire.com
Elegantes Inn der Jahrhundertwende mit großen Zimmern in guter Lage. $$

Four Chimneys Inn & Restaurant
21 West Rd. (½ Meile westl. vom Bennington Museum an der Rt. 9)
Bennington, VT 05201
✆ (802) 447-3500, www.fourchimneys.com
Historisches Inn von 1910, elf luxuriöse Zimmer (neun mit Whirlpool) und ein großes Grundstück. Das gleichnamige Restaurant im Haus (Mi–So 18–21 Uhr) gilt als erste Adresse. $$–$$$

Bennington Battle Monument
15 Monument Circle, Bennington, VT 05201
✆ (802) 447-0550
Mitte April–31. Okt. tägl. 9–17 Uhr
Der 93 m hohe Obelisk wurde 1887–91 gebaut und erinnert an den Sieg der Patrioten über die britischen Rotröcke im Jahr 1777. Ein Aufzug bringt Besucher nach oben, wo der Blick bei gutem Wetter über die Berkshires und Green Mountains bis zum Nachbarstaat New York reicht. Der Schauplatz der historischen Schlacht (Bennington Battlefield) liegt sechs Meilen westlich.

Old First Church
Monument Ave.
Old Bennington Village, VT 05201
✆ (802) 447-1223
Mo–Sa 10–12 und 13–16, So 13–16 Uhr
Die Kirche aus dem Jahr 1805 gilt als eine der schönsten in Neuengland, das Gewölbe ist mit Stuckornamenten geschmückt. Auf dem Old Burying Ground ist der Poet Robert Frost begraben.

The Bennington Museum
75 Main St., Rt. 9, Bennington, VT 05201

✆ (802) 447-1571
www.benningtonmuseum.com
Tägl. 10–17 Uhr, Eintritt $ 9, bis 18 Jahre frei
Neben Gemälden, Sammlungen aus dem Revolutionskrieg, Glas und Alltagsgegenständen der ersten Siedler ist die **Grandma Moses Collection**, die größte öffentliche Gemäldesammlung der naiven Malerin Anna Mary Robertson Moses (1860–1961), sehenswert; Drucke und Poster ihrer Bilder werden im Museumsshop verkauft. Eine Ausstellung zeigt die Stationen ihres Lebens.

Bennington College
North Bennington (neben dem Park-McCullough House)
✆ (802) 442-5401, www.bennington.edu
Das kleine College ist bekannt für seine progressiven Lerninhalte und eines der teuersten in Neuengland.

Blue Benn Diner
314 North St., Bennington, VT 05201
✆ (802) 442-5140
Der Diner stammt aus den 1940er-Jahren und ist eine Institution; Frühstück rund um die Uhr, Klassisches und Vegetarisches. $

7 Silent Cal, Grandma Moses und die Kunst des Fliegenfischens

»Die Vermonter sind in Amerika als besonders schrullig und eigenwillig angesehen und auch als engstirnig und reaktionär verschrien. Ich kann dem nicht beistimmen. Der Engstirnigkeit bin ich in Vermont weit seltener begegnet als in Europa begegnet ... Das Altväterliche aber an den Vermontern und ein gewisser Hang zur Tradition waren die Eigenschaften, die uns die Einwurzelung bedeutend erleichterten.«

Alice Herdan-Zuckmayer: »Die Farm in den grünen Bergen«

Woodstock ist mit seinen makellosen Herrenhäusern und manikürten Rasenflächen zwar typisch für den soliden, historisch gewachsenen Reichtum Neuenglands, nicht aber für Vermont, das im Staatenverbund eher als Armenhaus gilt. *Woodchucks*, Waldmurmeltiere, nennen die Reichen und Neureichen der Nachbarstaaten die Bewohner Vermonts, und speziell in den dünn besiedelten Regionen im Norden bestimmte der Mangel von jeher das Leben.

Coolidge Homestead: präsidialer Weiler

Wie unprätentiös ein Vermonter Bürger zu Anfang dieses Jahrhunderts lebte, selbst wenn er – wie Calvin Coolidge – amerikanischer Präsident wurde, lässt sich eindrucksvoll bei Plymouth Notch erleben. »Silent Cal«, wie die Historiker den 30. Präsidenten der USA mittlerweile getauft haben, wurde in diesem Weiler geboren, und dort liegt er auch unter einem schmucklosen Granitstein begraben. Wer die kleine Eintrittsgebühr bezahlt, kann das komplette Museumsdorf des **Plymouth Notch Historic District** mit elf historischen und original eingerichteten Gebäuden besichtigen – vom Schulhaus aus dem Jahre 1845 über das Post Office (in Betrieb) in einer alten Kutschenscheune bis zum Haus Nummer 4, dem **Coolidge Homestead**.

Hier geschah das, was den 30. Präsidenten in den USA bis heute berühmt gemacht hat. Denn es gibt zwar über die Amtszeit des stillen Calvin nicht viel zu sagen, doch die Umstände seiner Inauguration waren von solch patriotischer Dramatik, dass sie der Phantasie eines Musical-Produzenten entstammen könnten. So wurde der spätere Präsident nicht nur an einem 4. Juli, dem amerikanischen Na-

Equinox Hotel in Manchester Center – berühmt durch den Stammgast Abraham Lincoln

tionalfeiertag, geboren, er wurde auch von seinem eigenen Vater vereidigt.

Das kam so: Wie immer verbrachte Vizepräsident Coolidge auch den Urlaub des Sommers 1923 zu Hause in Plymouth Notch. Als der amtierende Präsident Harding starb, musste die Nachricht vom Tod persönlich überbracht werden, weil es im Haus kein Telefon gab. Die einzige juristische Person weit und breit, die den Vize auf sein neues Amt einschwören konnte, war ausgerechnet dessen Vater, Colonel John Coolidge, der örtliche Notar.

So kam es, dass zum bislang einzigen Mal in der amerikanischen Geschichte ein Vater seinem Sohn den Präsidenteneid abnahm: in der Nacht zum 3. August 1923 um 2.47 Uhr in der heimischen Wohnstube des Coolidge Homestead im Schein einer Kerosinlampe. Zeugen der dramatischen Szene waren Coolidges Frau Grace, sein Chauffeur und sein Stenograph – mehr Begleitung hatte ein Vizepräsident auf Urlaub damals noch nicht. Auch seine Nachfahren sind dem Weiler Plymouth Notch treu geblieben. Präsidentensohn John eröffnete 1960 die renovierte historische Meierei der Familie, und seitdem wird in der **Plymouth Cheese Company** wieder bester Vermonter Cheddar-Käse hergestellt, den man vor Ort nicht nur verkosten, sondern auch kaufen kann.

Die Region rund um **Killington** bezeichnet sich selbst als das größte Skigebiet östlich der Rocky Mountains und bietet Wintersportlern neben 18 Liften die steilste Buckelpiste im Nordosten. Im Sommer gilt die Gegend als Eldorado für Radfahrer und lockt mit etlichen Musikfestivals,

Tennis- und Golfveranstaltungen Gäste an. Zur Zeit der Laubverfärbung, der Foliage, ist der Blick vom Gipfel des **Killington Peak** (1291 Meter) über das südliche Vermont und den Green Mountain National Forest ein Muss.

Am Westrand dieses Mittelgebirges führt die Route bergauf und bergab durch eine friedvolle Landschaft mit schmucken kleinen Dörfern. Am Straßenrand blühen Kornblumen, und an den vereinzelten Häusern und Gehöften wachsen die Stockrosen bis zum Dachrand. Immer wieder laden Country Stores zum Einkauf und bieten mit gepflegtem Tante-Emma-Charme Vermonter Köstlichkeiten und lokales Kunsthandwerk – vom bemalten Sperrholzschaf für den Vorgarten bis zum Kuhfladen aus Vollmilchschokolade.

Manchester ist schon seit dem 19. Jahrhundert eine populäre Sommerfrische, die ihre Berühmtheit Abraham Lincoln verdankt. Mit seiner Familie verbrachte er oft die Ferien am Fuß der grünen Berge. Und auch 1865, im Jahr seiner Ermordung, war die Suite im **Equinox Hotel** bereits für den Präsidenten reserviert. In den siebziger Jahren stand der majestätische Bau mehr als zehn Jahre leer, wechselte später seinen Besitzer und ist seit der millionenschweren Renovierung 1992 schöner denn je. Uns empfiehlt sich das historische Haus für eine gepflegte Mittagsrast, wahlweise mit einem Lunch-Buffet in der Marsh Tavern oder – für alle, die gerne im Freien sitzen – mit einem Menü auf der Marmorterrasse des Dormy Grill.

Doch bevor wir uns hier mit Blick auf den Golfplatz niederlassen, steht ein kurzer Rundgang im benachbarten **American Museum of Fly Fishing** an, einem der originellsten Museen des Landes. Wie ganz Neuengland ist auch Vermont ein Paradies für Angler, denn anders als in Deutschland machen hier weder knappe Reviere noch belastete Gewässer und teure Vereine den Freizeitfischern das Leben schwer. Als eleganteste Angelvariante gilt das Fliegenfischen, und dieser Kunst ist in Manchester ein komplettes Museum gewidmet.

Seit Robert Redfords Film »Und aus der Mitte entspringt ein Fluss« ist die Faszination dieser Sportart auch in Deutschland einem breiteren Publikum vertraut. Doch selbst jene, die Fisch nur als Stäbchen in der Pfanne kennen, werden beim Gang durch die kleine, stilvolle Villa ein Gefühl für die Schönheit dieser leisen und naturnahen Beutejagd bekommen, die nicht auf roher Kraft und Gewalt beruht, sondern auf jahrelanger Übung und genauer Kenntnis der Natur. Viele Berühmtheiten der amerikanischen Geschichte haben sich in der Kunst des Fliegenfischens versucht, und etliche davon kann man auf alten Fotos in der Wathose am Fluss stehen sehen: Bing Crosby ist dabei und Silent Cal, Charles Ritz und Hemingway, der Maler Winslow Homer und Präsident Eisenhower.

Auch die abgegriffenen Ausrüstungsstücke der Berühmtheiten sind zu bewundern: Ruten und Rollen, Kescher, Fliegendosen und der Flachmann, der im Zweifelsfall den Angler über die entkommenen Fische hinwegtröstet. Die Ausstellungen wechseln, manchmal sind auch die Requisiten aus Robert Redfords Film zu sehen. Wer mag, kann im Videoraum unter zwei Dutzend Filmen zum Thema wählen und weltweite Fachliteratur studieren.

Jene Besucher, die jetzt ganz genau wissen wollen, wie Entenbürzel-Sedge und Goldkopf-Nymphe, Buck Caddis, Bibio Marci und all die anderen handgeknüpften Fliegen erfolgreich serviert werden: Der klassische Fly-Fishing-Ausstatter **Orvis** bietet im Outlet Store gegenüber in der Union Street nicht nur das korrekte Outfit, sondern auch dreitägige Kurse am nahen Battenkill River, der als eines der besten Reviere Neuenglands gilt. Die Gefahr, dass dabei eine Äsche

Herrenhaus Hildene, das traditionsreiche Sommerhaus des Lincoln-Clans

oder eine Forelle anbeißt, ist denkbar gering, denn beim Fly Fishing ist schon die richtige Wurftechnik eine Wissenschaft für sich. Als Motto für den Kurs empfiehlt sich daher der Leitsatz von Charles Ritz: »Fishing is not so much getting fish as a state of mind.«

Doch auch auf dem Trockenen hat das Städtchen am rauschenden Battenkill-Fluss seinen eigenen Reiz. Während Manchester Center an der US 7 mit Einkaufszentren, Tankstellen und Supermärkten eher eine Durchgangsstation ist (ein Stopp empfiehlt sich am Chamber of Commerce für Infos und Straßenkarten), so lockt das nahe **Village of Manchester** schon eher zum Bummeln: mit attraktiven Läden und Marken-Boutiquen, mit den typischen überdachten Brücken und außerdem mit Bürgersteigen aus feinstem Marmor. In den Steinbrüchen von Proctor, ganz in der Nähe, wurde nicht nur der Marmor für das Lincoln Memorial in Washington und die Public Library in New York gebrochen, sondern auch der Belag für Manchesters Bürgersteige.

Für Mary Todd Lincoln und ihren Sohn Robert war Manchester ein beliebtes Urlaubsziel. Robert Lincoln ließ sich im Schatten des nahen Mount Equinox den Landsitz **Hildene** errichten, wo er bis zu seinem Tod im Jahr 1926 lebte. Nachkommen der Familie wohnten bis 1975 in dem imposanten Bau, der heute als Schauplatz für Konzerte und Ausstellungen dient. Im halbstündigen Abstand gibt es Führungen durch etliche der 24 Zimmer, zuvor werden die Besucher in einem 30-minütigen Film mit sämtlichen Details der Lincoln-Verwandtschaft vertraut gemacht.

Wenn das Wetter mitspielt, können jene, die am Morgen den Killington Peak verpasst haben, jetzt von der Spitze des **Mount Equinox**, des höchsten Berges der Taconic Range, über die Green Mountains nach New Hampshire, Massachusetts, in den Bundesstaat New York und bis nach Québec schauen.

Bennington ist mit seinen 35 000 Einwohnern Vermonts zweitgrößte Stadt und besonders stolz auf seine Rolle im amerikanischen Unabhängigkeitskampf. Hier organisierte der Freiheitsheld Ethan Allen seine Green Mountain Boys, die am legendären 16. August 1777 unter dem amerikanischen General John Stark die britischen Truppen in die Flucht schlugen. Heerführer Stark ging mit seinem markigen Kampfruf in die amerikanischen Geschichtsbücher ein: »There are the Red Coats! They will be ours or tonight Molly Stark sleeps a widow.« Ursache der Auseinandersetzung waren die Vorräte der Aufständischen, die dort gelagert waren, wo heute der Obelisk steht. Im Staat Vermont ist der 16. August seither ein Feiertag zu Ehren der *Revolutionary War Battle of Bennington*, als die untrainierten Yankees »some of Europe's best trained, disciplined and equipped troops« in die Flucht schlugen. Die Angreifer waren übrigens hessische Soldaten im britischen Sold.

Entsprechend seiner patriotischen Bedeutung ist das **Bennington Battle Monument** denn auch von jedem Punkt des Ortes zu sehen und mit 93 Metern das höchste Bauwerk in ganz Vermont. Wie eine Rakete ragt der Obelisk aus dem gepflegten Ensemble kolonialer Villen und Rasenflächen. Ein Aufzug bringt die Besucher ins Aussichtszimmer, wo eine kleine Ausstellung die Schlacht und den Bau des Monuments erläutert.

Unweit des Rondells steht die **Old First Church**, die mit ihrem dreistufigen Turm

Grandma Moses Collection: nach der Feldarbeit begann die Künstlerkarriere

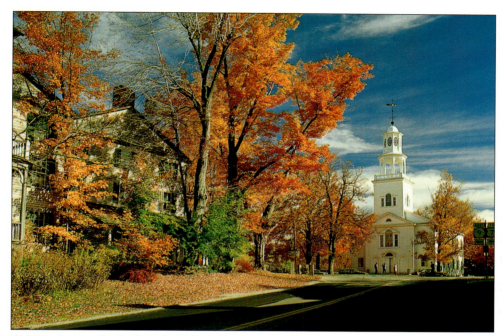

Old Bennington: für die Einwohner »Vermont's most historic area«

als eine der schönsten Kirchen Neuenglands und als Wahrzeichen von Bennington gilt. Auf dem Friedhof hinter der Kirche liegen etliche Gouverneure des Landes und die Toten der historischen Schlacht von 1777. Auch der Dichter Robert Frost wurde hier begraben. Sein Epitaph auf weißem Marmor lautet: »I had a lover's quarrel with the world.«

Unsere dritte und letzte Station in Bennington, das **Bennington Museum**, wartet unweit der Kirche und zeigt außer Möbeln, Gebrauchsgegenständen, Töpferwaren und Tiffany-Glas vor allem die Bilder der als **Grandma Moses** bekannt gewordenen Bäuerin Anna Mary Robertson Moses (1860–1961). Ihre Künstlerkarriere begann im Alter von 70 Jahren, als sie nicht mehr auf dem Feld arbeiten konnte. 1940 wurden ihre Bilder in der New Yorker Galerie St. Etienne ausgestellt und machten sie über Nacht berühmt. 28 Gemälde mit liebenswert naiven, niemals kitschigen Szenen des bäuerlichen Landlebens zeigt das Bennington Museum. Im »Grandma Moses Schoolhouse Museum« (innerhalb des Museums) werden Filmdokumente und einige ihrer persönlichen Habseligkeiten gezeigt. Wer die Stationen ihres Lebens und die Schauplätze der Bilder besuchen mag: Im Gift Shop bekommt man das siebenseitige Heftchen »A Driving Tour in Grandma Moses Country«, das eine 35 Meilen lange Rundfahrt auf ihren Spuren beschreibt.

Unter den amerikanischen Lehrstätten hat das **Bennington College**, dessen Seminarräume weitläufig zwischen Seen, Fahrradwegen und Sportplätzen liegen, einen besonders exklusiven Ruf und steht für unorthodoxe Lehrmethoden, innovative Dozenten und erstklassige – allerdings auch ebenso teure – Ausbildung in Literatur, Tanz und allen Künsten.

8. Route: Bennington – Williamstown – Hancock Shaker Village – Tanglewood – Stockbridge (109 km/68 mi)

km/mi	Zeit	Route
0	9.00 Uhr	Abfahrt von **Bennington** auf der US 7 South nach
20/13		**Williamstown**. Fahrt durch die parkähnliche Anlage des **Williams College** links und rechts der Main St.; Stopp im Information Booth (hier gibt es die Theater- und Konzertprogramme für alle Festivals der Region) und Bummel über die **Spring St.** Abstecher über den Mohawk Trail, Rt. 2, ins nahe **North Adams** und dort ins **MassMoCa** (gut ausgeschildert), das ungewöhnlichste und witzigste Museum dieser Reise. Rundgang, Imbiss im Café. Weiterfahrt auf der US 7 bis **Pittsfield**, von dort auf der US 20 West zum
88/55	14.00 Uhr	**Hancock Shaker Village** (Besichtigung etwa 1 Std.). Danach an der Kreuzung von US 20 und Rt. 41 auf die Rt. 41 South abbiegen. Kurz hinter Richmond überquert die Straße eine kleine Brücke. Direkt danach geht es links ab auf die schmale Lenox Rd. An ihrem Ende wieder nach links auf die Rt. 183 North. Auf der rechten Seite liegt
104/65		**Tanglewood**, evtl. Konzertkarten für den Abend kaufen. Auf der Rt. 183 nach Süden zum

8. Route: Bennington – Williamstown – Hancock Shaker Village – Tanglewood – Stockbridge (109 km/68 mi)

km/mi	Zeit	Route
120/75		**Norman Rockwell Museum**. Nach dem Rundgang ein kurzes Stück auf der Rt. 183 zurück und auf der Rt. 102 East nach
125/78	18.00 Uhr	**Stockbridge**. Einchecken im Hotel, Bummel auf der Main St. und Dinner im **Red Lion Inn** bzw. Konzert-Picknick auf dem Rasen von Tanglewood.

8. Route – Infos: Williamstown, North Adams

Williamstown Chamber of Commerce
P.O. Box 357
Williamstown, MA 01267
✆ (413) 458-9077
www.williamstownchamber.com

Information Booth
Stadtmitte, an der Kreuzung von Rt. 2 und US 7

Infos im Internet:
www.berkshires.org
www.westernmassvisit.net
www.berkshirelodging.com

Williams College
Main St.
Williamstown, MA 01267
✆ (413) 597-3131
Die exklusive Lehrstätte wurde 1793 gegründet. Als quirliges Herz des Campus (98 Gebäude) gilt die Spring St. mit Delis, Cafés und kleinen Shops.

Williams College Museum of Art
St. Lawrence Hall Dr.
Williamstown, MA 01267
✆ (413) 597-2429
www.wcma.org
Mo–Sa 10–17, So 13–17 Uhr, Eintritt frei
In der Lawrence Hall, einem Bau im *Greek Revival*-Stil an der Main St., wird auch Zeitgenössisches gezeigt.

MassMoCa (Massachusetts Museum of Contemporary Arts)
87 Marshall St.
North Adams, MA 01247
✆ (413) 662-2111, www.massmoca.org
Tägl. außer Di 11–17 Uhr
Eintritt $ 15/5
Der Besuch garantiert Spaß, Irritation und Denkanstöße. Die Avantgarde-Präsentation findet in 19 großen Galerien statt, ehemaligen Fabrikhallen, die für $ 31 Mio. umgebaut wurden. Der Kunstbegriff ist weit gefasst: Ein Hund mit Schafskopf (»Schäferhund«) gehört ebenso dazu wie Installationen, die den Wind sichtbar machen, oder 200 quallenartige Wesen, die in glyceringefüllten Gläsern zirpend von der Decke hängen und die Beziehung zwischen Individuum und Gruppe reflektieren.

Das MassMoCa hat keine eigene permanente Ausstellung, sondern versteht sich als Bühne und Forum, auch für Film- und Tanzabende, Konzerte und Themen-Feste. Seit der Eröffnung 1999 größtes Museum für moderne Kunst in den USA. Shop und Café im Erdgeschoss, im Untergeschoss Toilettenanlagen, die bereits mit Designer-Preisen geadelt wurden.

Sterling and Francine Clark Art Institute
225 South St.

Williamstown, MA 01267
✆ (413) 458-2303

8. Route – Infos: Williamstown, Pittsfield, Lenox

www.clarkart.edu
Ende Juni–Anfang Sept. tägl. 10–17 Uhr, sonst Mo geschl., Eintritt $ 12.50, unter 18 Jahren und Studenten frei
Williamstowns berühmteste Kunstadresse mit Gemälden von Botticelli, Goya und Fragonard sowie Werken der Impressionisten Monet, Degas und mehr als 30 Renoirs. Als Ergänzung unserer Reise empfehlen sich die Landschafts- und Genrebilder der amerikanischen Maler Winslow Homer, Mary Cassatt, Frederic Remington und John Singer Sargent (Räume A,11 und B,10). Museumsshop, Café.

The Orchards Inn
222 Adams Rd.

Williamstown, MA 01267
© (413) 458-9611, 1-800-225-1517
www.orchardshotel.com
Von außen ist das Haus recht uncharmant, doch im Innern bietet es den Luxus eines europäischen Grandhotels. Das Restaurant gilt als erste Gourmet-Adresse; So Brunch. $$–$$$$

Herman Melville's Arrowhead
780 Holmes Rd. (nach 3 1/2 Meilen auf der US 7/20 Richtung Süden in die Holmes Rd. und auf dieser ca. 1 Meile)
Pittsfield, MA 01201
© (413) 442-1793, Fax (413) 443-1449
www.mobydick.org
Ende Mai–Anfang Okt. tägl. 9.30–17 Uhr, Führung jede volle Stunde, Eintritt $ 12/3
Keinesfalls an der Küste, sondern im meeresfernen Hügelland der Berkshires schrieb Herman Melville seinen berühmtesten Roman »Moby Dick«. Dabei inspirierte ihn auch der »Walbuckel« des Mount Greylock. Melville lebte 13 Jahre hier (1850–63). Bücher, Briefe und Bilder des Schriftstellers sind auch im »Melville Memorial Room« des Berkshire Athenaeum, der Städtischen Bibliothek von Pittsfield (1 Wendell Ave.), zu sehen.

Hancock Shaker Village
An der Kreuzung von US 20 und 41
Pittsfield, MA 01201
© (413) 443-0188, 1-800-817-1137
www.hancockshakervillage.org
Ende Mai–Anfang Okt. tägl. 9.30–17, sonst 10–15 Uhr, Eintritt $ 15, Kinder frei
Geführte Touren 10–15 Uhr
Die Shaker-Kommune wurde 1790 gegründet und war bis 1960 bewohnt und bewirtschaftet. Das heutige Museumsdorf besteht aus 21 Gebäuden, darunter die berühmte Rundscheune, ein nach alten Methoden bewirtschafteter Bauernhof und ein Kräutergarten. Mitarbeiter demonstrieren die charakteristische Arbeitsweise der Shaker (Kinder können Spinnen und Weben lernen und alte Trachten anprobieren).

Tanglewood
297 West St., Rt. 183, Lenox, MA 01240

www.bso.org
Tickets für die Aufführungen im Koussevitzky Music Shed ($ 18–59), für die Seiji Ozawa Hall ($ 38–51, Rasenplätze im Freien $ 11) und für die TMC Opera ($ 55–95) kann man telefonisch ordern (© 617-266-1200 und 617-638-9289, Mo–Fr 10–17 Uhr) bzw. (nur Bargeld) an der Abendkasse kaufen, die eine Stunde vor Konzertbeginn öffnet.

Musikfans, die um die Ecke wohnen, bringen von zuhause Stühle und Fingerfood für einen idyllischen Konzertabend auf dem Rasen mit. Alle anderen können auf Wunsch ein Picknick bestellen.

Unter »Tanglewood Meal-to-go« gibt es für $ 20.95 die »Bag Selection«, das belegte Sandwich in der Tüte. Üppiger sind die »Box Selections« von »Adagio« ($ 30.50) bis zu »Andante« ($ 41.50) mit jeweils drei Gängen. Luxusvariante ist der große Picknickkorb »Picnic Tote Selections« mit Tischdecke und allem was zu einem opulenten Mahl im Freien (für zwei) dazugehört, samt Getränken und Wein ($ 67–90).

Alle »Meals-to-go« müssen spätestens zwei volle Werktage im Voraus bestellt werden und können am Konzertabend vor Ort abgeholt werden. Wer nicht auf dem Rasen sitzen will: Stühle sind zu leihen,

8. Route – Infos: Berkshires, Lenox, Pittsfield, Stockbridge

gegen $ 4 das Stück gibt es sie am Haupteingang für Konzerte im Shed, am Bernstein Gate für Konzerte in der Ozawa Hall.

Details, Programme und Tickets:

The Berkshires Visitors Bureau
3 Hoosac St., Adams, MA 01220
✆ 1-800-237-5747

Lenox Chamber of Commerce
12 Housatonic St.
Lenox, MA 01240
✆ (413) 637-3646
www.lenox.org
Im Sommer werden im »Berkshire Ticket

Booth« des Chamber of Commerce Karten für alle Veranstaltungen außer Tanglewood und Williamstown Theatre verkauft (Mo–Do 10–16, Fr/Sa 10–18, So 10–14 Uhr); ab 15 Uhr auch preisermäßigt für denselben Tag. Bezahlt wird in bar oder mit Reiseschecks (keine Kreditkarten).

The Red Lion Inn
30 Main St.
Stockbridge, MA 01262
✆ (413) 298-5545
Fax (413) 298-5130
www.redlioninn.com
Das große Gebäude stammt aus dem Jahr 1897 und ist – nicht zuletzt durch Norman Rockwells Bilder – eine weit über die Landesgrenzen hinaus bekannte Institution. 75 der 110 Zimmer haben ein eigenes Bad, Wochenendgäste müssen zur Hochsaison mindestens zwei Nächte buchen. Den besten Blick auf die Main St. hat man von den Suiten 236, 237, 246, 337 und 346.

Die drei Restaurants im Haus gelten als feine Adresse für Lunch und Dinner (im Sommer wird auch draußen gedeckt). Mit Bad auf dem Flur $, ansonsten $$ (Suiten am Wochenende und zur Foliage $$$$).

Kultursommer in den Berkshires:
Tanz, Musik, Theater

Ende Mai bis Ende Oktober
– Shakespeare & Company in Lenox, MA,
✆ (413) 637-3353, www.shakespeare.org
Ende Mai bis Ende August
– Berkshire Theatre Festival in Stockbridge, MA, ✆ (413) 298-5576, www.berkshiretheatre.org
Mitte Juni bis Ende August
– Jacob's Pillow in Becket, MA, ✆ (413) 243-0745, www.jacobspillow.org
Ende Juni bis Ende August
– Williamstown Theatre Festival, MA,
✆ (413) 593-3399, www.WTFestival.org
– Berkshire Choral Festival in Sheffield, MA, ✆ (413) 229-8526, www.choralfest.org
Juli bis Anfang September
– Tanglewood in Lenox, MA, ✆ (413) 637-5165, www.tickco.com
Aston Magna Ensemble and Berkshire Friends for Baroque Music, Great Barrington, MA, ✆ (413) 528-3595 und
1-800-875-7156, www.astonmagna.org
– Albany Berkshire Ballet, Pittsfield, MA,
✆ (413) 445-5382
Ende August bis Anfang Oktober
– South Mountain Concerts (Kammermusik) in Pittsfield, MA, ✆ (413) 442-2106

Stockbridge County Inn
Rt. 183, Stockbridge, MA 01262
✆ 1-888-466-7865
Fax (413) 298-3406
www.stockbridgeinn.com
Nobel ausgebautes Landhaus in der Nähe des Rockwell Museum, die Inhaber sind Antiquitätenhändler. Sieben individuell eingerichtete Gästezimmer mit Bad, acht Suiten in der umgebauten Scheune; Kinder ab 12 Jahre, Nichtraucher; Frühstück inklusive. $$–$$$$

Williamsville Inn
Rt. 41, 4 Meilen südlich von West Stockbridge
West Stockbridge, MA 01266

✆ (413) 274-6118, 1-800-457-3971
www.williamsvilleinn.com
Nobles Ausweichquartier aus dem Jahre

8. Route – Infos: Lenox, Stockbridge

Stockbridge, Terrasse des Red Lion Inn: wohnen wie in Rockwells Bildern

1797. Manche der 16 Gästezimmer dieses Country Inn haben Kamin, alle ein eigenes Bad; großes Grundstück mit Swimmingpool und Tennisplätzen; Frühstück inklusive. $$–$$$

 Eastover Resort
430 East St.
 Lenox, MA 01240
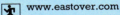 ✆ (413) 637-0625, 1-800-822-2386
www.eastover.com
Die Zimmer in dem schlossähnlichen Bau sind sehr bescheiden, die Attraktion ist das große, betreute Freizeit- und Sportangebot; Singles- und Familienwochen, Kostümpartys, Murder Mystery Weekends; zur Hochsaison oft noch freie Zimmer, Verpflegung inklusive. 190 Zimmer, davon 120 mit Bad, separate Cottages, drei Restaurants, riesiges, parkähnliches Gelände. $–$$$

 Norman Rockwell Museum
Rt. 183, 1/2 Meile südl. der Kreuzung mit der Rt. 102, Stockbridge, MA 01262
✆ (413) 298-4100
www.nrm.org
Tägl. Mai–Okt. 10–17, Nov.–April 10–16 Uhr
Eintritt $ 15, unter 18 Jahren frei
In fünf Abteilungen werden Originale des Illustrators und Karikaturisten Norman Rockwell (1894–1978) gezeigt; Video des Rockwell-Sohnes über seinen Vater; großer Gift Shop, Picknickwiese.

 Gilded Age Cottages
Um die Jahrhundertwende waren die Berkshires neben Acadia in Maine (vgl. 4. Route S. 98) und Newport in Rhode Island (vgl. 10. Route S. 167 ff.) die dritte Sommerfrische, in der reiche New Yorker und Bostoner ihre noblen Sommerhäuser errichteten. Etliche der »cottage« genannten Villen sind zu besichtigen.

In **Chesterwood** (✆ 413-298-3579, www.chesterwood.org) lebte der Bildhauer Daniel Chester French (1850–1931), Schöpfer des »Sitzenden Lincoln« (im Lincoln Memorial in Washington) und des »Minute Man« an der Concord North Bridge (vgl. Route 1.1 S. 54 ff.). Haus, Arbeitsstudio und Garten können besichtigt werden (4 Williamsville Rd., Off Rt. 183, Stockbridge, MA 01262).

Naumkeag (✆ 413-298-8146, www.thetrustees.org/naumkeag.cfm) ist ein Herrenhaus aus dem Jahr 1886, dessen 26 Zimmer ebenso wie der große Garten für Besucher offenstehen (Prospect Hill Rd. in Stockbridge, MA 01262).

The Mount (✆ 413-551-5111, www.edithwharton.org), das prachtvolle Haus der Dichterin und Pulitzerpreisträgerin Edith Wharton, dient im Sommer als Schauplatz u. a. für Open-Air-Aufführungen der Shakespeare & Company (siehe Kasten Kultursommer) und ist täglich von 9–15 Uhr zu besichtigen. Es steht südlich von Lenox an der Kreuzung von US 7 und 7A (2 Plunkett St., Lenox, MA 01240).

Die Geschichte der 52 Jahre des *Gilded Age* erläutert auch das im Sommer 2000 eröffnete **Museum of the Gilded Age** anhand von Führungen, Ausstellungen und Veranstaltungen (Ventfort Hall, 104 Walker St., Lenox, MA 01240, ✆ 413-637-3206, www.gildedage.org).

The Berkshires
Ein Vollbad für die Seele

»Ein weißes Dorf und ein Kirchturm wie eine Träumerei inmitten hoher Gebirgswogen.«

Nathaniel Hawthorne über Williamstown

Auf dem weiten Rasen, der die Hügel westlich von Lenox wie ein dichtgewebter Teppich überzieht, lagern Tausende gutgelaunter Sommergäste. Die schrägen Strahlen der untergehenden Sonne spiegeln sich in gefüllten Champagnergläsern, unter hohen Bäumen flackern erste Kerzen in silbernen Kandelabern. Hier steht ein Körbchen mit frischen Croissants, dort sind Melonenbällchen und Schinken angerichtet.

Musikliebhaber sind es, die mit Picknickkörben und gut gefüllten Kühltaschen auf dem Rasen von **Tanglewood** sitzen, um sich einen Sommerabend lang unter freiem Himmel Prokofjew und Prosciutto gleichermaßen auf der Zunge zergehen zu lassen.

Musik-Matinee in Tanglewood – die schönsten Plätze sind auf dem Rasen

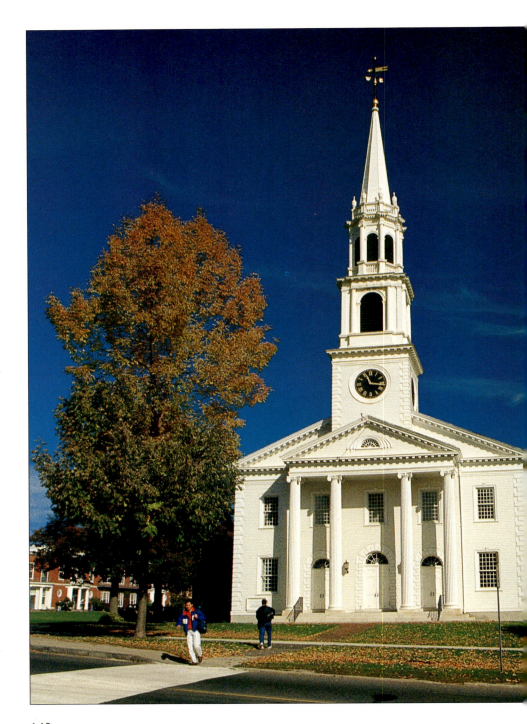

△ Detail der Kirchenfassade

◁ Congregational Church an der Main Street von Williamstown

Das Tanglewood-Festival in den grünen Hügeln der Berkshire Hills dauert zehn Wochen, von Ende Juni bis Anfang September, und zieht alles an, was Rang und Namen hat, – von Dirigenten wie Lorin Maazel über Solisten wie Itzhak Perlman und Anne-Sophie Mutter bis zu Sängern wie Jessye Norman und Sherrill Milnes. Doch Tanglewood ist nicht nur ein Synonym für große Orchesterwerke der klassischen Musik, sondern auch eine erste Adresse für Pop und Jazz und für internationale Showstars.

Ob in den beiden Konzertgebäuden im Grünen die Boston Pops aufspielen, ob die Carnegie Hall Jazz Band Benny Goodmans Klassiker swingen lässt oder Liza Minelli am Independence Day stimmgewaltig *America the Beautiful* in den Nachthimmel schmettert – die besten Plätze sind draußen auf der Rasenfläche, und sie kosten selten mehr als 20 Dollar. An schönen Sommertagen rücken die ersten Zuschauer schon drei Stunden vor Konzertbeginn mit Kühltaschen, Tischdecken und Campingstühlen an, packen im Schatten alter Baumriesen Wein, Weißbrot und Pasteten aus und entkorken die ersten Flaschen.

Die Tradition von Tanglewood geht bis in die 1930er-Jahre zurück, als das Boston Symphony Orchestra die benachbarte Nobel-Sommerfrische **Lenox** als Sommersitz erkor. Die Freiluftkonzerte in der lieblichen Landschaft wirkten wie ein Magnet, und in den folgenden Jahren entwickelte sich zwischen weiten Wiesen, seengesprenkelten Tälern und dichtbewaldeten Höhenzügen das schönste und profilierteste Kunst- und Musikfestival der USA. Heute sind es mehr als 50 Veranstalter, die zwischen Juni und Oktober rund um Lenox Musik-, Tanz- und Theaterprogramme bieten und Kunstausstellungen ausrichten.

Zu den ältesten und berühmtesten Veranstaltungen gehört das **Jacob's Pillow Dance Festival** in Becket (südöstlich von Pittsfield), das längst als Institution des Modern Dance gilt. Hier treten die wichtigsten amerikanischen und internationalen Ensembles auf, und auf der offenen, *Inside/Out Stage* genannten Bühne inmitten der grandiosen Naturkulisse kann man von Dienstag bis Samstag kostenlos bei den Proben zusehen und mit den Künstlern diskutieren.

Die Festival-Auswahl ist gigantisch, und oft schließt eines nahtlos an das nächste an. Freunde der Chormusik kommen beim **Berkshire Choral Festival** in Sheffield auf ihre Kosten, Kammermusikfreunde finden ihr Open-Air-Paradies beim **Norfolk Chamber Music Festival**. Renaissance- und Barockmusik-Fans sind in Great Barrington beim **Aston Magna Festival**, dessen Konzerte bereits um 19.30 Uhr enden, an der richtigen Adresse. So bleibt genug Zeit für ein Anschlussprogramm in Tanglewood.

In den letzten Wochen des Tanglewood-Festivals startet die hochkarätige Konzertreihe der **South Mountain Concerts** südlich von Pittsfield. Im »Temple of Music« traten in der Vergangenheit Größen wie Leonard Bernstein und Leontyne Price auf, und im Gegensatz zu Tanglewood herrscht hier eine intime, fast private Atmosphäre.

Als ungewöhnlichster Tipp gilt immer noch das **Sevenars Music Festival** in Worthington, das unlängst vom *Time*-Magazin zu einem der sechs besten Mini-Festivals der USA gekürt wurde. Ausgerichtet wird es von der siebenköpfigen Schrade-Familie (beide Eltern und einige der Kinder sind Konzertpianisten in New York), die seit mehr als 20 Jahren jeden Sommer ihr eigenes Festival veranstalten. Die Kammerkonzerte finden freitags und sonntags im weißen Bau The Academy statt, das auf halber Strecke zwischen Huntington und Worthington an der Route 112 liegt – idyllisch neben einem Flüsschen, das man in den Musikpausen deutlich rauschen hört.

Für diese Veranstaltungen gibt es keine Tickets: Die Besucher kommen vorbei, genießen das Konzert und das hausgemachte Backwerk, nippen am Kaffee, plaudern mit den Künstlern und hinterlassen am Ende im Behälter neben dem Eingang eine Spende (meist $ 20 pro Person).

Die idyllischen **Berkshires** haben eine lange Tradition als noble Sommerfrische und Refugium für kreative Geister. Mitte des 19. Jahrhunderts zogen sich Schriftsteller wie Hawthorne, Melville und Longfellow in die Einsamkeit der Berge zurück. Hawthorne schrieb hier »The House of the Seven Gables« und die »Tanglewood Tales«, die dem Konzertgelände und den Festspielen ihren Namen gaben. Mit dem Bau der Eisenbahn von Boston und New York folgten reiche Familien wie die Carnegies und Vanderbilts ebenso wie die Geldbarone der großen Papiermühlen und Wollwebereien von Pittsfield. Ihre Villen wurden später zu Hotels, Museen, Theaterbühnen und Konzerthäusern.

Die Rolle als teures Refugium haben die Berkshires bis heute behalten. Vor allem Verleger, Anlageberater und Designer wickeln mittlerweile ihre Geschäfte per

Museumsshop des MassMoCa in North Adams: Das ehemalige Fabrikgelände dient als Bühne und Forum für wechselnde und witzige Avantgarde-Kunst

Internet aus der gepflegten Idylle der makellosen Hügellandschaft ab. Für Besucher und Touristen, die weder Papiermühlen noch Wollwebereien besitzen, ist eine Visite in den Berkshires allerdings kaum noch zu bezahlen. Nirgendwo sonst sind die Übernachtungspreise so hoch und die Hotelchefs so unfreundlich – zumindest wenn man keine Reservierung vorweisen kann und auf der Suche nach einer Bleibe ist.

Die teure, aber faszinierende Harmonie aus Kunst und Natur, die den speziellen Charme der sanften Hügellandschaft ausmacht, begleitet uns heute den ganzen Tag. Bestes Beispiel ist schon die erste Station nach dem Start in Bennington und dem Abschied von Vermont. Das (vormittags noch etwas verschlafene) Städtchen **Williamstown** liegt so unschuldig, charmant und schön wie ein naives Gemälde am Fuße des Mount Greylock, so dass man beim ersten, staunenden Rundumblick gar nicht verwundert wäre, wenn irgendwo ein Regisseur hervorträte, um die Szene abzuklatschen und die Kulissenschieber herbeizurufen.

Mit seiner parkähnlichen Anlage, der neuenglischen Bilderbuchkirche vor den bewaldeten Hügeln der Taconic Mountains und den liebevoll gepflegten Kolonialbauten ist das alte Städtchen aber nicht nur ein optisches Schmuckstück, sondern gehört als Heimat des **Williams College** auch zu den Elite-Adressen amerikanischer Bildung. Ein Viertel der 8000 Einwohner sind Studenten, und fast 100 der prachtvollen Gebäude zu beiden Seiten der Main Street sind Institute der Hochschule (Schwerpunkt Geisteswissenschaft und Künste). Sie wurde 1793 gegründet und ist für brillante Dozenten und hohe intellektuelle Anforderungen bekannt; derzeit kommt auf vier Bewerber ein Studienplatz.

Weit über die Grenzen berühmt ist aber auch das Kunstmuseum **Sterling and Francine Clark Art Institute** in der South

Street, das Gemälde von Dürer bis Picasso zeigt, eine der weltgrößten privaten Renoir-Sammlungen und etliche von Winslow Homers dramatischen Landschaftsbildern der Küste Neuenglands beherbergt. In der zweiten Kunstsammlung, dem **Williams College Museum of Art**, reicht das Spektrum von antiken Vasen der alten Griechen bis zur Pop-Art Andy Warhols.

Wer vom Kunstgenuss genug hat: Williamstown liegt auch für Naturfreaks ideal, nämlich am Beginn des **Mohawk Trail**, eines 63 Meilen langen Highways, der auf den Spuren eines ehemaligen Indianerpfades durch die wildromantisch zerklüftete Landschaft der nördlichen Berkshires bis zu den Farmen und Obstgärten des Connecticut River führt. Unterwegs locken 20 ausgeschilderte Stopps und Abstecher zu Wasserfällen, Gletscherhöhlen und Seen, aber auch zu historischen Ortschaften wie der viel gerühmten Kolonialstadt Deerfield und zu kleinen Farmen, die den Saft des Zuckerahorns verarbeiten.

Auch das Städtchen **North Adams** liegt am Mohawk Trail, wo seit dem Sommer 1999 mit dem **Massachusetts Museum of Contemporary Arts (MassMoCa)** das größte amerikanische Museum für moderne Kunst zu Hause ist. Wer jetzt nur mit Grausen weiterliest, weil er beim Thema moderne Kunst lieber den Rückwärtsgang einlegt, sollte trotzdem einen Besuch riskieren, einfach um zu erleben, wie genial und humorvoll diese Disziplin sein kann. Doch nicht nur die Ausstellungsstücke sind ein Erlebnis, sondern auch die riesenhaften Hallen der umgebauten Fabrik – und nicht zu vergessen der Shop mit den witzigsten Postkarten Neuenglands.

Auch der nächste Stopp auf unserer Route ist ein Augenschmaus, wenngleich

College in Williamstown – exklusive Adresse unter den Universitäten

Degas-Skulptur im Clark Art Institute in Williamstown

von einer bescheidenen, fast kargen Art. Schlichtheit und Perfektion in allen Lebensbereichen war die Maxime der Shaker-Sekte, und der Rundgang durch das **Hancock Shaker Village**, fünf Meilen südwestlich von Pittsfield, beweist, welch kraftvolle, überzeugende Ästhetik daraus entstand. Die Shaker-Sekte (eine Abspaltung der Quäker, die ihren Namen durch eine Art Schüttel-Trance beim Gottesdienst erhielt) zählte in ihrer Blütezeit mehr als 6000 Mitglieder und ist heute fast ausgestorben; nur in Maine praktiziert noch eine letzte kleine Gemeinde.

Gründerin war Ann Lee (1736–84), die im englischen Manchester aufwuchs, gegen ihren Willen verheiratet wurde und anschließend vier Kinder gebar, die alle im Säuglingsalter starben. Diese Heimsuchung deutete Ann Lee als Missfallen Gottes und beschloss, künftig nach Vergeistigung zu streben und ein keusches Leben in absoluter Selbstdisziplin zu führen. Für ihre Anhänger, mit denen sie nach Amerika auswanderte, galt sie als weiblicher Jesus.

Wie viele religiöse Gruppen jener Zeit glaubten auch die Shaker an eine Wiederkehr Christi. Sie lebten streng nach Geschlechtern getrennt, aber mit gleichwertigen Pflichten und Rechten. Es wurde niemand missioniert, und es gab kein Oberhaupt; der Gottesdienst wurde gemeinsam gestaltet. Alles, was die Shaker zum Leben brauchten, stellten sie selbst her. Und das ist es, was das Hancock Shaker Village so sehenswert macht: die handwerkliche Perfektion, die Qualität und Anmut selbst der einfachsten Gebrauchsgegenstände.

Berühmtestes Beispiel für die schlichte Perfektion und das klare Design ist die steinerne Rundscheune, die **Round Stone Barn**, die so konstruiert ist, dass ein Mensch alleine problemlos 52 Kühe versorgen konnte. Dabei fuhren die Pfer-

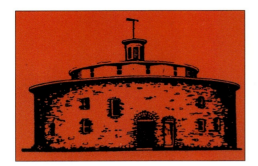

dewagen das Heu in den oberen Stock und entluden es von dort in den zentralen Schober. Die Kühe wurden im Erdgeschoss gehalten, ihr Dung durch Falltüren in den Keller entsorgt.

Berühmt waren die Shaker aber nicht nur für ihre Architektur, Raumgestaltung und kunsthandwerkliche Meisterschaft (im »Brethren's Workshop« im Gebäude Nr. 5 kann man Möbelmachern bei der Arbeit zusehen), sondern auch für ihre einfache und erstklassige Küche. Mitte des 19. Jahrhunderts, als die Sekte mit insgesamt 19 Gemeinden ihre Blütezeit hatte, galt es in der besseren Gesellschaft als schick, in eine Shaker Community essen zu gehen. Ihre Kochbücher werden heute noch verlegt, und das Dinner bei Kerzenlicht, das in den Sommerwochen jeden Samstag im Hancock Shaker Village an den langen Gemeinschaftstischen im »Believers' Dining Room« serviert wird, garantiert ein kulinarisches Highlight.

Wer bei der Stippvisite in Tanglewood Konzertkarten für den heutigen Abend erstanden hat, verschiebt den letzten Programmpunkt am besten auf morgen Vormittag, denn zum Durchhetzen ist unsere abschließende Visite im **Norman Rockwell Museum** bei Stockbridge viel zu schade. Zwar unterstellen abgeklärte Zeitgenossen dem amerikanischen Maler Norman Rockwell (1894–1978) gerne einen naiven, sprich verlogenen Blick auf die Realität, doch wer die Ausstellung im neuen Museumsgebäude gesehen hat, muss schon ein Zyniker sein, wenn er am Ende des Rundgangs seine Meinung nicht geändert hat.

Rockwell schuf die meisten seiner Bilder als Titelblätter für die Zeitung *The Saturday Evening Post*, und seine berühmtesten Illustrationen spiegeln Ameri-

Rundscheune im Hancock Shaker Village: klares Design und handwerkliche Perfektion

kas verlorene Unschuld und die konservativen, einfachen Ideale einer vergangenen Zeit wider. Die Sehnsucht nach diesen festgefügten Werten hat etliche seiner Werke inzwischen zu Ikonen des *American Dream* gemacht. In einem Video erzählt Rockwells Sohn über seinen Vater und lässt die Hintergründe für das immanente amerikanische Pathos erahnen, das fast allen seinen Genrebildern aus sechs Jahrzehnten quasi als Grundierung dient. Das Video zeigt auch, wie sicher und genau die Bilder den amerikanischen Alltag einfangen.

Rockwell wohnte die letzten 25 Jahre seines Lebens in **Stockbridge**, und fast alle

Rockwells »Freedom from Want«

Einwohner dieses Dorfes sind mit warmherzigem Humor und treffsicherem Blick irgendwo auf seinen Bildern verewigt. Das sorgt für etliche Überraschungen, denn sobald man nach dem Museumsrundgang durch den zauberhaften Ort und ganz besonders über die Main Street fährt, kommen einem – nicht zu Unrecht – jedes Haus und jeder Giebel (und auch so manche Physiognomie) bekannt vor.

Zentrale Attraktion und Brennpunkt des abendlichen Lebens in Stockbridge ist **The Red Lion Inn**, Inbegriff des neuenglischen Landgasthauses mit blumengeschmücktem Hof und einer großen, schaukelstuhlbestückten Veranda. Auf Rockwells bekanntestem Dorfgemälde, dem abendlichen »Stockbridge Main Street at Christmas«, hat der Red Lion Inn als einziges Gebäude dunkle Fenster. Das hat sich mittlerweile geändert, denn nun sind die Besucher so zahlreich, dass das Gasthaus auch im Winter geöffnet ist.

Norman Rockwells Studio in Stockbridge

9. Route: Stockbridge – Hartford – Gillette Castle – Essex – Mystic
(224 km/140 mi)

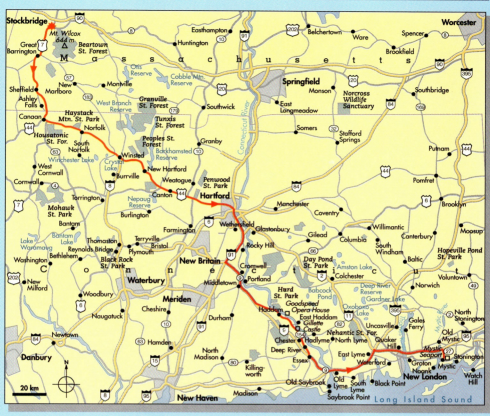

km/mi	Zeit	Route
0	8.00 Uhr	Abfahrt aus den **Berkshires** auf der US 7 bis Canaan und weiter auf der US 44 East bis **Hartford**. Auf die I-84 East auffahren bis zum Exit 46. Nach der Ausfahrt ist man in wenigen Minuten (gut ausgeschildert) beim
96/60		**Mark Twain House**. Rundgang hier oder in der benachbarten Villa von **Harriet Beecher-Stowe**. Über die I-84 East auf die I-91 South. Abfahrt auf die Rt. 9 South und bei Exit 10 auf die 154 South. Abfahrt auf der Rt. 82 über die Brücke auf die andere Flussseite. Vorbei am **Goodspeed Opera House** geht es zum
152/95	13.00 Uhr	**Gillette Castle**. Evtl. Picknick im Wald und Rundgang durch die Burg. Mit der Chester-Hadlyme-Fähre über den Fluss, zurück auf die 154 South nach **Essex**. Kurzer Bummel, danach zurück auf die Rt. 9

9. Route: Stockbridge – Hartford – Gillette Castle – Essex – Mystic (224 km/140 mi)

km/mi	Zeit	Route
		South bis zur I-95 North. Auf dieser geht es weiter bis zum Exit 90, der direkt zum **Mystic Aquarium** und zum benachbarten Shopping-Distrikt **Olde Mistick Village** führt. Wer gleich nach Downtown will, nimmt die Rt. 27, die ins Zentrum von
224/140	18.00 Uhr	**Mystic** führt. Einchecken, Dinner und Bummel am Hafen. Zum Dinner evtl. Ausflug nach **Noank** zum Hummeressen mit Meerblick oder in das nahe, idyllische Hafenstädtchen **Stonington**.

9. Route – Infos: Hartford, Middletown

Greater Hartford Visitors Bureau
31 Pratt St., 4th Floor, Hartford, CT 06103
✆ (860)728 6789, 1-800-446 7811
www.enjoyhartford.com
www.ctbound.org

The Mark Twain House & Museum
351 Farmington Ave., Hartford, CT 06105
✆ (860) 247-0998
www.marktwainhouse.org
Mo–Sa 9.30–17.30, So ab 12 Uhr, Jan.–März Di geschl., Eintritt $ 14/8
Hier schrieb Samuel Langhorne Clemens unter seinem Künstlernamen Mark Twain u.a. »Tom Sawyer«, »Life on the Mississippi«, »The Prince and the Pauper« und »A Connecticut Yankee in King Arthur's Court«; die prächtig ausgestatteten Zimmer sind nur im Rahmen eines geführten Rundgangs zu besichtigen.

Harriet Beecher-Stowe Center
77 Forest St., Hartford, CT 06105
✆ (860) 522-9258
www.harrietbeecherstowecenter.org
Mo–Sa 9.30–16.30, So 12–16.30 Uhr
Eintritt $ 9/6
Die Schriftstellerin lebte hier von 1873 bis zu ihrem Tod 1896. Ihre literarische Karriere umfasste ein halbes Jahrhundert, und sie gehörte zu den ersten amerikanischen Autoren, die allein von ihren schriftstellerischen Arbeiten leben konnten. Weltweiten Erfolg brachte »Uncle Tom's Cabin«, das 1852 erschien und in mehr als 40 Sprachen übersetzt wurde.

Die Küche ihres Hauses ist analog zu »The American Woman's Home« eingerichtet, einem Text, den Harriet gemeinsam mit ihrer Schwester Catharine Beecher veröffentlichte.

Downtown Hartford
Wer ins Zentrum der Stadt möchte, fährt die Farmington Ave. einfach weiter Richtung Innenstadt und kommt automatisch zum Civic Center (am Visitors Information Desk im Civic Center Plaza gibt es die Broschüre »Hartford and Southern New England Guide« mit einem Stadtrundgang). Von hier geht man die letzten Meter geradeaus zu Fuß zur Main St. und zum Stadtzentrum mit Old State House, Travelers Insurance Tower (gute Aussicht von oben), dem ältesten Kunstmuseum der USA, dem Wadsworth Atheneum sowie The Capitol & Lafayette Square, dem Regierungssitz des Staates Connecticut.

First and Last Tavern
220 Main St., Middletown, CT 06457
✆ (860) 347-2220, Fax (860) 347-2220
So 16–21, Mo 11.30–21, Di–Do bis 22, Fr/Sa bis 23 Uhr

9. Route – Infos: Middletown, East Haddam, Essex

Middletown liegt genau zwischen New York und Boston und war 1750–1800 die reichste Stadt Connecticuts. Geblieben ist eine charmante Altstadt mit etlichen architektonischen Attraktionen (High St.). Auch die First and Last Tavern ist in einem historischen Gebäude untergebracht und bietet in launiger Umgebung italienische Küche und die beste Pizza zwischen New York und Boston. $–$$

Goodspeed Opera House
Rt. 82, East Haddam, CT 06423
✆ (860) 873-8668, Fax (860) 873-2329
www.goodspeed.org

Mitte April–Mitte Dez., Mi–So Vorführungen, Mi, Sa/So Matineen (Kartenreservierungen auch online)
Der Bau von 1876 im viktorianischen Stil liegt romantisch am Ufer des Connecticut River. Er gilt als eine der besten Musical-Bühnen des Landes, etliche Produktionen erhielten Tony Awards, Musicals wie »Annie« oder »Man of la Mancha« starteten von hier aus ihren Siegeszug am Broadway. In jeder Saison stehen drei verschiedene Produktionen auf dem Spielplan. Zwischen Juni und Oktober gibt es 30-minütige Führungen durch das Haus, Mo 13–15, Sa 11–13.30 Uhr (Anmeldung und Auskunft ✆ 860-873-8664). Originell ist auch das benachbarte **Gelston House Restaurant**.

Gillette Castle State Park
67 River Rd., East Haddam, CT 06423
✆ (860) 526-2336
Mai–Okt. tägl. 10–16.30 Uhr
Bizarres Traumhaus des Schauspielers William Gillette (1853–1937), der es als perfekte Verkörperung von Sherlock Holmes zu Ruhm und Reichtum brachte. Das Bauwerk (1914–19) im Stil einer mittelalterlichen Ritterburg hat etliche exotische Details, vor allem aber einen grandiosen Blick auf den Connecticut River. Schöner Wald mit Picknicktischen.

Essex Steam Train & Riverboat Ride
The Valley Railroad Company

Railroad Ave., Rt. 9, Exit 3, Essex, CT 06426
✆ (860) 767-0103
www.essexsteamtrain.com
Je nach Saison 2- bis 8-mal tägl., Beginn 10.30 Uhr, Start ist die Station Valley Railroad (auf der Strecke von Essex nach Ivoryton)
Die Wagen stammen aus den 1920er-Jahren, und auch die Dampflok ist authentisch. Man kann wahlweise eine einstündige Zugfahrt oder eine Kombination mit Flussfahrt auf dem Connecticut River buchen, die eine Besichtigung vom Gillette Castle mit einschließt und zum Ausgangspunkt zurückführt; mit Zug und Schiff dauert der Spaß 2 1/2 Std., $ 26/17.

Connecticut River Museum
67 Main St., Essex, CT 06426
✆ (860) 767-8269
www.ctrivermuseum.org, Di–So 10–17, im Winter bis 16 Uhr, Eintritt $ 8/5
Das Hafenmuseum zeigt Schiffsmodelle, Fotos und Gemälde, vor allem aber den Nachbau des ersten Unterwasserschiffes namens »Turtle«, mit dem die Yankees 1776 während der Blockade des New Yorker Hafens versuchten, ein englisches Kriegsschiff zu versenken. Der Versuch misslang, doch etliche technische Einzelheiten wurden später bei der Konstruktion der »Nautilus« übernommen.

Clinton Crossing
20A Killingworth Turnpike (Anfahrt über Interstate 95, Exit 63)

✆ (860) 664-0700

www.PremiumOutlets.com
Mo–Sa 10–21, So bis 18 Uhr

Kleiner Outlet-Store in einem kultivierten, dörflichen Setting mit mehr als 70 Top-Marken von Anne Klein über Donna Karan bis Nike und Versace (Designermode 25–65 % unter dem Preis). Restaurants und Musikevents im Freien sorgen für Ferienstimmung; endlose Parkplätze sind bequem in Fußnähe zu erreichen. Der meilenlange, einsame Strand von Hammonasset ist nur 15 Autominuten entfernt.

9. Route – Infos: Mystic, Ledyard, Stonington

Mystic Aquarium
55 Coogan Blvd. (Exit 90), Mystic, CT 06355

℃ (869) 572-5955, www.mysticaquarium.org

Juli–Ende Sept. So–Do 9–19, Fr/Sa bis 18, März–Juni und Sept.–Dez. tägl. 9–18, Dez.–März bis 17 Uhr, Eintritt $ 26/19

In großen Freianlagen leben Robben, Seelöwen, Delphine und Pinguine und – als absolute Sensation – ein weißer Beluga-Wal. Insgesamt sind über 6000 lebende Meerestiere sowie etliche thematische Ausstellungen zu sehen, täglich mehrere Delphinshows, Multimedia-Shows, großer Gift Shop.

Olde Mistick Village
Coogan Blvd., Mystic, CT 06355

℃ (806) 536-4941
www.oldmysticvillage.com

Mo–Sa 10–18, So 11–17 Uhr

Mehr als 60 Shops, Boutiquen und Restaurants in einem nachgebauten Dorf der Kolonialzeit samt Kirche und Green.

The Whaler's Inn
20 East Main St., Mystic, CT 06355

℃ (860) 536-1506, 1-800-243-2588
www.whalersinnmystic.com

Die ideale Kreuzung zwischen Landhaus und Kettenhotel mitten in Downtown, 41 Zimmer und Suiten, Restaurant mit italienischer Küche, Outdoor-Café. $–$$$

The Inn at Mystic
3 Williams Ave.
An der Kreuzung von Rt. 1 und US 27 Mystic, CT 06355

℃ (860) 536-9604, 1-800-237-2415
www.innatmystic.com

Schöner Komplex mit mehreren Gebäuden auf dem Hügel. Zur Auswahl stehen moderne Motel- und Gästezimmer im traditionsreichen Hauptgebäude; Blick von der Hotelveranda übers Wasser; Tennisplatz, Pool und Badebereich, Spaziergewege. Kinder schlafen kostenlos im Elternzimmer. Im hauseigenen »Flood Tide Restaurant« wird Dinner mit Blick auf den Mystic River serviert. $–$$$

Steamboat Inn
73 Steamboat Wharf, Mystic, CT 06355
℃ (860) 536-8300
www.steamboatinnmystic.com

Kleines De-Luxe-Hotel im europäischen Stil am Mystic River in der historischen Altstadt, elf Zimmer mit Blick aufs Wasser, Whirlpool, Frühstück inkl. $$–$$$

Stonecroft Country Inn
515 Pumpkin Hill Rd., Ledyard, CT 06339
℃ (860) 572-0771, www.stonecroft.com

Erstklassiges Country Inn mit zehn luxuriösen, perfekt und stilvoll eingerichteten Zimmern. Das hauseigene Restaurant »The Grange« (Küchenchef Drew Egy) gilt als eines der besten in Connecticut. $$–$$$

Abbott's Lobster in the Rough
117 Pearl St., Noank, CT 06340-9280
2.5 Meilen südl. von Mystic (Rt. 215)
℃ (860) 536-7719, Fax (860) 536-4608
www.abbotts-lobster.com
Ende Mai–Anfang Sept. tägl. 12–21, Mai und Sept.–Mitte Okt. nur Fr–So

Ein Muss für Lobster-Liebhaber und Seafood-Fans. Selbstbedienung an der Theke, große Menüauswahl, Picknicktische mit Meerblick. Lobster-Fans beteuern, dass der Hummer hier besonders süß und zart schmeckt, weil er gedünstet (steamed) statt gekocht wird; jeden Sommer gehen hier 80 Tonnen Hummer über den Tresen. $–$$

Stonington
www.townofstonington.com

Nur fünf Meilen östlich von Mystic liegt der ehemalige Walfängerhafen Stonington an der Spitze einer felsigen Landzunge. Hier ist die letzte kommerzielle Fischereiflotte Connecticuts zu Hause.

Bummelmeile ist die Water St. mit Antiquitätenläden, Galerien und Restaurants. In dem kleinen Hafenstädtchen gibt es einige B&B-Gasthäuser. Sehenswert ist auch das kleine **Old Lighthouse Museum** mit schönem Ausblick.

Heimatgefühle in Hartford und die Burg des Sherlock Holmes

Wer heute den *Hartford Courant* aufschlägt, die älteste und renommierteste Zeitung von Connecticut, wird mit Melancholie und leiser Befriedigung feststellen, dass es in Neuengland auch Regionen gibt, die andere Probleme haben als die korrekte Rasenhöhe des Town Green. Der erste Blick aufs Häusermeer der Landesmetropole **Hartford** bestätigt den Verdacht: Diese Stadt hat nicht den jenseitigen Charme neuenglischer Genre-Maler, hier bewegen wir uns endlich mal wieder im handfesten Diesseits mit hektischem Bürobusiness und jenen Alltagsthemen, die uns von zu Hause vertraut sind.

Tatsächlich hat **Connecticut** von allen Neuengland-Staaten weitaus am meisten mit den Plagen der heutigen Zeit zu kämpfen. In Küstenstädten wie Bridgeport (weitab von unserer Reiseroute versteht sich!) halten Schießereien und Drogenhandel die Polizei auf Trab, und die Mordrate ist fünfmal höher als im statistischen Durchschnitt. Als Problemzone gilt

Mark-Twain-Villa in Hartford: Logierte im Dachgeschoss eine Irre?

auch die *Quiet Corner* genannte Armutsecke im nordöstlichen Landeszipfel, wo weit mehr als zehn Prozent der Bewohner arbeitslos sind.

Trotzdem wird in Connecticut mit knapp 30 000 Dollar pro Kopf und Jahr das höchste Durchschnittseinkommen der ganzen USA erwirtschaftet. Dafür sorgt zum einen das Heer der Besserverdiener, das sich täglich von der *Gold Coast* genannten Südwestküste per Highway und Eisenbahn nach New York aufmacht. *Commuter Communities*, Pendlersiedlungen, nennen die Amerikaner Städte wie Greenwich, Stamford, Darien und Westport, deren Bewohner den Schreibtisch in Manhattan und das Bett in Connecticut haben.

Der wirtschaftliche Wohlstand des Staates stammt aber vor allem aus der Rüstungsindustrie. Es begann mit dem Hartforder Samuel Colt, der einst das gleichnamige Schießwerkzeug erfand; von hier kamen auch die Waffen, die den Wilden Westen eroberten. Das Pentagon ließ in Connecticut Kanonen und Bomber für beide Weltkriege bauen, Helikopter für Vietnam und Unterseeboote für den Kalten Krieg. Als in Berlin die Mauer fiel, war das für Rüstungsstädte wie Groton eine Katastrophe. Im Oktober 1990 schickte dort alleine die Dynamics' Electric Boat Division, die seit 1954 atomgetriebene U-Boote baut, Tausenden Mitarbeitern *the notice*, die Kündigung.

Doch trotz der Industrialisierung hat der Staat über weite Teile sein ländliches Gesicht behalten, gibt es immer noch das *real* Connecticut mit weißen Schindelhäusern und gepflegten Rasenflächen. In den romantischen **Litchfield Hills** ist es zu finden, dem Hügelland, das sich im Süden an die Berkshires anschließt. Dort stehen auch weiterhin die Fischreiher im Uferschlick der stillen Seen wie dem malerischen **Lake Waramaug**, und überdachte Brücken führen zu kleinen, feinen Country Inns. Die spektakuläre Flusslandschaft des mächtigen Connecticut River gehört dazu mit Ortschaften wie Old Saybrook, Old Lyme und Essex. Und schließlich gibt es an der östlichen Küste historische kleine Häfen wie Stonington bei Mystic, die als touristische Geheimtipps gehandelt werden.

Connecticut sieht sich selbst als den Yankee-Staat schlechthin, seine Einwohner gelten als smart, clever und aalglatt. Wahrscheinlich stammt dieser Ruf aus den Jahren 1780 bis 1840, als die *Yankee Peddlers*, die Kleinhändler, von hier aus mit Karren voller Haushalts- und Küchen-

State Capitol in Hartford: das Regierungsgebäude aus dem Jahr 1879

utensilien die Atlantikküste entlang bis nach Detroit und New Orleans zogen und ihre Waren an der Haustür verkauften. Manchmal waren hölzerne Muskatnüsse darunter oder defekte Haushaltshelfer – doch bis die Käufer den Schaden bemerkten, waren die Hausierer längst auf und davon.

Der Einfallsreichtum und die Erfindungsgabe der Händler aus dieser Region wurde legendär. Diese *Yankee Ingenuity* ging als Kompliment in den Sprachgebrauch ein und wird besonders gerne dann zitiert, wenn bahnbrechende Erfindungen aus Neuengland ihren Siegeszug durch die USA antreten. Tatsächlich hat seit Eröffnung des Patentamtes der Vereinigten Staaten im Jahr 1790 Connecticut mehr Patente angemeldet als jeder andere US-Staat; auch die Erfindung der Baumwollentkörnungsmaschine war darunter. Als die ersten austauschbaren Teile für den Waffenbau dazukamen, begann das neue Zeitalter der Massenproduktion – auch sie ist eine *Yankee Ingenuity*.

Der Name **Hartford** ruft in den ganzen USA garantiert ein und dieselbe Assoziation hervor: Versicherungen. Tatsächlich sind denn auch die allermeisten Hochhäuser, die man bei der Einfahrt in die Stadt in den Himmel ragen sieht, Hauptquartiere amerikanischer Versicherungskonzerne. Als 1835 ein Großbrand in New York mehr als 600 Gebäude zerstörte, gingen viele der New Yorker Versicherer bankrott, und am Ende war es die Hartford Insurance Company, die als einzige jede anstehende Forderung beglich. Ähnliche Katastrophen in Boston, Chicago und San Francisco festigten den Ruf der Versicherer von Hartford, so dass heute mehr als 40 Unternehmen mit dem guten Ruf der Stadt ihr Geld machen.

Uns genügt ein kurzer Blick vom Highway in die Runde, und dann geht es beim Exit 46 auf dem kürzesten – und ausnahmsweise problemlos ausgeschilderten – Weg in die Farmington Avenue, wo unter der Hausnummer 351 der Schriftsteller **Mark Twain** die glücklichsten Jahre seines Lebens verbrachte. Die 1874

Goodspeed Opera House bei East Haddam

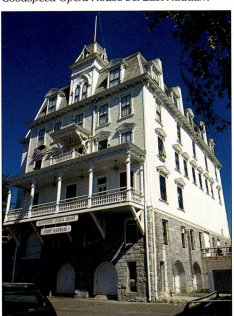

gebaute viktorianische Villa spiegelt schon von außen mit ihrem Gewirr aus Giebeln, Türmchen und Erkern die Launen und Skurrilitäten ihres Besitzers wider. Im Gedicht »This is the House that Mark Built« lobt sein wortgewandter Schöpfer das vielgeliebte Heim in fünf Strophen – und am meisten sich selbst als dessen Architekten.

Der viktorianische und neugotische Stilmix bietet auch im vergleichsweise düsteren Innern einige Überraschungen. Ebenso wie das aufgedeckte Essgeschirr sind die meisten Möbel Originale, einschließlich des großen Bettes aus Venedig. Mark Twain soll von den kunstvollen Motiven am Kopfende so begeistert gewesen sein, dass er meist mit dem Kopf am Fußende schlief, um das Schnitzwerk zu bewundern. Auch sonst erfährt man bei dem einstündigen geführten Rundgang durch 13 der 20 üppig eingerichteten Zimmer so manchen Schwank aus dem Leben des Schriftstellers. Beispielsweise, dass er sich seine Kinder mit dem Schauermärchen vom Hals hielt, im obersten Stock des Hauses logiere eine Verrückte.

Tatsächlich hatte dort oben der Herr Papa sein Arbeitszimmer. Weit weg vom Alltagslärm und auf drei Seiten mit einer luftigen Veranda versehen, brachte er in diesem Zimmer etliche Werke der Weltliteratur zu Papier, darunter auch »Die Abenteuer des Tom Sawyer« und »Huckleberry Finns Abenteuer«, die trotz einfacher stilistischer Mittel und augenzwinkernder Heiterkeit eine scharfe Kritik an Rassentrennung und Sklavenhaltung üben und (nicht nur) für Hemingway als Fundament der modernen Literatur Amerikas gelten.

Das viktorianische Heim der Schriftsteller-Kollegin **Harriet Beecher-Stowe** liegt gleich gegenüber. Als Tochter und Schwester zweier berühmter Prediger schrieb sie vornehmlich sentimentale Serien über ihre neuenglische Heimat. Auch »Onkel Toms Hütte« sollte eine

Mystic Aquarium: 600 Meerestiere und ein weißer Beluga-Wal

kurze Geschichte in drei Folgen für eine Zeitschrift der Gegner der Sklaverei werden. Die überwältigende Resonanz ließ daraus eine fast einjährige Serie entstehen, und schließlich wurde das Werk zum Bestseller des 19. Jahrhunderts. Seine literarische Qualität ist bis heute unstrittig, der moralische Anspruch wird aber inzwischen unterschiedlich bewertet.

Die **Nook Farm**, auf der die Häuser beider Schriftsteller stehen, war um 1870 noch eine parkähnliche Wildnis westlich der Stadt und wurde schnell zum Refugium für Künstler, Musiker und Literaten. Hier lebten unter anderen Isabella Beecher Hooker, die Gründerin der Connecticut Woman Suffrage Association, der Schauspieler William Gillette, dessen Traumhaus wir heute Nachmittag im Programm haben, und Charles Dudley Warner, Herausgeber des *Hartford Courant* und populärer Reiseschriftsteller.

Der **Connecticut River**, Neuenglands längster Fluss, fließt von den Quellen in New Hampshire über 660 Kilometer bis zum Long Island Sound. Seinen Namen erhielt er vom indianischen »Quinnituckett« (langer Gezeitenstrom). In seinem Tal ließen sich die ersten Siedler nieder, die von Massachusetts kamen, und in seinem breiten Mündungsgebiet entstanden Hafenstädte mit Schiffswerften und Segelmachern, Werkstätten und Warenhäusern. Wenn wir auf der Weiterfahrt beim Exit 10 auf die Route 154 abbiegen, sehen wir den mächtigen Fluss immer wieder durch die hohen Eukalyptusbäume schimmern.

Bei East Haddam überquert die Brücke der Route 82 den Connecticut River, und vorbei am weiß und viktorianisch schimmernden **Goodspeed Opera House** geht die Fahrt einige Achterbahnmeilen durch Wald und Seerosenteiche bis zu einem bizarren Schloss im Stil einer mittelalterlichen Burg, das wie eine gigantische Werbung aus dem Hause Playmobil auf dem Hügel hockt. Ein Spielzeug war das **Gillette Castle** tatsächlich: Hausherr und Erbauer war der gleichnamige Schauspieler, der es zur vergangenen Jahrhundertwende als Inkarnation von Sherlock Holmes zu Geld und Ruhm gebracht hatte.

Wie draußen dominiert auch drinnen ein gigantischer Repräsentations- und Spieltrieb. Während das kleine und karge Schlafzimmer an eine Jugendherberge erinnert, würde sich im massiven *main living room* König Artus mit seiner ganzen Tafelrunde wie zu Hause fühlen. Mächtige Eichenmöbel und gewaltige Eisentüren sorgen für die Gemütlichkeit eines Burgverließes, und etliche Möbel sind so schwer, dass sie nur über eingelassene Schienen zu bewegen sind. – Unbestritten schön bleibt immerhin der atemberaubende Blick auf den Fluss.

Schon seit 1769 schippert die kleine Fähre Besucher (und mittlerweile auch ihre Autos) auf der Strecke Chester–Hadlyme über den Connecticut River. Die Fahrt dauert nur fünf Minuten und bietet einen Blick auf Gillettes Zwingburg und die schöne, unverbaute Flusslandschaft. Wieder zurück auf der Route 154, führt uns der nächste Stopp nach **Essex**, einem Juwel unter den Städtchen an der weiten Flussmündung. Einst gab es in dieser Gegend mehr als 50 Werften, auf denen auch die Schiffe für den Sezessionskrieg gegen den Süden gebaut wurden. Wo früher Bootsbauer und Segeltuchmacher ihre Werkstätten hatten, säumen heute Boutiquen, Antikläden und Restaurants die Straßen, und im Hafen drängeln sich unzählige Yachten und Kabinenschiffe.

Erste Restaurant-Adresse in Essex ist bereits seit über 200 Jahren der »Old Griswold Inn«, doch weil für das Dinner heute Abend schon etliche Adressen in und um Mystic zur Auswahl stehen, sollte man jetzt höchstens eine Pause bei »She Sells Sandwiches« mit Picknicktischen und Blick über den Fluss einlegen. Ein Nachbau des ersten amerikanischen U-Bootes, dessen Besatzung nur aus einem Mann bestand und das aussah wie zwei zusammengefaltete Schildkrötenpanzer, ist im schneeweißen Gebäude des **Connecticut River Museum** ebenso zu sehen wie Drucke, Bilder und Schiffsmodelle.

Vorbei an **Old Saybrook** und **Old Lyme**, zwei weiteren reizenden alten Hafenstädtchen im Mündungsgebiet, geht es nun auf die Interstate 95. Diese Schnellstraße, die den gesamten Bundesstaat parallel zur Küste durchquert, ist das einzige, was die meisten Amerikaner bei ihrer Reise durch den *Constitution State* kennenlernen. Denn die irrige Meinung, in diesem »Vorgarten New Yorks« gäbe es weiter nichts zu sehen, sorgt dafür, dass Connecticut als lästige Durchgangsstation gilt und unter den Neuengland-Staaten das touristische Schlusslicht bildet.

Vorbei an der U-Boot-Stadt Groton erreichen wir bei Exit 90 das heutige Tagesziel. Die größte Attraktion des Städtchens **Mystic** sind aber weder das Shopping-Areal **Olde Mistick Village** mit Läden und Restaurants in einem nachgebauten Dorf der Kolonialzeit noch das **Aquarium** mit seinem gigantischen Wassertank, sondern das Freilichtmuseum **Mystic Seaport**, für das der größte Teil des morgigen Tages reserviert werden sollte.

Heute abend gilt unser Augenmerk nur noch den leiblichen Genüssen: Lobster-Fans dürfen sich auf »Abbot's Lobster in the Rough« im nahen Dörfchen **Noank** freuen, wo es an Picknicktischen mit Blick auf Yachten und Masten zur Sache geht. Wer es lieber gepflegt und idyllisch mag, findet am Ende der schmalen Landzunge in **Stonington** kleine Restaurants mit Blick aufs Meer und Möwengeschrei, und in Mystic selbst steht sogar französische und italienische Küche zur Wahl. Und wer einfach für alles zu müde ist, kann sich auf amerikanische Weise vom nächsten Pizza-Service das Nachtessen ans Bett bringen lassen.

10. Route: Mystic – Narragansett Pier – Newport – Ocean Drive
(96 km/60 mi)

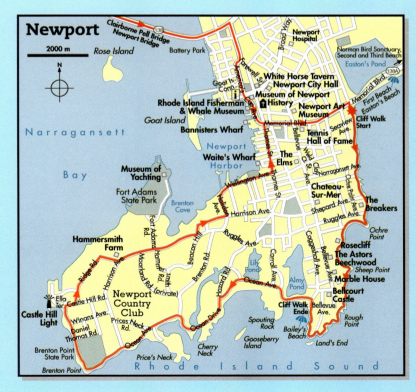

10. Route: Mystic – Narragansett Pier – Newport – Ocean Drive (96 km/60 mi)

km/mi	Zeit	Route
	Vormittag	Wahlweise **Mystic Seaport** oder Rundgang durch das **Mashantucket Pequot Museum** und Lunch.
0	13.00 Uhr	Abfahrt auf der küstennahen US 1 bis zum Abzweig nach **Narragansett**, von dort evtl. weiter auf der »Scenic 1A«. Über die Jamestown Bridge und die Newport Bridge nach
72/45		**Newport**. Nach rechts und den Wegweisern zum Information Office folgen, von dort die America's Cup Ave. stadteinwärts fahren; evtl. gleich im Hotel oder B&B einchecken. Auf dem Memorial Blvd. bis zur Kreuzung mit der **Bellevue Ave**. Sämtliche *mansions* genannten Villen und Schlösser liegen (durch Flaggen markiert) auf beiden Seiten dieser Allee. Rundgang wahlweise durch **The Breakers**, **Rosecliff** oder **Astors' Beechwood**.
	17.00 Uhr	Weiterfahrt auf dem **Ocean Drive** rund um die Südspitze mit Stopp am **Brenton Point State Park**. Rückkehr nach
96/60	Abends	**Newport** – Bummel über die Thames St., Bowen's und Bannister's Wharf im Hafen, evtl. Segeltörn (z.B. auf der »Madeleine«) für morgen Vormittag reservieren, Dinner.

10. Route – Infos: Mystic, Mashantucket

 Mystic Seaport
 75 Greenmanville Ave., am Mystic River an der Rt. 27
Mystic, CT 06355-0990
 ✆ (860) 572-5315, www.mysticseaport.org
Tägl. 9–17, Nov.–März 10–16 Uhr
 Eintritt $ 24/15
Das größte maritime Museum der USA zeigt das Alltagsleben in einem Hafenort des 19. Jh. Hauptattraktion ist das letzte Walfangschiff, die »Charles W. Morgan«, aus dem Jahr 1841. Zum Museum gehören außer dem Dorf und den Docks ein Planetarium, Gemäldegalerien, wechselnde Ausstellungen und die größte Bibliothek der USA zum Thema Seefahrt. Täglich gibt es Vorführungen und Demonstrationen sowie halbstündige Rundfahrten auf der kohlegetriebenen »Sabino«, drei Restaurants, Museumsshop.

 Mashantucket Pequot Museum
110 Pequot Trail
 Mashantucket, CT 06338-3180
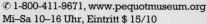 ✆ 1-800-411-9671, www.pequotmuseum.org
 Mi–Sa 10–16 Uhr, Eintritt $ 15/10
Sieben Meilen von Mystic entfernt (an der Rt. 2) liegt das größte Indianermuseum der USA, das der Geschichte und Kultur der Pequot-Indianer gewidmet ist. Über 100 lebensgroße Figuren stellen Szenen aus dem Alltagsleben des Stammes dar,

10. Route – Infos: Mashantucket, Newport

Zentrum ist ein Indianerdorf des Jahres 1550, in dem 51 verblüffend lebensechte Einwohner ihren täglichen Arbeiten nachgehen, vom Wigwam-Bau bis zur Karibu-Jagd. Interaktive Computer bieten zu jedem Thema (z. B. Jagdwaffen) detaillierte Informationen.

Dem anthropologischen Museum wurden seit seiner Eröffnung im Sommer 1998 sieben Architekturpreise, sechs Auszeichnungen für die interaktiven Computerprogramme und weitere sieben Preise für die Filme verliehen, die im hauseigenen Theater gezeigt werden (»The Witness«, 30-minütiger Film über das Massaker an den Indianern im Jahr 1637), Bücherei, Museumsshop, Restaurant.

Mashantucket Pequot Museum bei Mystic: das größte Indianermuseum der USA

Foxwoods Resort Casino
Rt. 2, Exit 92 von der I-95, 39 Norwich Westerly Rd.
Mashantucket, CT 06339-3130
✆ 1-800-752-9244, www.foxwoods.com
Flughafengroßes Weltklasse-Casino mitten im Reservat der Mashantucket Pequot Tribal Nation mit 5800 einarmigen Banditen, 350 Spieltischen, einer Bingohalle für 3200 Gäste, 100 Pokertischen und einem gigantischen Theater District; drei Luxushotels (1400 Zimmer und Suiten) mit drei Indoor-Pools und großem Spa-Bereich, Dutzende von Restaurants und Geschäften.

Mit dem Geld, das sie hier erwirtschaften, haben die Mashantucket das Museum (siehe oben) finanziert. Vor Kurzem wurde mit dem »MGM Grand at Foxwoods« ein neues, 700 Millionen Dollar teures Projekt eröffnet mit Hotel und großem Entertainment-Komplex. Foxwood hat mehr als 400 000 Gäste im Jahr.

Mohegan Sun
1 Mohegan Sun Blvd.
Uncasville, CT 06382 (Vgl. Karte S. 149)
✆ 1-888-226-7711
www.mohegansun.com
Auch der Stamm der Mohegan-Indianer betreibt am Thames River (an der Interstate 395 bei Uncasville) einen monumentalen Spielbank- und Entertainment-Komplex mit zwei gewaltigen Casinos (»Casino of the Earth«, »Casino of the Sky), Sportarena, 34-stöckigem Luxushotel, 40 Shops und Restaurants.

Newport Visitors Bureau
23 America's Cup Ave., Newport, RI 02840
✆ (401) 849-8048, 1-800-976-5122
www.GoNewport.com

Museum of Newport History
Touro St. & Washington Sq.
Newport, RI 02840
✆ (401) 846-0813, Fax (401) 846-1853
www.newporthistorical.org
Mo–Fr 9.30–16.30, Sa 9.30–12 Uhr
Eintritt $ 4/2
Toleranz und der freie Geist, in dem Newport gegründet wurde, werden in der kleinen, gut präsentierten Ausstellung lebendig. Historische Fotos, Schiffsmodelle, Alltagsgegenstände, interaktive Computer.

International Tennis Hall of Fame Museum
The Newport Casino, 194 Bellevue Ave.
Newport, RI 02840
✆ (401) 849-3990, 1-800-457-1144
www.tennisfame.org
Tägl. 9.30–17 Uhr, Eintritt $ 10/5
Ein Muss für Tennisfans mit Videos, Aus-

10. Route – Infos: Newport

stellungen, Pokalen und Reliquien aller Tennis-Götter und einem Rasen-Tennisplatz für Jedermann und Jedefrau.

The Breakers
Ochre Point & Ruggles Ave.
Newport, RI 02840, ℭ (401) 847-1000
www.newportmansions.org
Mitte April–Ende Dez. tägl. 9–18, sonst 10–17 Uhr, Eintritt $ 18/4.50, es gibt auch Kombi-Tickets für zwei oder mehrere Häuser, auch Online-Bestellung
Der Palast des Cornelius Vanderbilt II. aus dem Jahr 1895 ist mit 70 Zimmern der größte und mit Tonnen von Alabaster, Marmor, Kristall, Gold und Buntglas auch der pompöseste. Architekt des Baus im italienischen Renaissancestil war Richard Morris Hunt (Baumeister des Metropolitan Museum in New York). Der Grand Salon ist ein Original aus Frankreich, ein Geschenk von Marie Antoinette an ihre Patentochter. Er wurde in Einzelteile zerlegt und nach Newport verschifft.

Rosecliff
Bellevue Ave., Newport, RI 02840
ℭ (401) 847-1000, Fax (401) 847-9477
www.newportmansions.org
Mitte April–Ende Dez. tägl. 10–18, sonst bis 17 Uhr, Eintritt $ 12/4.50, vgl. The Breakers
Hier herrschte Theresa (»Tessie«) Fair Oelrichs, reich verheiratete Tochter eines Silberminen-Tycoons aus Nevada, deren Empfänge und extravagante Bälle als Höhepunkte der Sommerfestivitäten galten. Baumeister des weißen Terrakotta-Palastes (nach dem Vorbild des Grand Trianon in Versailles) war Star-Architekt Stanford White (1853–1906), der u.a. mit dem neoklassizistischen Triumphbogen am New Yorker Washington Square für Aufsehen gesorgt hatte. Schauplatz mehrerer Hollywood-Filme und Newports größter Ballsaal.

Astors' Beechwood
580 Bellevue Ave.

Newport, RI 02840
ℭ (401) 846-3772, Fax (401) 849-6998
www.astorsbeechwood.com
Mitte Mai–Ende Okt. tägl. 10–17 Uhr
Der geführte Rundgang durch den Sommerpalast der Familie Astor ist nicht teurer als in den anderen Cottages, aber wesentlich origineller: Schauspieler der Beechwood Theatre Company spielen die einstigen Bewohner und heißen die Besucher im Stil des Jahres 1890 als Gäste willkommen. Der Rundgang schließt auch Gesinderäume und die Küche mit ein.

Ocean Drive
9 1/2 Meilen lange, schmale und oft hügelige Straße, die entlang der Küste und vorbei an zahllosen Villen rund um die Halbinsel führt.

Cliff Walk
www.cliffwalk.com

Gut 5 km langer Fußweg entlang der Küste mit Blick auf den Rhode Island Sound und die Schlösser des *Gilded Age*. Er beginnt beim Memorial Blvd. und endet an Bailey's Beach. Der Blick auf die Prachtbauten und Gärten ist allerdings oft durch Hecken und Buschwerk abgeschirmt. Wer nicht die ganze Strecke gehen will, parkt sein Auto (kostenlos) am Ende der Narragansett Ave. Die Top-Adressen auf der folgenden Strecke sind: The Breakers, Rosecliff, The Astors' Beechwood, Marble House, Bellcourt Castle und Rough Point. Hinter der Landspitze von Land's End endet der Cliff Walk am noblen Privatstrand Bailey's Beach.

Picknick und Strände
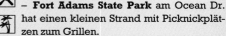
– **Fort Adams State Park** am Ocean Dr. hat einen kleinen Strand mit Picknickplätzen zum Grillen.
– **Brenton Point State Park** liegt ebenfalls am Ocean Dr. und bietet einen weiten Blick auf die Narragansett Bay und den Atlantik; die Felsküste eignet sich für ein Picknick, aber nicht zum Schwimmen.
– **Bailey's Beach** war einst der Privatstrand der Elite am Ocean Dr.; inzwischen

10. Route – Infos: Newport

ist ein Teil öffentlich zugänglich (unter dem bezeichnenden Namen »Reject's Beach«, Strand der Abgewiesenen), da aber Parkplätze fehlen, hält sich der Andrang in Grenzen.
– **Easton's Beach** wird auch First Beach genannt und verläuft parallel zum Memorial Blvd.; in der Nähe des riesigen Parkplatzes (gebührenpflichtig) gibt es ein Karussell, kleine Strandkneipen und Minigolf.
– **Gooseberry Beach** ist ein schöner, öffentlicher Strand am Ocean Dr. gegenüber von Lily Pond.
– **Sachuest Beach**, auch Second Beach, ist ein drei Meilen langer Traumstrand östlich der First Beach in Middletown. Dieser Strand hat als einziger Sanddünen und oft eine fantastische Brandung (gutes Surfrevier).
– **Third Beach** liegt hinter der Second Beach (Third Beach Rd.) in Middletown, blickt auf den Sakonnet River und die gleichnamigen Hügel. Beliebt bei Familien mit Kindern und Windsurfern.

Cliffside Inn
2 Seaview Ave., Newport, RI 02840
✆ (401) 847-1811, 1-800-845-1811
www.cliffsideinn.com
Romantisches Herrenhaus in einer stillen Wohnstraße, fünf Gehminuten vom Cliff Walk, zehn vom Strand entfernt; antik möbliert, 16 Zimmer und Suiten, die meisten mit Whirlpool und Kamin. Im Preis eingeschlossen: Morgenkaffee mit Zeitung aufs Zimmer, Gourmet-Frühstück plus Buffet und »Victorian Tea« am Nachmittag. Die Villa aus dem Jahr 1880 war 50 Jahre lang das Sommerhaus der Malerin Beatrice Turner, mehr als 125 ihrer Werke sind im Haus zu sehen. $$–$$$$

Francis Malbone House
392 Thames St., Newport, RI 02840
✆ (401) 846-0392, 1-800-846-0392
www.malbone.com
Das historische Inn mit 18 Luxuszimmern wurde mehrfach zum besten Inn von Newport gewählt, Top-Lage am Hafen. $$–$$$$

Sarah Kendall House B&B
47 Washington St.
Newport, RI 02840
✆ (401) 846-7976, 1-800-758-9578
www.sarahkendallhouse.com
Fünf Zimmer in einem viktorianischen Herrenhaus von 1871 mit Blick zum Hafen, in der historischen Altstadt gelegen, Fußweg zu Restaurants und zum Hafen. $$–$$$

Ivy Lodge
12 Clay St., Newport, RI 02840
✆ (401) 849-6865, 1-800-843-6865
www.ivylodge.com
Einen Block entfernt von der Bellevue Avenue in einer stillen Wohngegend liegt diese Villa aus dem Jahr 1886 mit neogotischer Eingangshalle und weitläufiger Galerie; acht Zimmer, oft mit Kühlschrank und Kamin; Frühstück inkl. $$–$$$

Clarkeston
28 Clarke St., Newport, RI 02840
✆ (401) 849-7397, 1-800-524-1386
Sales Office: Inns of Newport
✆ (401) 848-5300, 1-800-524-1386
www.InnsofNewport.com
Neun Zimmer in einem eleganten Inn aus der Kolonialzeit, Fußweg zum Stadtzentrum und zum Hafen, Parkplätze, Frühstück inkl., unter der Woche reduzierte Preise. $$–$$$

Jailhouse Inn
13 Marlborough St.
Newport, RI 02840
✆ (401) 847-4638, 1-800-427-9444
www.jailhouse.com
Der Name ist Programm, die Gäste schlafen in einem historischen Gefängnis, das allerdings mehrfach vergrößert und 2005 luxuriös renoviert wurde; Parkplatz und Frühstück inkl. $–$$

Hyatt Regency Newport
Goat Island, Newport, RI 02840
✆ (401) 851-1234, 1-800-233-1234
www.newport.hyatt.com
Das 264-Betten-Hotel liegt auf der kleinen

10. Route – Infos: Bedford, Newport

 Insel Goat Island, die über einen Damm zu erreichen ist, und bietet neben dem Blick auf zahllose Yachten Vier-Sterne-Komfort mit Health Club, Pool, Sauna und Restaurants; Kinder und Jugendliche unter 18 Jahren schlafen kostenfrei im Elternzimmer. Die »Pineapples on the Bay«, das hauseigene Outdoor-Restaurant mit besten Snacks und traumhaftem Blick, gilt als Geheimtipp für Lunch und Sunset (auch für Nicht-Hotelgäste). $$–$$$$

 Hampton Inn Bedford–Burlington
25 Middlesex Turnpike, Bedford, MA 01821
✆ (978) 262-9955
Die letzte Rettung, wenn alles ausgebucht ist: Dieser moderne Hotelkasten liegt etwa 25 Meilen von Newport entfernt, abseits der touristischen Rennstrecken, aber direkt an unserer morgigen Route; großer Parkplatz, 129 Zimmer, amerikanisches Buffet-Frühstück. $–$$

 Blue Water Wraps
190 Thames St., Newport, RI 02840
✆ (401) 849-9995
Schnell und originell, aber kein Fastfood: Zwei Dutzend unterschiedliche Roll-Sandwiches mit Multikulti-Belag, z.B. zum Mitnehmen an den Strand, auch telefonische Bestellungen. $

 Black Pearl
30 Bannister's Wharf, Newport, RI 02840
✆ (401) 846-5264
www.blackpearlnewport.com
Taverne tägl. 11–23 Uhr, Commodore's Room tägl. 18–22 Uhr
Newports In-Place am Hafen mit französischer und amerikanischer Küche. Während ein Lunch oder Dinner in der Taverne nur aus einer *clam chowder* und einem Burger bestehen kann, garantiert ein Dinner im Commodore's Room das volle Gourmet-Programm im Top-Ambiente; Reservierung ist im Sommer ein Muss. $$–$$$

 Clarke Cooke House
Bannister's Wharf, Newport, RI 02840
✆ (401) 849-2900, Fax (401) 849-8750
www.clarkecooke.com
Tägl. 11.30–22 Uhr
Wahlweise piekfein mit bester französischer Küche in »The Porch« oder informell im Bistro »Candy Store«, in jedem Fall mit Blick auf den Hafen. Cocktails, Tanz. $$–$$$$

 White Horse Tavern
26 Marlborough & Farewell Sts. Newport, RI 02840
✆ (401) 849-3600, Fax (401) 849-7317
www.whitehorsetavern.com
Dinner tägl. ab 17.30, Lunch Mi–Sa 11.30–14.30, Brunch So 12–15 Uhr
Angeblich das älteste Restaurant der USA, in jedem Fall eine Institution und seit 1673 in Betrieb. Geeignet für ein stilvolles Dinner in romantischer Atmosphäre der Kolonialzeit, amerikanische Küche. Im Sommer reservieren. $$–$$$

 Christie's of Newport
14 Perry Mill Wharf, Newport, RI 02840
✆ (401) 847-5400
www.christiesofnewport.com
Tägl. 11.30–21 Uhr
Bei Christie's ist alles ein bisschen anders! Ihr Motto »The most fun you can have with a fork« zeigt sich überall: in der modernen Bestuhlung, im originellen Raumdesign und vor allem auf dem Teller, denn sie mixt asiatische, lateinamerikanische und lokale Küche zu einem Geschmacksabenteuer. Zum Fisch gibt es Wasabi-Kartoffeln und das Ingwer-Eis zum Nachtisch kombiniert sie mit Karamelsoße. Für den kleinen Hunger gibt es köstliche Salate und Sandwiches. Fr–So ist von 7.30–17 Uhr Brunchtime. $–$$.

 Puerini's
24 Memorial Blvd., Newport, RI 02840
✆ (401) 847-5506
Tägl. 17–23 Uhr
Authentische italienische Kneipe mit Pastaküche und duftendem Espresso, gilt als bester Italiener in Newport. $–$$

Seemannslieder und ein Blick zurück in die Belle Époque

Heute ist wieder mal die Zeit ziemlich knapp für alles, was es zu sehen gibt, also heißt es auswählen. Wem ein Winnetou-Herz in der Brust schlägt, wer sich also für Indianer, ihre Geschichte und ihr einstiges Alltagsleben interessiert, der findet nirgendwo in den USA ein eindrucksvolleres **Museum** als das **Mashantucket Pequot**. Schon beim Eintritt in die gewaltige gläserne Halle ist die Überraschung perfekt: Zwei voll besetzte Einbäume mit Männern, Kindern und Frauen sind gerade dabei, in See zu stechen – fast will man aus dem Weg gehen, so lebensecht scheint die Szene. In diesem Stil ist das gesamte Museum mit großen Hallen gestaltet; die Geschichte der Pequot-Indianer wird nicht abstrakt und theoretisch referiert, sondern in Lebensgröße und hautnah gezeigt, so dass der Zuschauer – beispielsweise im riesigen nachgebauten Indianerdorf – selbst mitten hineingerät.

So authentisch wie möglich präsentiert sich auch **Mystic Seaport**, ein Open-Air-Museum in einem historischen Hafen mit Schiffen (wie dem letzten existierenden Walfangschiff »Charles W. Morgan«), mit

Mystic Seaport: Hier wird das historische Erbe der Seefahrerstadt bewahrt

Gassen, Werkstätten und Ausstellungen. An der Kasse bekommt man das Tagesprogramm und kann beispielsweise nachsehen, wann und wo die Matrosen die alten Seemannslieder singen, die entstanden, weil man einen einheitlichen Rhythmus bei der gemeinsamen Arbeit wie dem Ankerlichten brauchte. Überall finden sich ehrenamtliche Mitarbeiter, die Fragen beantworten.

Auf dem heutigen Museumsgelände baute im vergangenen Jahrhundert die Werft Greenman and Company ihre hölzernen Frachtklipper. Mystic Seaport wurde 1929 gegründet, um das historische Erbe der Seefahrerstadt zu bewahren. Heute umfasst das Museumsgelände fast acht Hektar und bietet neben dem restaurierten Dorf mit Werkstätten und Docks ein Children's Museum, eine eigene Reparaturwerft, ein Planetarium und etliche Dauer- und Wechselausstellungen wie Galionsfiguren, Scrimshaw-Schnitzereien, Gemälde, nautische Instrumente und Modelle.

Wer sich nicht an den Buden im Museumsdorf verköstigen mag, findet im Norden von Seaport im **Seaman's Inne** mit Dining Room und Oyster Bar eine stilgerechte Adresse fürs Lunch, und wenn heute Sonntag ist, lockt dort vor dem Start nach Newport ein opulenter Seafood-Brunch.

Auf der heutigen Fahrstrecke passieren wir die Abzweigung nach Stonington und einige Meilen weiter die nach Galilee oder Point Judith. Dort starten die kleinen Fähren zur zwölf Meilen entfernten Insel **Block Island**. Benannt wurde sie nach ihrem holländischen Entdecker Adrian Block (1614). Das Eiland gehört immer noch zu den Geheimtipps für Neuengland: mit weiten Sandstränden, viktorianischen Hotelvillen und grünen, seengesprenkelten Hügeln im Hinterland (siehe Kapitel »Sylt im Doppelpack«, S. 16 ff.).

Einfahrt zum The Breakers, dem größten und protzigsten aller Newport-Paläste

The Astors' Beechwood: Schauspieler lassen die alten Zeiten auferstehen

Bei **Narragansett Pier** zeigt sich bereits ein Vorspiel jener Pracht, die uns heute noch in Newport bevorsteht. Der Hurrikan des Jahres 1938 zerstörte den namengebenden Pier, doch der elegante Erholungsort des 19. Jahrhunderts blieb auch weiterhin ein Urlaubermagnet. Im Vorbeifahren sieht man die perfekt geschnittenen Hecken, die Villen mit ihren Markisen und dem weiten Blick auf die Segelboote im Rhode Island Sound.

Newport wurde 1639 gegründet und ist damit eine der ältesten Kolonialsiedlungen der USA. Es beherbergt außer der ältesten Bibliothek, der ältesten Synagoge (Touro Synagoge) und dem wohl ältesten Gasthaus der Vereinigten Staaten (White Horse Tavern) auch 300 Schmuckstücke kolonialer Architektur (z. B. das Hunter House). Die Stadt ist aber auch ein Mekka für Segler mit einem Museum of Yachting und ein Zentrum des Tennissports (1881 wurden hier die ersten nationalen Meisterschaften der USA ausgetragen, im Casino gibt es die International Tennis Hall of Fame and Tennis Museum). Das ganze Jahr über finden Kunst-, Musik-, Folk- und Jazz-Festivals statt. Kurzum, der Werbeslogan von Rhode Island als »America's First Resort« findet in Newport seine Krönung.

Das galt auch schon vor 100 Jahren, als Amerikas Tycoons die südländisch heitere Hafenstadt zur Sommerfrische der Belle Époque kürten. Zwischen 1880 und 1910 bauten hier die reichsten Familien des Landes marmor- und goldstrotzende Prachtresidenzen nach dem Vorbild französischer Lustschlösser und italienischer Palazzi an die imposante Steilküste. Vor den Zeiten der Eigentumssteuer und der Großen Depression war Newport Schauplatz extravaganter Sommerfeste und rauschender Bälle.

So richtete Tessie Oelrich, Herrin auf Rosecliff, im Jahr 1904 den »Bal blanc« –

passend zur Astor Cup Race – aus. Gastgeber wie Gäste waren weiß gewandet, und den gesamten Palast schmückten weiße Rosen, weiße Orchideen und Lilien. Schwäne zogen im ausladenden Brunnen vor dem Schlösschen ihre Bahn, und auf dem Meer jenseits der Klippen kreuzte eine Flotte schneeweißer Boote.

The Gilded Age nannte Mark Twain dieses Zeitalter und rechnete in seinen Traktaten gnadenlos mit der Geld-Aristokratie jener Zeit ab – gleichwohl hatte die Epoche damit ihren Namen. Das Ende der Belle Époque und der großen Partys von Newport begann mit dem Untergang der »Titanic« im Jahre 1912, bei dem viele Angehörige der reichsten Familien des Landes umkamen. Auch die legendäre »The Mrs. Astor«, die den größten Teil ihres Lebens damit verbrachte, in Newport mit der High Society Champagner zu trinken, verlor bei dem »Titanic«-Unglück ihren einzigen Sohn.

Die Zahl der prunkvollen Herrschaftssitze ging damals in die Hunderte, etwa 70 davon blieben bis heute erhalten. Viele beherbergen inzwischen Schulen oder gemeinnützige Vereine, acht hat die Newport Preservation Society übernommen und zur Besichtigung geöffnet. Da man in allen Häusern bei ermüdend detaillierten Führungen eine Fülle von Marmor, Alabaster, Mosaiken, Kristall und Stuck zu sehen bekommt, sind die meisten Besucher schon nach einem einzigen Rundgang gesättigt.

Die längsten Besucherschlangen stehen den ganzen Sommer über vor dem größten aller Paläste, dem **Breakers**. Und weil jeder diesen protzigen, post-italienischen Palazzo des Cornelius Vanderbilt II gesehen haben muss, kommt man im benachbarten **Rosecliff** ganz ohne Anstehen an die Eingangskasse. Der weiße Terrakottabau mit seinem prächtigen Treppenaufgang im Innern gilt als eines der schönsten Cottages, der Ballsaal diente 1974 als Kulisse für die Verfilmung von F. Scott Fitzgeralds

Roman »The Great Gatsby« mit Robert Redford und Mia Farrow. Am witzigsten ist jedoch der Rundgang im **Astors' Beechwood**, bei dem das *Gilded Age* fröhliche Auferstehung feiert: Kostümierte Schauspieler führen die Gäste durchs Haus und schildern das Leben in den neunziger Jahren des vergangenen Jahrhunderts.

Die Besucher werden dabei so behandelt, als hätten sie eine Einladung zum abendlichen Dinner und wollten sich vorab schon mal mit den Örtlichkeiten und Gepflogenheiten bekannt machen; dabei sieht man nicht nur die Räume der Haus-

The Astors' Beechwood: Hier herrschte die legendäre »The Mrs. Astor«

herren, den Gesindetrakt und die Küche, sondern man erfährt auch Details über all die Fettnäpfchen, die es damals zu vermeiden galt.

Ein schöner Ausflug für den frühen Abend ist auch die Fahrt über den neun Meilen langen **Ocean Drive**, der die Halbinsel von Newport umrundet. Viele Verleihfirmen werben dafür, den Ocean Drive auf dem Fahrrad statt im Auto zu genießen. Doch Fahrradwege gibt es keine, und die Straße ist schmal und so stark befahren, dass Radler zumindest in der Hochsaison mehr damit zu tun haben, heil über die Runden zu kommen, als den Ausblick zu genießen.

Bei Meile 4 des Ocean Drive lohnt sich ein Stopp (am besten mit der Picknicktasche): Am **Brenton Point State Park** herrscht eine klassenlos schöne Ferienstimmung mit Drachen, die im Wind knattern, mit donnernder Brandung, kreischenden Möwen und Kormoranen, die sich mit gespreizten Flügeln von der Sonne trocknen lassen. Das Meer ist mit Segelbooten betupft – und wir müssen uns bald in unser Nachtquartier begeben, weil morgen wieder ein langer Reisetag bevorsteht.

11. Route: Newport – Fall River – New Bedford – Bourne Bridge – Chatham (144 km/90 mi)

km/mi	Zeit	Route
	8.00 Uhr	Wer sein Herz in Newport verloren hat, gönnt sich einen stilvollen Abschied mit einer 90-minütigen Segeltour an Bord der »Madeleine« und fährt im Anschluss direkt nach New Bedford (33 Meilen). Ansonsten heißt es früh aufstehen und von **Newport** auf die Rt. 114 North, und über die 24 North über Tiverton auf die I-195 West bis **Fall River**. Bei Exit 5 rausfahren und vorbei an den Kriegsschiffen des Battleship Cove zum
39/24		**Marine Museum**. Rundgang und Weiterfahrt auf der I-195 East bis zum Exit 15 nach
64/40	10.30 Uhr	Downtown **New Bedford**. Den Schildern in die Innenstadt folgen zum **Whaling Museum**. Nach dem Rundgang kurzer Stopp in der **Seamen's Bethel** gegenüber vom Museum und Bummel durch **Downtown** und an die **Waterfront** (Broschüre dafür liegt im Whaling Museum aus). Lunch.
		Weiterfahrt zum Tagesziel über folgende Strecke: I-195 East, über Exit 22A auf die Rt. 25 und über die **Bourne Bridge** (Exit 2) nach Cape Cod. Im Kreisverkehr *(rotary)* am Ende der Brücke die letzte Ausfahrt Richtung US 6 nach Sagamore nehmen. Auf der US 6 Richtung Hyannis bis zum Exit 11. Abfahren und auf der Rt. 137 South bleiben, bis diese auf die Rt. 28 South stößt (Visitors Center). Links zum Stadtzentrum von
144/90	16.00 Uhr	**Chatham**. Aus der Rt. 28 wird automatisch die **Main St.**, die geradeaus bis zum Meer führt. Dort links (nach Norden) in die Shore Rd.

11. Route: Newport – Fall River – New Bedford – Bourne Bridge – Chatham (144 km/90 mi)

einbiegen, und nach wenigen hundert Metern Stopp am **Fish Pier**, wo um diese Zeit die kleinen Fischkutter von Chatham ihren Fang entladen. Danach geht es nach Süden in die Shore Rd. zum Leuchtturm **Chatham Light**. Vom Parkplatz gegenüber kann man den Chatham Break sehen, jene Bruchstelle in der vorgelagerten Landzunge, die in den Winterstürmen 1987 entstand. Einchecken, evtl. **Bootstour zu den Seehundbänken** von Monomy Island oder **Sunset Cruise,** ansonsten

Abend   Bummel entlang der Main St. und Dinner.

11. Route – Infos: Newport, Fall River, New Bedford, Chatham

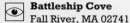
Madeleine Sailing Adventures
Bannister's Wharf
Newport, RI 02840
✆ (401) 847 0298
www.cruisenewport.com
Eineinhalbstündiger Segeltörn durch den Hafen von Newport und die Narragansett Bay ($ 27), in der Hochsaison fünf Termine pro Tag.

Battleship Cove
Fall River, MA 02741
✆ (508) 678-1100
www.battleshipcove.org
Tägl. 9–17 Uhr
Im Fall River Heritage State Park liegen etliche historische Kriegsschiffe, darunter das U-Boot »USS Lionfish« aus dem Zweiten Weltkrieg und die »USS Massachusetts«.

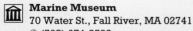
Marine Museum
70 Water St., Fall River, MA 02741
✆ (508) 674-3533
Mo–Fr 9–17, Sa 12–17, So 12–16 Uhr
Das Museum liegt einen Block hinter den Kriegsschiffen und zeigt Gemälde, Modelle, Zeugnisse und Originalfundstücke der »Titanic«.

Whaling Museum
18 Johnny Cake Hill
New Bedford, MA 02740
✆ (508) 997-0046
www.whalingmuseum.org
Tägl. 9–17, 2. Do im Monat bis 21 Uhr
Eintritt $ 10/6
Alles rund um den Walfang: Scrimshaw-Schnitzereien, Gemälde, Schiffsmodelle, Harpunen und Wandgemälde, 1100 Logbücher, Walskelette und diverse Filme. Als Star der Ausstellung gilt das begehbare Modell des Walfangboots »Lagoda«.

Seamen's Bethel
15 Johnny Cake Hill
New Bedford, MA 02740
✆ (508) 992-3295
Mo–Fr 11–13, Sa 10–17, So 13–17 Uhr
Die Kapelle aus dem Jahr 1832 im 1. Stock wurde durch Herman Melvilles »Moby Dick« berühmt. Ebenerdig befindet sich ein Versammlungsraum.

Chatham Chamber of Commerce
2377 Main St., Chatham, MA 02633
✆ (508) 945-5199, 1-800-715-5567
www.chathamcapecod.org
www.chathaminfo.com

11. Route – Infos: Chatham

Gemälde eines unbekannten Künstlers im Whaling Museum von New Bedford

i Visitor Information Center
David T. Bassett House in South Chatham an der Kreuzung der Routen 28 und 135.

i Information Booth
533 Main St., Chatham, MA 02633
✆ (508) 945-5199, nur im Sommer

The Hawthorne
196 Shore Road, Chatham, MA 02633
✆ (508) 945-0372
www.thehawthorne.com
Chatham gilt als eine der zehn attraktivsten Sommerfrischen der USA und ist entsprechend teuer. Im Vergleich zu den mit Antiquitäten überladenen B&B-Herrenhäusern ist dieses Motel angenehm simpel eingerichtet.
  Ideal ist auch die Lage am eigenen Sandstrand mit Blick auf den Hafen und den Sonnenaufgang über dem Atlantik (optimal für Familien, denn an Chathams Stränden gibt es kaum Parkplätze, so dass einer immer Fahrdienst machen muss); einige Zimmer mit kleiner Küche. Extra-Ferienhaus (zwei Schlafzimmer, Wohnzimmer, Küche). Zu Chathams Ortsmitte sind es zehn Fußminuten. 4 Tage Mindestaufenthalt zur Hochsaison. $$–$$$$

The Bradford Inn of Chatham
26 Cross St., Chatham, MA 02633-0750
✆ (508) 945-1030, Fax (508) 945-9652
www.bradfordinn.com
In einer Seitenstraße unweit der First United Methodist Church im Herzen des historischen Zentrums bietet dieses exklusive Inn 38 große, luxusrenovierte Zimmer in mehreren historischen Holzbungalows, meist mit großer Terrasse; Gratis-Parkplätze, Bügelbrett und Bügeleisen in allen Zimmern, geheizter Außenpool, ruhige Lage, wenige Schritte zur Main Street. $$–$$$

Chatham Wayside Inn
512 Main St., Chatham, MA 02633
✆ (508) 945-5550, 1-800-242-8426
www.waysideinn.com
Im Herzen von Chatham gelegen (Kate Gould Park mit den Live-Bands nebenan), bietet diese ehemalige Kapitänsvilla aus dem Jahr 1860 nicht nur 56 Zimmer, sondern auch kostenlose Parkplätze, Bügelbrett und Bügeleisen in allen Zimmern, geheizten Außenpool, Gift Shop und ein freundliches Restaurant im Haus. $$–$$$

Pleasant Bay Village
1191 Orleans Rd.
Chatham, MA 02633
✆ (508) 945-1133, 1-800-547-1011
www.pleasantbayvillage.com
66 Zimmer in schöner Lage, 5 km nördlich von Chatham an der Rt. 28 gelegen; großer Pool, Spielplatz, Restaurant. $$–$$$

Chatham Seafarer
Rt. 28 & Ridgevale Rd.
Chatham, MA 02633-1020
✆ (508) 432-1739, 1-800-786-2772
Fax (508) 432-8969
www.chathamseafarer.com
20 gemütliche, attraktive Motelzimmer, manche mit Küchenzeile, alle mit Kaffee-/Teemaschine, zur Hochsaison 2–3 Nächte Minimum-Aufenthalt, großer Garten, Pool, niedrige Preise. $–$$

11. Route – Infos: Chatham

Fish Pier
Aunt Lydia's Cove
Shore Rd. & Barcliff Ave.
Chatham, MA 02633
© (508) 945-5186
Chathams 60 Fischerboote bringen hier jeden Nachmittag ihren Fang ein, der vor Ort gewogen und verladen wird; all das kann man vom hölzernen Observation Deck bestens beobachten. Das **Fisherman's Monument** wurde 1992 eingeweiht.

Chatham Light & Coast Guard Station
Main St. (zwischen Bridge St. & Shore Rd.)
Chatham, MA 02633
15 Meilen weit auf See kann man das Licht des Leuchtturms sehen, der 1828 gebaut wurde. Der Turm ist gesperrt.

Seehund-Fahrten
Beachcomber, North Chatham, MA 02650
© (508) 945-5265, www.sealwatch.com
Weil es am Dock keine Parkplätze gibt, werden die Gäste mit dem »Old Time Trolley« abgeholt; zur Auswahl stehen Bootstouren zu den Seehunden (Erwachsene $ 27, Kinder 3–15 Jahre $ 23) und ganztägige »Beach-Shuttle«-Fahrten zum einsamen North Beach (Schwimmzeug und Picknick mitnehmen, Erwachsene $ 14, Kinder bis 12 Jahren $ 10). Bootstouren zu den Seehundbänken von South Monomy Island und zu einsamen Stränden bietet auch Outermost Adventures (© 508-945-5858, www.outermostharbor.com).

Beaches
Fast überall rund um Chatham kann man im Meer baden (und zusätzlich in etlichen Süßwasserseen). Die populärsten Strände sind **South Beach** (gegenüber vom Leuchtturm, bis 17 Uhr nur 30 Min. Parken erlaubt), **Harding's Beach** in West Chatham und **Children's Beach** am Oyster Pond. Alle werden von *lifeguards* bewacht.

Band Concerts
Zum Sommer in Chatham gehören auch die Konzerte der Chatham Band im Kate Gould Park östlich vom Wayside Inn. Vom 30. Juni bis 1. Sept. spielt die 40-köpfige Band jeden Freitagabend vor gut 5000 Zuhörern (Klappstuhl oder Decke mitnehmen).

Chatham Railroad Museum
153 Depot St., Chatham, MA 02633
Mitte Juni–Mitte Sept. Di–Sa 10–16 Uhr
Im ehemaligen Bahnhof sind Artefakte, Eisenbahnmodelle und ein Diorama zu sehen.

Impudent Oyster
15 Chatham Bars Ave.
Chatham, MA 02633
© (508) 945-3545
Mo–Sa 11.30–15 und 17–22, So 12–15 und 17–21.30 Uhr
Manchmal ist es so voll, dass man die Ellbogen des Tischnachbarn in den Rippen spürt, und der Lautstärkepegel erinnert an In-Places in Boston oder New York. Wen das nicht stört, der kann hier bestes Seafood in ungewöhnlichen Variationen genießen. $-$$

The Wild Goose Tavern
512 Main St.
Chatham, MA 02633
© (508) 945-5590
www.wildgoosetavern.com
Tägl. 8–22 Uhr, im Winter Di–Sa 11–21 Uhr
Chathams kulinarische In-Adresse, in der feinste Nobelküche gereicht wird (*spirited dining*), im Chantam Wayside Inn.
$$

New England House of Pizza No. 3
1200 Main St.
Chatham, MA 02633
© (508) 945-9070
Wer es heute urig mag: In der Ecke röhrt das TV, außer Fish & Chips, *clam chowder* und Super-Pizza gibt es auch Lotterielose zu kaufen; schneller Service, keine Touristen, alle Gerichte auch zum Mitnehmen. $-$$

11 Wal total und der Muskelarm im Atlantik

Fall River wurde im 19. Jahrhundert durch die Textilindustrie groß und gehört nicht gerade zu den touristischen Attraktionen Neuenglands. Die meisten Gäste, die hier Station machen, kaufen entweder in den billigen Factory Stores ein, oder sie besichtigen die Kriegsschiffe und den ausgemusterten Vietnam-Hubschrauber, die keine halbe Meile vom Highway Exit 5 entfernt im **Battleship Cove** liegen.

Doch für alle, die von den Mythen der Seefahrt, von ihren Abenteuern und Dramen fasziniert sind, bietet Fall River einen Geheimtipp. Einen Block hinter den Zerstörern liegt linker Hand das **Marine Museum**, dessen zentrale Ausstellung Modelle und Fundstücke der »Titanic« zeigt. Ein Deckstuhl, eine Schwimmweste, zerbrochener Schmuck, der in den Rettungsbooten gefunden wurde, – das wenige,

Marine Museum in Fall River: Fundstücke und Dokumente der »Titanic«

174

was von dem legendären britischen Luxusdampfer übrig blieb, ist hier zu sehen. Bekanntlich stieß das als unsinkbar geltende Passagierschiff bei seiner Jungfernfahrt von Southampton nach New York in der Nacht zum 15. April 1912 mit einem Eisberg zusammen und ging in weniger als drei Stunden unter; von den 1308 Passagieren und 898 Mann Besatzung wurden nur 703 gerettet.

»All Titanic Passengers Saved«, titelte irrtümlich die Zeitung Montreal Weekly einen Tag später – sie ist ebenso im Museum ausgestellt wie die Mannschaftsliste mit den Namen der Besatzung und das Menü des letzten Lunches, bei dem auch Ice Drawed Munich Lager Bier kredenzt wurde. »Nearer my God to Thee« spielte die Band zum Untergang, der auf dramatischen Gemälden und in Modellform dargestellt ist. Tondokumente und ein Video des Jahres 1985 mit den ersten Unterwasseraufnahmen des Wracks in 3600 Meter Tiefe ergänzen die Präsentation.

Nur ein Dutzend Meilen weiter, beim Exit 15, folgt schon der nächste Stopp auf dem heutigen Weg nach Cape Cod. Gäbe es eine Walfang-Karte des 19. Jahrhunderts mit den wichtigsten Häfen der Welt, so wäre **New Bedford** darin wohl als Hauptstadt eingezeichnet. Der Walfang hat New Bedford aber nicht nur reich, sondern auch zu einer literarischen Berühmtheit gemacht: Im Hafen dieser Stadt nimmt Herman Melvilles sprachgewaltiger Roman »Moby Dick« seinen Ausgang. Hier quartiert sich der vom Fernweh getriebene Erzähler Ishmael in einer ominösen Herberge ein und hört vor dem Beginn der dämonischen und schicksalhaften Jagd in der Kapelle Seamen's Bethel die beziehungsreiche Predigt über Jonas und den Wal.

Um die Mitte des 19. Jahrhunderts befehligte Neuengland 80 Prozent aller Walfangschiffe weltweit, 700 amerikanische Mutterschiffe mit jeweils sechs leichten Fangbooten an Bord und insgesamt

Whaling Museum: Modell der »Lagoda«

20 000 Mann Besatzung kreuzten auf allen Weltmeeren, um die tonnenschweren Meeressäuger zu erlegen. Wie haarsträubend gefährlich diese Arbeit war, zeigt der Film »Down to the Sea in Ships«, der im Museumskino gezeigt wird: Die Harpunen, die aus nächster Nähe in den Wal gestoßen wurden, waren an langen Leinen befestigt, und der getroffene Wal riss das leichte Fangboot in seiner rasenden Flucht mit sich fort.

Damit die ablaufende Leine durch die Reibung nicht verbrannte, musste sie während dieses Teufelsritts ständig mit Wasser begossen werden. War der Wal schließlich Stunden später erschöpft, setzte der Harpunier den tödlichen Speerstoß. Schließlich stach man mit dem breiten Bootsspaten ein Loch in den Schwanz des Opfers und zog das Schlepptau hindurch. Auf dem Mutterschiff wurde der erlegte Riese in Kochereien verarbeitet.

Das ganze historische Handwerkszeug ist im Museum zu sehen – von den verschiedenen Harpunen-Varianten bis zum Spaten und den gewaltigen Kochtöpfen. Und wer gestern in Mystic die »Charles W. Morgan« nicht besichtigt hat, kann sich jetzt auf dem Modell der »Lagoda« umsehen, die angeblich alle Einnahmerekorde brach und von einer ihrer Reisen eine Walöl-Ladung im Wert von über 200 000 Dollar heimbrachte.

Gegenüber vom Museum steht immer noch die Originalkapelle aus Melvilles Roman, die **Seamen's Bethel**, die 1832 für die »moralische Erbauung der Seeleute« errichtet wurde und in der Melvilles Held Ishmael den Worten des Father Mapple lauscht. Heute ist das Kirchlein eine berühmte Adresse und besonders bei Brautpaaren beliebt.

New Bedfords beste Zeiten waren vorbei, als 1859 in Titusville Öl entdeckt und die Jagd nach dem Waltran dadurch bald überflüssig wurde. Doch die Stadt lebt auch heute noch vom Meer, und im Hafen haben die Ausflugsdampfer die Fischkutter noch nicht verdrängt.

Yankees bilden in New Bedford die Minderheit: 60 Prozent der 100 000 Einwohner sind Portugiesen, dazu kommen Tausende Iren und Italiener, Norweger und Frankokanadier. Und wer an einem der zahlreichen Sommerfeste in die Gassen des renovierten **Waterfront Historic District** gerät, sieht Familien von den Azoren und den Kapverden mit bunten Tüchern geschmückt an der Hafenmole tanzen.

Unser Tagesziel für heute und morgen ist der letzte landschaftliche Höhepunkt dieser Reise. Ähnlich wie die raue Felsenküste von Maine ist auch die fragile Halbinsel **Cape Cod** längst zum Mythos geworden. Über keine andere Region Neuenglands gibt es eine solche Fülle von Literatur und Poesie. Cape Cod ist eine Welt für sich, und darüber hinaus bedeutet sie für jeden Neuengländer etwas anderes: Für die Architekten ist es ein Baustil, für Gourmets eine besondere Küche und für Künstler ein faszinierender Ort ständig wechselnder Farben und Stimmungen.

Über hundert Texte aus allen Epochen hat der Schriftsteller und passionierte Cape Codder Robert Finch unter dem Titel »A Place Apart – A Cape Cod Reader« veröffentlicht. Der melancholische Reiz, der vielen der Texte innewohnt, speist sich nicht zuletzt aus dem Wissen, dass das Objekt der Zuneigung rein erdgeschichtlich gesehen vor Kurzem erst als Laune der Natur entstand und dass seine Zukunft nach Geologenmeinung denkbar düster ist. Doch ehe wir uns im Mythos Cape Cod verlieren, sollten wir uns ganz profan – und möglichst noch vor der Ankunft – mit der Orientierung auf der Halbinsel befassen, denn die geographischen Codes vor Ort sind zweifellos von einer anderen Welt.

Die Amerikaner vergleichen die gebogene Halbinsel gerne mit dem angewinkelten Arm eines Muskelmannes, der in den Atlantik ragt. Um bei diesem Bild zu bleiben, wird bei den Einheimischen der schulternahe Bereich und der Bizeps als *Upper Cape* bezeichnet, die Armbeuge und die Gegend rund um den Ellbogen heißen *Mid Cape*, und der Unterarm, der sich bis nach Provincetown in den Norden erstreckt, firmiert als *Lower Cape*. Auf Schildern und Wegmarken vor Ort taucht aber noch eine zweite Variante auf. Demnach heißt die Südküste (von Falmouth bis Chatham) *South Cape*, die Nordküste des Oberarms (von Sandwich bis Orleans) *North Cape* und der gesamte Unterarm samt Faust gilt als *Outer Cape*.

Unser Tagesziel **Chatham** liegt ziemlich genau im Ellbogen, etwa 36 Meilen vom Cape-Cod-Kanal und ebenso weit von Provincetown an der Nordspitze entfernt. Daher bietet sich diese gepflegte Sommerfrische mit ihren vornehmen, schindelgedeckten Sommerhäusern, charman-

Das Chatham Wayside Inn: zentral gelegene Kapitänsvilla von 1860

ten Boutiquen und dem Rockwellschen Geist einer heilen Welt als Standort für alle Erkundungen an. Selbst wer mehr Zeit hat, als unsere Route vorgibt, kann von hier aus problemlos in Tagestouren alle Strände und Dörfer entdecken und ist am Ende doch binnen einer Stunde von überall wieder »zu Hause«.

Chathams Reichtum stammt aus jener Zeit, als der Ort noch Endstation der Eisenbahn war. Die Züge, die Urlauber brachten, nahmen Fisch und Salz mit und ließen Geld in dem idyllischen Küstenstädtchen; das **Chatham Railroad Museum** im ausgedienten viktorianischen Bahnhof erinnert daran. Heute ist Chatham vor allem Wohnort reicher Pensionisten, Wochenendheimat besser verdienender Medienleute aus Washington und Sommersitz des Geldadels – die Namensliste der lokalen Upperclass ist fast identisch mit jener in Newport. Die weitaus meisten von Chathams 6000 Einwohnern verlassen den Ort im Winter und logieren bis zum Mai in Florida.

Von den 800, die ganzjährig hier leben, verdienen viele ihr Geld mit dem Fischfang. Jeden Nachmittag kann man vom hölzernen *observation deck* am **Fish Pier** zusehen, wie die kleinen, von Möwen umschwärmten Trawler anlegen und ihren Fang ausladen. Die Boote heißen »Hunter«, »Sea Witch« oder »Bad Dog«, und es sind allesamt Kleinunternehmer, die hier Schellfisch und Kabeljau, Flundern und Heilbutt sowie Unmengen vom ungeliebten Hundshai in die Lore laden. »Den essen die Engländer als Fish & Chips«, sagen die Fischer und schütteln sich angewidert. Jeder Fang wird zuerst gewogen und gelangt dann über Rutschen in Kühltransporter, die unter anderem auch den Fischmarkt in Manhattan ansteuern.

Häufig tauchen japanische Einkäufer am Pier auf, die den rohen Fisch kosten und für den Transport nach Tokio auswählen. Für harpunierten Thunfisch zahlen sie oft mehrere tausend Dollar pro Stück, und so haben sich etliche Fischer von Chatham auf die Jagd mit der Harpune spezialisiert. Tatsächlich schmecken Schwertfisch und Thunfisch, die mit dem Speer statt mit dem Netz gefangen werden, weitaus besser und erzielen – auch bei den lokalen Wirten – höhere Preise.

Ein paar hundert Meter südlich von hier blickt der Leuchtturm **Chatham Light** über den Atlantik, exakt an jener Stelle, an der am 2. Januar 1987 eine Sturmflut die vorgelagerte schützende Sandbank durchtrennte. Chatham liegt besonders exponiert zwischen Atlantik und Nantucket Sound und verliert in jedem Winter meterweise Land ans Meer. Wer mit einem Boot der Chatham Water Tours zu den Seehundkolonien des Naturschutzgebietes von **Monomy Island** hinausfährt, wo mehr als 250 Vogelarten brüten, der kann vom Wasser aus etliche Villen sehen, denen die Steilküste schon bedrohlich nahe gerückt ist und deren Bewohner mit Sandsäcken und Mauern versuchen, die Erosion aufzuhalten.

Bei einer solchen Bootstour kann man aber auch die Magie des Lichtes von Cape Cod erleben, die schon Generationen von Malern und Fotografen in Verzückung versetzt hat. Da zieht urplötzlich aus dem Nichts eine Nebelwand auf und verschluckt den warmen, hellen Sommertag, und ebenso unerwartet reißt anderswo ein diffuses Wolkengebirge auf, aus dem die schrägen Strahlen wie aus Bühnenscheinwerfern gebündelt hervorschießen.

Ein Schwarm zwitschernder Seeschwalben tanzt um das Boot, und ringsherum in den kabbeligen Wellen hüpfen Dutzende kleine Seehundköpfe mit solch einem verschmitzten Gesicht, als hätten sie den ganzen Zauber inszeniert. ✣

Blick von der Fish Pier in Chatham: Der Dogfish geht nach Großbritannien

12. Route: Chatham – Truro – Provincetown – Chatham (116 km/72 mi)

Vormittag

Von **Chatham** nach Norden über die Rt. 28, die hinter Orleans in die US 6 mündet. Stopps im **Salt Pond Visitor Center** bei Eastham und an den Stränden des **Cape Cod National Seashore** (z.B. Marconi Beach).
Evtl. Abstecher nach **Wellfleet** und Fahrt über die Chequessett Neck Rd.; über die Bound Brook Island Rd. und die Old Country Rd. nach **Truro** und über die Rt. 6A nach

Nachmittag

Provincetown. Aufstieg auf den Turm des **Pilgrim Monument**. Sonnenuntergang entweder an Bord eines **Whale-Watch-Bootes** oder von der Race Point Beach; Dinner oder wenigstens *clam chowder* im Lobster Pot, Galerien- und Shoppingbummel entlang der **Commercial St.**

Nacht

Einstündige Rückfahrt nach **Chatham** über die Rt. 6A, US 6 und Rt. 28 North. (**Alternativ:** Übernachtung in Provincetown oder in einem der Seaside Motels entlang der 6A.)

12. Route – Infos: Hyannis, Eastham, Provincetown, Wellfleet

Cape Cod Chamber of Commerce Visitors Center
Junction Rt. 6 & 132, Hyannis, MA 02601
✆ (508) 362-3225
www.capecodchamber.org
www.capecodgolfcoast.com

Salt Pond Visitor Center
Rt. 6, Eastham, MA 02642
✆ (508) 255-3421, www.nps.gov/caco
Sommer tägl. 9–18, sonst bis 16.30 Uhr
Hier gibt es neben Unterlagen (»Official Guide«, Faltblatt mit neun verschiedenen *Self-Guiding Nature Trails* und die Programme der *Ranger-Guided Activities* mitnehmen) auch Filme und diverse Ausstellungen. Die Ranger veranstalten geführte Wanderungen, literarische Vorträge, Lagerfeuer am Strand und Filmabende; nur wenige Veranstaltungen kosten $ 1–2.

Province Lands Visitor Center
Race Point Rd., Provincetown, MA 02657
✆ (508) 487-1256, Sommer tägl. 9–17 Uhr
Zuständig für den nördlichsten Abschnitt des Naturschutzgebietes. Schöner Blick auf Moore und Marschen, Dünen und Strände.

Straßen und Orte mit Aussicht
Alle genannten Entfernungen sind vom Salt Pond Visitor Center aus berechnet und liegen entlang der US 6.

Fort Hill, Eastham: Blick auf das Marschland bei Nauset (1 Meile südlich, beschildert).
Coast Guard Beach und Nauset Beach Light: Blick auf Ozean, Marschland und den Leuchtturm auf der sandigen Steilküste (vom Parkplatz des Visitor Center rechts abbiegen, 1 1/2 Meilen zur Coast Guard Beach, 2 1/2 Meilen zum Leuchtturm).
Marconi Station Site, Wellfleet: Hohe Sandklippen über dem Meer und die Geschichte von Marconi und seiner Radiostation (5 Meilen nördlich, beschilderte Ausfahrt nach rechts).
Ocean View Drive, Wellfleet: Nahe am Ozean entlang mit etlichen Zugängen zum Strand (6 Meilen nördlich, nach rechts in die Le Count Hollow Rd. abbiegen).
Highland Light, Truro: Der älteste Leuchtturm Cape Cods, auch *Cape Cod Light*, stammt aus dem Jahr 1797 und wurde seinerzeit mit Walöl betrieben; weil ihn die Küstenerosion bedrohte, wurde er landeinwärts versetzt (16 Meilen nördlich, Ausfahrt nach rechts ausgeschildert).
Pilgrim Heights, Truro: Blick über die Sanddünen (18 Meilen nördlich, ausgeschildert).
Race Point Road, Provincetown: Sträßchen durch Buchen- und Eichenwald und die Sanddünen (22 Meilen nördlich, ausgeschildert).

Die schönsten Trails und Wanderwege
Alle Angaben zum Trail-Start führen immer von der US 6 ab.
Atlantic White Cedar Swamp Trail, Wellfleet: Der 1,2 Meilen lange Weg führt teilweise auf einem hölzernen Steg durch einen bemoosten Zedernwald (Zedern sind auf Cape Cod eine Seltenheit, weil die ersten Siedler dieses Holz für alles nutzten – vom Hausbau bis zu Orgelpfeifen und Walöl-Tanks).
Trail-Start: 5 1/2 Meilen nördlich an der Ampel Richtung Marconi Station Site abbiegen, Trail beginnt am Ende der Straße (im August gibt es hier jede Menge Blaubeeren).
Great Island Trail, Wellfleet: Dieser 7,2-Meilen-Trail gilt als schön und anstrengend (3–5 Std.), weil er oft durch weichen Sand führt; die Landspitze Jeremy Point am südlichen Ende des Trails steht bei Flut unter Wasser (im Sommer Kopfbedeckung und Trinkwasser mitnehmen).
Trail-Start: An der Ampel nach links (Wellfleet Center) abbiegen, wieder nach links auf die Commercial St., am Pier nach rechts in die Kendrick Rd. und nach links in die Chequesset Neck Rd. (links muss immer die Cape Cod Bay zu sehen sein). Der Trail beginnt am Great Island Parkplatz, 3 1/2 Meilen vom Abzweig von der US 6 entfernt.

12. Route – Infos: Truro, South Wellfleet, Provincetown

Pamet Cranberry Bog Trail, Truro: Die Bilder von Edward Hopper fangen die Farben dieser Moorlandschaft ein; der Trail ist 1,5 Meilen lang und leicht zu gehen.

Trail-Start: In Truro nach rechts (Osten) in die North Pamet Rd. einbiegen und 1 1/2 Meilen weiterfahren. Trail beginnt am Parkplatz unterhalb der Jugendherberge.

Beech Forest Trail, Provincetown: Der eine Meile lange Weg windet sich um einen See und durch Pinien-, Eichen- und Buchenhaine.

Trail-Start: An der Ampel rechts (Nord) in die Race Point Rd. einbiegen, nach einer halben Meile liegt auf der linken Seite der Straße der Beech-Forest-Parkplatz, wo der Trail beginnt.

Fort Hill Trail, Eastham: Die einstündige Panorama-Wanderung ist zur Laubfärbung ganz besonders attraktiv und schließt den **Red Maple Swamp Trail** mit ein.

Trail-Start: Auf der Governor Prence Rd. dem Schild »Fort Hill« nach links (Osten) folgen, nach einer Viertelmeile liegt linker Hand ein Parkplatz (gegenüber dem Captain Edward Penniman House).

Southfleet Motor Inn
999 Rt. 6, 3 1/2 Meilen nördl. vom National Seashore Visitors Center
South Wellfleet, MA 02663
✆ (508) 349-3580, 1-800-334-3715
www.southfleetmotorinn.com

Mai–Okt. geöffnet
Wer eine preisgünstige Bleibe abseits der Touristenscharen und nahe an einem der schönsten Atlantikstrände sucht, ist in diesem Motel (direkt an der Einfahrt zur Marconi Beach) richtig; große Familienzimmer, Airconditioning, zwei Pools, Sauna, Restaurant; Kinder bis 12 Jahre frei. $–$$

Blue Sea Motor Inn
696 Shore Rd., Rt. 6A, North Truro
Provincetown, MA 02657
✆ (508) 487-1041, 1-888-768-7666
www.blueseamotorinn.com
Wer im rummeligen Provincetown kein Bett mehr bekommt: Wenige Autominuten entfernt im stillen North Truro liegt dieses Beach-Motel, 45 Zimmer, 11 mit Küchenzeile; Strand, Pool, Whirlpool. $–$$

Provincetown Chamber of Commerce
307 Commercial St., am MacMillan Wharf
Provincetown, MA 02657-1017
✆ (508) 487-3424
www.ptownchamber.com

Pilgrim Monument & Provincetown Museum
High Pole Hill Rd.
Provincetown, MA 02657
✆ (508) 487-1310
www.pilgrim-monument.org
Tägl. 9–19 Uhr, Eintritt $ 7/3.50
Eine Granitkopie des Torre del Mangia in Siena; der Grundstein wurde 1907 in Anwesenheit von Teddy Roosevelt gelegt. Zum Entsetzen der meisten Amerikaner hat der Turm keinen Aufzug, stattdessen steigt man über Rampen und Treppen hinauf. Von oben sieht man Provincetown und Cape Cod wie eine Landkarte, an klaren Tagen kann man Bostons Skyline erkennen. Das Museum selbst bietet einen Mix aus alten Puppen bis zu historischen Feuerlöschgeräten, außerdem einen *Pilgrim Wing* mit der Geschichte der ersten Siedler sowie den Piratenschatz der »Whydah«, die 1717 vor Cape Cod sank.

Provincetown Trolley
Start an der Town Hall, Commercial St.
Provincetown, MA 02657
✆ (508) 487-9483
www.provincetowntrolley.com
10–16 Uhr alle 30 Min., 16–19 Uhr jede volle Stunde
Die Trolley-Fahrt dauert 40 Min. und führt zu allen Highlights einschließlich National Seashore Park; an etlichen Stationen kann man zur Besichtigung aus- und später wieder zusteigen. Zusätzlich gibt es **The Shuttle**, der alle Attraktionen, Strände und die Ferrys nach Boston und Plymouth anfährt (www.allcapecod.com/ccrta).

12. Route – Infos: Cape Cod

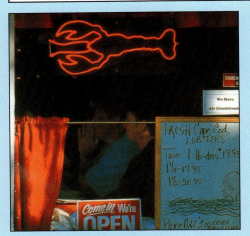

Kneipe in Provincetown: Frisch aus dem Meer

 Dolphin Fleet Whale Watching
Chamber Building Lopes Square und Info-Center 305 Commercial St. (gleich daneben), Provincetown, MA 02657
✆ (508) 826-9200, 1-800-826 9300
www.whalewatch.com, $ 39/31
Wenn Greenpeace kommt und wissenschaftliche Mitarbeiter amerikanischer Unternehmen, dann fahren sie mit den Schiffen der Dolphin Fleet aufs Meer hinaus. Für Touristen gibt es bis zu 12 tägliche Ausfahrten zu den Futtergründen der Wale im sogenannten Stellwagen Bank National Marine Sanctuary.

Hier in der nördlichen Cape Cod Bay rasten speziell die Muttertiere, die mit ihren neugeborenen Kälbern aus der Karibik nach Norden unterwegs sind. Biologen an Bord machen die Fahrt (auch für Kinder) selbst dann zu einer spannenden Sache, wenn nichts zu sehen ist. Das kommt allerdings selten vor: Dolphin hat eine Sichtungsrate von 99,7 %. Sollte sich wirklich kein Wal blicken lassen, gibt es einen Gutschein für eine weitere Fahrt.

Unbedingt mitbringen: Sonnenbrille, Sonnencreme und Winddichtes zum Überziehen, auf dem Meer ist es oft erheblich kühler als an Land. Genügend Zeit einplanen, die Parkplätze liegen weiter weg im Ort (siehe Website), die Törns starten von der MacMillan Pier; Reservierung auch online.

 Lobster Pot
321 Commercial St.
Provincetown, MA 02657
✆ (508) 487-0842
www.ptownlobsterpot.com
Tägl. ab 11.30 Uhr
Restaurant mit Obergeschoss am Beginn der MacMillan Wharf, Seafood mit Traumblick auf die Bay; Neuenglands beste *clam chowder* gibt es auch zum Mitnehmen, ebenso wie das »Lobster Pot Cookbook«. $–$$

 Chach
73 Shank Painter Rd., Provincetown, MA
✆ (508) 487-1530
Das beste Frühstück auf dem Weg zum Strand gibt es in diesem kleinen Diner abseits der Touristenmeile, eine Lieblingsadresse der Einheimischen. Spezialitäten sind originelle Omeletts (mit grünem Chili), köstlicher French Toast mit Ahornsirup aus Vermont und gebratenes Hühnchen mit Buttermilch-Dressing. Nur Frühstück und Lunch. $

 Kunstgalerien
Führende Galerien veröffentlichen gemeinsam den »Provincetown Gallery Guide«, der im Visitor Center zu haben ist. Die meisten Mitglieder sind entlang der Commercial St. und in den angrenzenden Seitengassen zu finden.

 Parkplätze
An vielen Stränden gibt es zu wenig, und in Provincetown geht zur Hochsaison oft schon mittags gar nichts mehr. Trotzdem: Keinesfalls illegal parken, die Autos werden abgeschleppt und der Tag ist im Eimer. Wer bei Portuguese Princess eine Walbeobachtungsfahrt mitmacht, kann auf dem Parkplatz des Ticketbüros parken (10-minütiger Fußweg zum Stadtzentrum). Ansonsten: Lieber den Shuttle benutzen (Details dazu im Visitor Center).

Auf Sand gebaut
Ein Tag auf dem Outer Cape

»*On the beach there is a ceaseless activity, always something going on, in storm and in calm, winter and summer, night and day.*«

Henry David Thoreau in »Cape Cod«

Charme und Schönheit des Outer Cape, des nördlichen Teils von Cape Cod, hängen eng mit der Entstehung der Halbinsel zusammen. Im **Salt Pond Visitor Center** zeigt der Film »The Sand of Time« den erdgeschichtlichen Ursprung der 113 Kilometer langen Landzunge. Das Kap (dessen Name aus dem Logbuch des Entdeckers Bartholomew Gosnold stammt, der hier im Jahr 1602 jede Menge *cod,* Kabeljau, fischte) ist ein geologischer Youngster und entstand erst während der Eiszeit vor einer Million Jahren.

Damals schob sich eine mehrere Kilometer dicke Eisdecke von der Hudson Bay südwärts. Wo heute das Kabeljau-Kap liegt, schmolz der Rand dieser Eismassen, und das Geröll, das sie mitführ-

Cape Cod: Wer hier ein Cottage hat, kann sich vor Freunden kaum retten

Provincetown: Restaurants, Galerien und Souvenirshops dicht an dicht, dazu die schönsten Strände und Applaus beim Sonnenuntergang

ten, setzte sich auf dem Meeresboden ab. Das Eis zog sich zu den Polen zurück, und der bis dahin niedergedrückte Meeresgrund stieg an: Die Endmoränen wuchsen über den Wasserspiegel und wurden zu Nantucket, Martha's Vineyard und Cape Cod. Weil sie also alle drei auf Sand gebaut und nirgendwo – etwa wie

Vulkaninseln – fest im Meeresgrund verankert sind, hatte die Erosion mit Hilfe von Wind und Wellen von jeher leichtes Spiel – nichts bleibt, wie es war. Jeden Winter verändern die Stürme die Küstenlinie, und das Fleckchen Erde, auf dem beispielsweise der junge Forscher und Tüftler Guglielmo Marconi im Jahr 1902

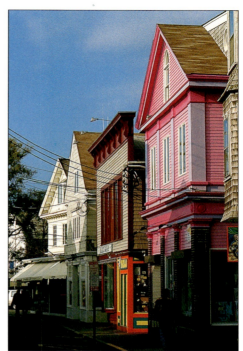

Traumobjekte für Real-Estate-Makler

sein erstes transatlantisches Telegramm übermittelte, liegt mittlerweile schon fast 100 Meter draußen im Atlantik. Ein Observation Deck am **Marconi Station Site** berichtet mit Dioramen vom Start der globalen Kommunikation.

Auf die Grundstückspreise haben sich die apokalyptischen Aussichten kaum ausgewirkt, Grundstücksmakler in Eastham, Wellfleet oder Provincetown können sich über mangelnde Nachfrage nicht beklagen. Die Pilgerväter dagegen waren weniger begeistert, als sie im November 1620 am Lower Cape vor Anker gingen, und flüchteten fünf Wochen später enttäuscht zur Festlandsküste (vgl. S. 189 f.). Bis zum Siegeszug der Eisenbahn und des Automobils wurden auf dem sandigen Kap nur einige Walfangkapitäne reich. Für die meisten Bewohner – überwiegend Fischer portugiesischer Herkunft – blieb die Halbinsel ein armer und rückständiger Landstrich. Zwischen 1860 und 1920 zog mehr als ein Drittel der Cape Codder nach Boston, um sich als Fabrikarbeiter zu verdingen.

Zur gleichen Zeit entdeckten die Städter die rustikale Schönheit der Region, und bald wurde die Halbinsel zur Sommerfrische für die Besserverdienenden aus den nahen Großstädten: Boston ist nur gut 100 Kilometer entfernt, New York weniger als 400 Kilometer. 75 Hotels gab es um die Jahrhundertwende, bis heute hat sich die Zahl verzehnfacht.

Dass es dabei nicht überall auf der Halbinsel so grell und laut zugeht wie am südlichen Mid Cape Highway bei Hyannis mit seinen T-Shirt-Outlets und Minigolfanlagen, Wasserrutschen und Piratendörfern, ist der Initiative lokaler Naturschützer zu verdanken. Nach ihrer jahrelangen Überzeugungsarbeit erklärte John F. Kennedy 1961 einen Großteil des Kaps zum Naturschutzgebiet **Cape Cod National Seashore**. Diese fast 11 000 Hektar unberührte Wildnis mit Dünen und weiten Stränden, salzigen Marschen und rollender Brandung, mit Preiselbeermooren und dichten Wäldern machen heute den Reiz des Lower Cape aus.

Ähnlich wie auf den Nordsee-Inseln herrscht auf Cape Cod Saisonbetrieb. Im Winter sind die meisten Hotels und Restaurants geschlossen, zur Hochsaison fluten mehr als zehn Millionen Touristen an die Strände. Und wer irgendwo auf dem Cape ein Sommerhaus besitzt, möglichst noch ein klassisches Cottage mit silbergrau patinierten Holzschindeln und Blick aufs Meer, der kann sich vor Freunden kaum noch retten. Natürlich hat auch die amerikanische Prominenz hier ihre Refugien. So logiert der Kennedy-Clan von jeher in Hyannisport; Nantucket gilt als Sommerfrische der Republikaner, und Martha's Vineyard ist die Heimat der Demokraten – auch die Obama-Familie hat sich diese Tradition zu eigen gemacht.

Chatham trägt den romantischen Beinamen »the First Stop of the East Wind«, und vielleicht hat die günstige Lage, abseits der Rennstrecke US 6 im Ellbogen

»High Noon« von Edward Hopper: Der Maler bewohnte ein Sommerhaus in South Truro

Einer der schönsten Strände: Nauset Light Beach am Ende der Cable Road in Eastham

des Cape, dem Städtchen sein harmonisches und geschlossenes Ortsbild beschert. Main Street Chatham mit Antiquitäten- und Spielzeugläden, Büchereien, Cafés und Galerien gehört zu den wenigen Orten auf dem Kap (abgesehen von Provincetown), wo man am frühen Abend gutgelaunte Menschenmengen in mediterran gelöster Stimmung promenieren sieht; die sommerlichen Big-Band-Konzerte am Freitag im Kate Gould Park sind ein Besuchermagnet.

Wellfleet war einst ein wichtiger Walfanghafen und ist heute ein kulinarischer Tipp für Austern-Liebhaber und eine verträumte Ferienadresse für Insider. An seinem malerischen Hafen, in den Kunstgalerien und Kneipen wie »Captain Higgins« lässt sich leicht ein Sommertag verbummeln – und wer sich für die einzigartige Natur der Westküste interessiert, bekommt bei der Fahrt auf der **Chequessett Neck Road** einen Vorgeschmack davon.

Wenn's mehr sein soll, empfiehlt sich eine Wanderung auf dem **Great Island Trail** Richtung Jeremy Point.

In **Truro** muss man lange suchen, um in der stillen, duftenden Kiefernwald-Einsamkeit überhaupt so etwas wie eine erkennbare Ortschaft zu finden. Wer die Old Country Road entlangfährt, sieht höchstens ein Post Office oder eine Fire Station. Mehr Innenstadt gibt's nicht in dieser verschlafenen Enklave, denn die 1400 Bürger wohnen auf 42 Quadratmeilen verstreut. Naturfreund und Zeitkritiker Henry David Thoreau – dessen Schriften in ganz Neuengland wie die Bibel verehrt und ausgelegt werden – schrieb in der Essay-Sammlung »Cape Cod«, er habe im Norden der Ortschaft Truro »von Küste zu Küste kein Haus gefunden«, statt dessen sei es dort »so wild und einsam, wie es die Prärien im Westen früher einmal waren«.

Auch Truro gilt von jeher als Künstler-Refugium und inspirativer Ort für zahllose

Zeit für ein »Frosty Special«

Schriftsteller. 1930 kam der Maler Edward Hopper zum ersten Mal nach South Truro, baute dort 1934 ein eigenes Haus und kehrte fast 30 Sommer lang zurück. Im Laufe der Jahre hielt er die umliegenden Häuser und Scheunen, South Truros Kirche, Corn Hill, Hügel und Landschaften der Umgebung auf der Leinwand fest. Auch heute leben in den stillen, lichten Wäldern viele Maler, Schriftsteller und Freiberufler.

Besuchern, die in **Provincetown** ein gepflegtes neuenglisches Städtchen mit Schindelkirche und stillem Green erwarten, steht ein heftiger Schock bevor. Schriller, schräger und bunter als hier geht es nirgendwo in Neuengland zu. Auf zwei Meilen stehen Restaurants, Kneipen, Galerien und Souvenirshops dicht an dicht, und im Sommer gesellen sich zu den 4000 Einwohnern täglich mindestens 40 000 Touristen. Sie alle schieben sich in einem unablässigen Flanierstrom die **Commercial Street** auf und ab – zumindest bis zum Sonnenuntergang, der am schönsten vom **Race Point Beach** zu sehen ist. Und wenn er besonders imposant ausfällt, beklatschen die aufgedrehten Zuschauer auch schon mal den *live event*.

Wie San Francisco und Key West ist das quirlige Hafenstädtchen auch ein sommerlicher Treffpunkt für Homosexuelle. Die tolerante Tradition reicht zurück bis in die zwanziger Jahre, als sich die Intelligenzia aus dem New Yorker Greenwich Village hierher zurückzog und Provincetown zur Heimat der wichtigsten Künstlerkolonie der USA wurde. Für Dramatiker wie Eugene O'Neill, Tennessee Williams und Sinclair Lewis begann in »P-Town« ihre Weltkarriere. Das alles ist längst Vergangenheit, aber ein liebenswertes Pflaster für die Boheme ist der Ort bis heute geblieben.

Zum touristischen Standardprogramm in diesem Vorposten im Atlantik gehört das *whale watching* – mit gutem Grund. Denn wer nach den vielen Gerippen, Bildern und Geschichten nun endlich mal einen lebenden *Humpback*, *Minke Whale* oder *Right Whale* sehen mag, hat nirgendwo bessere Chancen. Die Stellwagen Bank, die liebsten Futtergründe der Wale, liegen nur sechs Meilen vor Provincetown im Atlantik, und manchmal genügt sogar schon am Strand ein gutes Fernglas, um einen Wal-Blas zu sehen.

Rings um das lang gezogene Hafenstädtchen konzentriert sich eine der schönsten Landschaften des Kaps. Einen Eindruck davon verschafft der Blick vom 77 Meter hohen Turm des **Pilgrim Monument**, der zur Erinnerung an die Ankunft der ersten Siedler gebaut wurde. Die nahen Wanderwege führen zu Marschen und Teichen, durch Kiefernwälder und zu den Stränden Herring Cove und Race Point.

Die wilden Rosen, die überall auf dem Cape wuchern, und deren Duft ebenso typisch ist wie das Zwitschern der Seeschwalben und der mürbe Geruch der Sonne auf den hölzernen Stegen, kamen einst mit den Handelsschiffen von der anderen Seite des Globus. Damals nahm man mangels Styroporpuffer die Samenkapseln der Rosen, um Lücken in der Ladung aufzufüllen – ein Dämmstoff mit romantischer Langzeitwirkung.

Mit einem Mundraub fing alles an
Die Landung der ersten Siedler auf Cape Cod

»Pilgerväter« werden die ersten Siedler ehrfurchtsvoll genannt, denn der Aufbruch der religiösen Separatisten aus der englischen Heimat in die neue Welt glich einer mühsamen Pilgerfahrt. Doch der Begriff unterschlägt nicht nur die Frauen und 34 Kinder, die seinerzeit am 6. September 1620 mit der »**Mayflower**« in See stachen, sondern auch jene, die ihre Heimat schlichtweg auf der Suche nach besseren Lebensbedingungen verließen. Denn die Hälfte der 102 historischen Auswanderer verließ das Vaterland keineswegs aus Glaubensgründen, sondern sie waren das, was man heute Wirtschaftsflüchtlinge nennt. Finanziert wurde die legendäre Reise übrigens von den *Merchant Adventurers*, einer Gruppe von Spekulanten, die sich ihren Anteil an den reichen Schätzen aus den neuen Kolonien erhofften.

Die Überfahrt dauerte 66 Tage, und die Hurrikans verschlugen die »Mayflower«, die eigentlich die Bucht des Hudson River angesteuert hatte, an die Spitze von **Cape Cod**, wo sie am 11. November 1620 ankerte. An Bord ging es auch nach der Landung reichlich turbulent zu: Die Dienerschaft meuterte und verlangte angesichts derselben Risiken auch dieselben Rechte wie die Herrschaft. Bevor man also an Land ging, wurde der *Mayflower Compact* unterzeichnet, der als Vorgänger der amerikanischen Verfassung angesehen wird und gleiches Recht für alle (das hieß damals für alle *Männer*) zur Grundlage ihres neuen Gemeinwesens machte.

An einem Hügel in der Nähe von Truro, dem heutigen **Corn Hill**, fand ein Suchtrupp der Siedler unter der Führung von Captain Miles Standish ein Vorratslager mit Korn, das die Indianer angelegt hatten. Die ausgehungerten Neuankömmlinge bedienten sich mit »zehn Scheffeln«, ohne die vermutlich keiner den ersten Winter überlebt hätte. Auf der Suche nach einem geschützten Platz zum Siedeln trafen die Einwanderer am **First Encounter Beach** bei Eastham auf eingeborene Indianer.

Diese hatten mit weißen Besuchern bereits ausreichend schlechte Erfahrungen gemacht, als 1614 Captain Thomas Hunt zwei Dutzend Wampanoag-Indianer gefangengenommen und nach Spanien in die Sklaverei verkauft hatte.

Die Indianer von Eastham beschossen die Siedler mit Pfeilen, die Pilgerväter antworteten mit Musketen. Bei der Aktion kam niemand ums Leben, aber die Ankömmlinge verloren endgültig das Interesse, sich in dieser unwirtlichen Region niederzulassen. Fünf Wochen nach der Landung setzten sie Segel und nahmen Kurs auf die Festlandküste, wo sie am 20. Dezember 1620 im heutigen **Plymouth** an Land gingen.

Dort gab es einen geschützten Hafen, einen hochgelegenen, sicheren Hügel zum Siedeln, gerodetes Land und etliche Süßwasserquellen, so dass man die **Plimoth Plantation** gründen konnte. Indianer waren nicht zu sehen, und tatsächlich hatten Krankheiten im Jahr davor ihre Zahl drastisch dezimiert. Von den wenigen Eingeborenen, die übrig waren, gingen zwei in die amerikanische Geschichte ein: **Samoset**, der die Siedler am 16. März 1621 in deren eigener Sprache mit einem herzlichen »Welcome« begrüßte, und **Squanto**, ausgerechnet einer derjenigen Wampanoags, die 1614 von Captain Hunt entführt worden waren, und der nun auf abenteuerlichsten Wegen in seine Heimat zurückgefunden hatte.

Beide zeigten den Siedlern, wo und wie sie das Korn anbauen mussten, um die beste Ernte zu erzielen, wie man Kürbisse zog und wo es den meisten Fisch gab, kurzum, sie halfen ihnen beim Überleben. Der Friedensvertrag, den Squanto zwischen den Führern der Weißen und der Indianer, zwischen Governor **John Carver** und **Chief Massasoit** stiftete, hielt ein halbes Jahrhundert. Im Herbst 1621 feierten die 50 überlebenden Siedler (viele waren bereits im ersten Winter gestorben) gemeinsam mit 90 indianischen Freunden ein großes Fest. Es gab wilde Truthähne, Rehe, Gänse, Enten, Hummer, Fisch, Muscheln und Kürbisse, dazu Fruchtsäfte und selbstgebrautes Bier. Das Erntedankfest *Thanksgiving* ist bis heute Amerikas zentraler, familiärer Feiertag.

Die *Merchant Adventurers*, die Spekulanten in England, waren von den armseligen Sendungen, die sie bekamen (hauptsächlich Felle und Eichenstämme) nicht sonderlich begeistert und lösten gegen eine einmalige Zahlung von umgerechnet 9000 Dollar im Jahr 1627 den Vertrag auf. Die Siedler waren nun niemandem mehr verpflichtet. Drei Jahre später kamen 1000 weitere Puritaner mit elf Schiffen nach Salem, 1636 landeten schließlich 12 000 Immigranten. Binnen 16 Jahren hatten sich die Kolonialisten unwiderruflich in der Neuen Welt festgesetzt.

Seenot-Rettung als wichtigster Job auf dem Cape: Life Saving Station

13. Route: Chatham – Brewster – Sandwich – Plimoth Plantation – Plymouth (88 km/55 mi)

km/mi	Zeit	Route
0	9.00 Uhr	Abfahrt von **Chatham** über die Rt. 28 West, 137 North und das letzte Stück auf der Rt. 124 ins Zentrum von **Brewster**. Von dort aus auf der Rt. 6A nach Westen mit Stopps nach Wahl bis
56/35	11.30 Uhr	**Sandwich**. Entweder Besuch in der **Heritage Plantation** mit Snack im Café oder ein Bummel durch Sandwich und Lunch im Restaurant »Conservatory« im stilvollen Hotel **Dan'l Webster Inn**. Anschließend über die Sagamore Bridge und auf der Rt. 3 bis zum Cedarville Exit (Nr. 2), von dort auf der Rt. 3A North Richtung Plymouth. Kurz vor der Stadt liegt auf der linken Seite die
84/52		**Plimoth Plantation**, einer der Höhepunkte der Neuengland-Reise und ein Muss für Geschichts-Fans. Danach geht es auf der Rt. 3A weiter nach
88/55	16.00 Uhr	**Plymouth**. An Bord der »**Mayflower II**« (State Pier) berichten die Auswanderer von den Abenteuern der Überfahrt. Bummel zum nahen **Plymouth Rock**.
	21.00 Uhr	Wer nach dem Dinner Lust hat auf einen originellen Nachtspaziergang, schließt sich der **Colonial Lantern Tour** an, die am Trolley-Stopp des Plymouth Rock startet.

13. Route – Infos: Brewster, Dennis, Yarmouth Port, Sandwich

New England Fire & History Museum
1439 Main St. (Rt. 6A)
Brewster, MA 02631

✆ (508) 896-5711
Im Sommer tägl. 10–16, im Winter Sa/So 10–15 Uhr, Eintritt $ 7/3
Antike Löschgeräte, eine viktorianische Apotheke, Bilder dramatischer Feuersbrünste und die Geschichte der tapferen Feuerwehrleute vom alten Rom bis heute begeistern alle Kinder.

Cape Cod Museum of Natural History
869 Rt. 6A, Brewster, MA 02631
✆ (508) 896-3867, www.ccmnh.org

Juni–Sept. tägl. 10–16, sonst Mi–So 12–16 Uhr, Eintritt 8/3.50
Wer genau wissen will, was auf Cape Cod kreucht und fleucht, ist hier richtig. Die Naturexperten veranstalten Wanderungen und Ausflüge zu den Vogelkolonien auf Monomy Island. Ausstellungen, Bücherei, Kunstausstellung.

The Brewster Store
1935 Main St. & Rt. 6A (an der Rt. 124)
Brewster, MA 02631

✆ (508) 896-3744, www.brewsterstore.com
Juli/Aug. tägl. 6–22, Sept.–Juni tägl. 7–17 Uhr
Dieses Bauwerk aus dem Jahr 1852 war ursprünglich eine Kirche, ist seit 1866 ein General Store und eines der beliebtesten Fotomotive auf dem Cape.

Stony Brook Grist Mill and Museum
830 Stony Brook Rd. (zwischen Newcomb und Pain Creek Rd.)
West Brewster, MA 02631
Die romantische Mühlenanlage ist einen Besuch wert; im Juli und August wird jeweils Sa/So 10–14 Uhr Korn gemahlen; oben ist ein kleines Museum. Zwischen Mitte April und Anfang Mai erklimmen beim berühmten *Herring Run* ganze Heringsschwärme die Fischtreppen, um im Teich hinter der Mühle zu laichen.

Scargo Hill Tower
Dennis, MA 02660
Links ab von der Rt. 6A führt die Scargo Hill Rd. auf den gleichnamigen Hügel zum Scargo Hill Tower. Von oben sieht man bei klarem Wetter weit über die Bay und das Cape von den Kanalbrücken bis nach Provincetown.

Winslow Crocker House, c. 1780
250 Route 6A, Old King's Highway
Yarmouth Port, MA 02675
✆ (617) 227-3957
Juni–Okt. 2. und 4. Sa im Monat, stündl. Führungen 11–15 Uhr, Eintritt $ 4
Das klassische Cape-Haus gehört der *Society for the Preservation of New England Antiquities* und zeigt Möbel und Einrichtungsgegenstände aus dem 17.–19. Jh.

Grays Beach
Center St. off Rt. 6 A
An diesem schönen Strand sollen die Wikinger im Jahr 1003 an Land gegangen sein. Einer der wenigen Strände auf dem Cape, an denen der Besuch nichts kostet (Toiletten, Picknicktische).

Nature Trails
Die Wanderwege um Yarmouth Port sind rund um die Uhr gegen eine geringe Gebühr zu benutzen und führen durch schöne Naturlandschaften und Salzmarschen. Karten und eine Broschüre erläutern Fauna und Flora.

Sandy Neck Beach
Wer die Dünen der 6,6 Meilen langen Landzunge von Sandy Neck aus der Nähe sehen will, biegt in East Sandwich auf die Sandy Neck Rd. ab, die an dem gleichnamigen Beach endet (kein Schatten).

Sandwich Boardwalk
Die Namen der Spender sind in die Latten eingraviert, der hölzerne Boardwalk führt mehrere hundert Meter über Salzmarschen, ein Flüsschen und kleine Dünen hinweg und endet am Town Neck Beach in einer Plattform mit Blick auf die Cape Cod Bay. Anfahrt: von Sandwich auf der 6A,

13. Route – Infos: Sandwich, Plymouth

rechts in die Jarves St. abbiegen bis zum Ende, links und wieder rechts, etwa noch 1 Meile bis zum Parkplatz.

 Dexter Grist Mill
Shawme Pond, Sandwich, MA 02563
✆ (508) 888-4910
Juli/Aug. Mo–Sa 10–16.45, So ab 13 Uhr, ansonsten nur Sa
Hier schlägt das Herz von Sandwich. Am idyllischen Teich mit Schwänen und Gänsen liegt eine rekonstruierte Mühle des Jahres 1640 – für die Amerikaner war das bekanntlich kurz nach der Schöpfung.

 Sandwich Glass Museum
129 Main St. & Tupper Rd.
Sandwich, MA 02563
✆ (508) 888-0251
www.sandwichglassmuseum.org
April–Dez. tägl. 9.30–17, sonst Mi–So 9.30–16 Uhr, Jan. geschl., Eintritt $ 5/1.25
Gegenüber der Town Hall im *Greek Revival*-Stil zeigt das Glasmuseum eine Kollektion aus der Hochzeit der Glasproduktion 1825–88. Demonstrationen, Museumsshop.

 Heritage Plantation of Sandwich
67 Grove & Pine St.
Sandwich, MA 02563
✆ (508) 888-3300, Band (508) 888-1222
www.heritagemuseumandgardens.org
Mai–Okt. tägl. 10–17 Uhr
Eintritt $ 12/6
Zwischen Mitte Mai und Mitte Juni wogt in der weiten Gartenanlage ein Meer aus Rhododendron- und Azaleenblüten. In der **Shaker Round Barn**, einer nachgebauten Shaker-Scheune, stehen statt der Kühe sündhaft schöne Oldtimer, darunter Gary Coopers honiggelber Düsenberg von 1930. Im **Military Museum** sind u.a. indianische Waffen, historische Fahnen und das Gewehr des Buffalo Bill ausgestellt.

Das **Arts and Crafts Museum** zeigt Americana aller Art: Gemälde, Scrimshaw-Schnitzereien, Portraits, Skulpturen, Wetterfahnen, Spielzeug; in der Rotunde dreht sich ein Karussell aus dem Jahr 1912, die Fahrt ist gratis. Die Gebäude liegen weit verstreut im Gelände, Eilige nutzen das Bähnchen, das die Besucher binnen 20 Minuten einmal rundherum fährt. Im »Carousel Café« gibt es Suppe, frische Salate und Deli-Sandwiches im Freien.

 Dan'l Webster Inn
149 Main St.
 Sandwich, MA 02563
✆ (508) 888-3622, 1-800-444-3566
www.danlwebsterinn.com
Für seine klassisch-amerikanische Küche und die Weinauswahl bekam das Hotel etliche Auszeichnungen, und die *lobster chowder* ist so populär, dass sie mittlerweile in den Delikatessenläden der ganzen Region verkauft wird. Am schönsten aber ist das »Conservatory«, dessen hohe Glaskuppel den Blick freigibt auf Himmel und Garten (Lunch tägl. 12–15.45 Uhr).

Das zentral gelegene Hotel gilt als erste Adresse in Sandwich und bietet 48 Zimmer und Suiten mit Whirlpool und Kamin, neun Zwei-Zimmer-Suiten und drei Restaurants, Pool, Spa und Gift Shop. Der kilometerlange Sandstrand Sandy Neck Beach ist 15 Autominuten entfernt. $–$$$

i **Visitors Center**
130 Water St. (gegenüber Town Pier)
Plymouth, MA 02360
✆ (508) 747-7525, 1-800-USA-1620
www.visit-plymouth.com
Tägl. 9–17, Juli/Aug. 9–21 Uhr

 John Carver Inn & Spa
25 Summer St.
 Plymouth, MA 02360
✆ (508) 746-7100, 1-800-274-1620
 Fax (508) 746-8299
www.johncarverinn.com, Kinder unter 18 Jahren wohnen kostenlos
Das Hotel mit seinem säulenflankierten Eingang und 85 modern und komfortabel ausgestatteten Zimmern (plus sechs Suiten) steht auf historischem Boden: Auf die-

13. Route – Infos: Plymouth

sem Hügel ließen sich einst die ersten Siedler nieder, Namengeber des Hotels ist der erste Gouverneur der Plymouth Colony, der Kaufmann John Carver. Familiär und freundlich geht es auch im hauseigenen Restaurant »Hearth'n Kettle« (tägl. 7–21 Uhr) zu.

Im Sommer lockt der Outdoor-Pool, und zum Millennium wurde der Indoor-Pool »Pilgrim Cove« eröffnet, ein Erlebnis-Schwimmbad mit der wohl schnellsten Wasserrutsche Neuenglands und einem Whirlpool im nachgebauten Plymouth Rock.

Eine Meile westlich vom Hotel liegt der idyllische Morton Park mit Süßwasser-Badesee, Strand und Picknicktischen. Alle Attraktionen von Plymouth sind weniger als 10 Gehminuten vom Hotel entfernt. Gratis-Parkplätze. $–$$

Whitfield House B&B
26 North St.
Plymouth, MA 02360
© (508) 747-6735, Fax (508) 747-1499
www.whitfieldhouse.com
Im Jahr 1782 von einem reichen Kaufmann gebaut und 1987 an den jetzigen Besitzer Brian Whitfield verkauft, gehört diese Villa zu den ersten historischen Adressen von Plymouth. Die Schwester des Eigentümers, Barbara Marley aus Kalifornien, ist eine herzliche Gastgeberin; fünf Zimmer stehen zur Auswahl, das opulente Frühstück wird unter dem Kristallleuchter mit Blick auf den Hafen serviert. $$

Governor Bradford on the Harbor
98 Water St.
Plymouth, MA 02360
© (508) 746-6200, 1-800-332-1620
Fax (508) 747-3032
www.governorbradford.com
94 große Motelzimmer (vier Personen) mit Kühlschrank, viele davon mit Blick auf den Hafen und die »Mayflower II« (am schönsten im oberen Stock), Top-Lage, Fußweg zu allen Attraktionen, preiswert (Continental Breakfast inklusive). $–$$

Plimoth Plantation
2 Meilen südl. von Plymouth an der Rt. 3A
137 Warren Ave., Plymouth, MA 02362
© (508) 746-1622
www.plimoth.org

April–Nov. 9–17, Juli/Aug. 9–19 Uhr
Eintritt $ 24/14, gilt für zwei aufeinander folgende Tage, außerdem Kombi-Tickets mit »Mayflower II«, wobei das Schiff an einem weiteren Tag im Laufe des Jahres besucht werden kann: $ 28/18
Hier wird Geschichte lebendig: In diesem Museumsdorf schreibt man das Jahr 1627, sieben Jahre nach Landung der »Mayflower«. Die historischen Bewohner werden von Schauspielern dargestellt, die das Dorf bewirtschaften – und den Besuchern dazu Rede und Antwort stehen.

Zur Plantation gehören auch noch die Indianersiedlung **Hobbamock's Homesite** und das **Crafts Center**, in dem man Kunsthandwerkern beim Weben, Töpfern und Schreinern zusehen kann. Restaurant, Museumsshops.

»Mayflower II«
State Pier, Plymouth, MA 02360

© (508) 746-1622
April–Nov. 9–17, Juli/Aug. 9–19 Uhr
Eintritt $ 10/7, auch Kombi-Tickets mit Plimoth Plantation, vgl. dort
Im originalgetreu nachgebauten Museumsschiff herrscht das Ankunftsjahr 1620; Besatzung und Gäste schildern in zeitgetreuer Kostümierung Alltag und Abenteuer der zweimonatigen Überfahrt und jener sechs Monate, die sie nach der Ankunft an Bord leben mussten, bis die ersten Hütten fertig waren.

Plymouth Rock
Water St., Plymouth, MA 02360
Ob die ersten Siedler auf diesem Granit den Boden Neuenglands betraten, bleibt letztlich ungeklärt. In jedem Fall kratzten im Laufe der Zeit patriotische Besucher so viel von der Steinplatte weg, dass der Rest seit 1921 durch einen Pavillon im griechischen Stil geschützt wird.

13. Route – Infos: Plymouth

Pilgrim Hall Museum
75 Court St., Plymouth, MA 02360
℗ (508) 746-1620, www.pilgrimhall.org
Tägl. 9.30–16.30 Uhr, Jan. geschl.
Eintritt $ 7/4
Endlich mal wieder ein Superlativ: Dies ist das älteste öffentlich zugängliche Museum der USA aus dem Jahr 1824 und zeigt Relikte wie Bücher der Siedler, die Wiege des ersten in Neuengland geborenen Kindes sowie Stühle, auf denen einst William Brewster und William Bradford saßen.

Plymouth National Wax Museum
16 Carver St., Plymouth, MA 02360
℗ (508) 746-6468
März–Nov. 9–19 Uhr
Verstaubter geht es kaum. 180 lebensgroße Wachsfiguren stellen diverse Szenen nach: aus der alten Heimat England, von der »Mayflower«-Überfahrt, dem ersten Winter in Plymouth samt rettenden Indianern und dem gemeinsamen Thanksgiving-Fest.

Cranberry World Visitors Center
225 Water St., Plymouth, MA 02360
℗ (508) 747-2350
Mai–Nov. tägl. 9.30–17 Uhr
Die Geschichte der berühmten Preiselbeere von Indianerzeiten bis heute und von der Aussaat bis zur Ernte. Der Gratisschluck am Ende ist wohlverdient, der Besuch kostenlos.

Plymouth Rock Trolley
Plymouth, MA 02360
℗ (508) 747-4161
Das Bähnchen fährt den ganzen Tag (mit Erläuterungen) über 30 historische Stationen an, an denen man nach Belieben aus- und wieder zusteigen kann.

Splashdown
Harbor Place, neben dem Governor Bradford on the Harbor
Plymouth, MA 02360
℗ (508) 747-7658, 1-800-225-4000
April–Okt.
Jene Amphibien-Fahrzeuge, die im Juni 1944 bei der Landung in der Normandie eingesetzt wurden, fahren heute Touristen durch den Hafen und die Innenstadt. Die Tour dauert eine Stunde und sorgt speziell im Hafen für gute Fotoperspektiven.

Plymouth Long Beach
Rt. 3A South, etwa 2 1/2 Meilen von Plymouth Center, Plymouth, MA 02360
Die lange Sandzunge wird von *lifeguards* bewacht, es gibt einen Snackshop und fahrende Eisverkäufer. Das angrenzende Schutzgebiet der Vogelkolonie sichern Zäune. Plymouth bietet vier weitere Sandstrände (Scusset, Whitehorse, Duxbury und Onset Beach), zwei Süßwasserseen mit baumbestandenen Badestränden (Morton Park und College Pond) sowie das riesige Erholungsgebiet Myles Standish State Forest mit 15 Meilen Radwegen, Kanustrecken, Badeseen und Angelteichen.

Colonial Lantern Tours
5 North St., Plymouth, MA 02361
Info: ℗ (508) 747-4161, Fax (508) 747-4284
Reservierung: ℗ 774-454-8126
www.laterntours.com
Ende März–Ende Nov. tägl. 19.30 und 21 Uhr, 1 1/2 Std.
Erwachsene $ 15, Kinder $ 12
Der geführte Rundgang wurde von der »Los Angeles Times« als »Top Tour« geadelt und führt etwa eine Meile lang – und nicht nur auf den Spuren der Pilgerväter – durch die Stadt, garniert mit humorigen und makabren Geschichten aus dem Plymouth des 17. und 18. Jh. Die Rundgänge starten bei jedem Wetter 19.30 Uhr am Trolley-Stopp des Plymouth Rock.

The Original Lobster Hut
25 Town Wharf, Plymouth, MA 02360
℗ (508) 746-2270
Tägl. 11–21 Uhr
Seafood mit Selbstbedienung, wahlweise drinnen oder draußen an Picknicktischen mit Blick auf die Bay und Plymouth Harbor oder zum Mitnehmen. $–$$

13 Der Königsweg und ein Dorf ohne Coca-Cola

Der Gegensatz zwischen den beiden Küstenstraßen könnte kaum größer sein: Auf der Route 28 an der Südküste des Upper Cape geht es im nervenzehrenden Stop-and-Go-Takt vorbei an Shopping Malls, Autokinos, Motels und Fast-food-Baracken: an der nördlichen Küste dagegen schlängelt sich der **Old King's Highway** (auf der Karte Route 6A) durch ein idealtypisches Cape Cod Setting mit Antiquitätenläden, Kunstgalerien, historischen Villen, Museen und Restaurants. Zwischen dem Grün der Bäume blinken immer wieder Marschland, Sandstrand und das stille Wasser der Cape Cod Bay.

Die idyllische Strecke begann einst als Indianerpfad, wurde 1684 die erste Straße auf dem Cape und war bis 1920 die Direttissima von Sandwich nach Provincetown. Den Namen Old King's Highway hat sie noch aus grauer Vorzeit, als Massachusetts eine Kolonie der britischen Krone war. Innerhalb der meisten Ortschaften wird sie übrigens schlicht und einfach zur

Heritage Plantation bei Sandwich: Oldtimer-Prachtstücke in der Shaker-Scheune

Plimoth Plantation: Alltag im 17. Jahrhundert

Main Street, und bei vielen Einheimischen heißt sie ohnehin nur *Captains Mile*, weil die historischen Kapitänsvillen manchmal gleich im Dutzend die Straße säumen.

Wer bei der Fahrt zur 6A die Route 137 nicht bis zum Ende durchfährt, sondern an der Kreuzung auf die 124 einbiegt, betritt den Old King's Highway sozusagen durchs Hauptportal, nämlich inmitten der liebenswerten Ortschaft **Brewster**, die mit zahlreichen originellen Shops und schönen Villen unser Zeitkonto für die »erlaubten« Fahrtpausen gleich mächtig strapaziert. Denn natürlich kann man auf der traditionsreichen Bummelstrecke, die übrigens auf voller Länge zum *Regional Historic District* erklärt wurde, leicht einen ganzen Tag vertrödeln. Brewster würde davon einen Großteil beanspruchen, denn vom Kinderhit **Cape Cod Aquarium** bis zum **Museum of Natural History** haben sich hier etliche Museen niedergelassen.

Zusätzlich locken originelle Adressen wie der **Brewster Store** und die Heringsschwärme der **Old Grist Mill** zu einem Besuch.

In **Dennis** (genauer: Dennis Center) bietet der **Scargo Hill Tower** einen guten Grund für einen Zwischenstopp: Von oben gibt es einen letzten Bilderbuchblick über Cape Cod, das wie ein riesiges grünes Krummschwert in der tiefblauen Bay liegt. Größere Abstecher unterlässt man in Dennis besser, es sei denn, man hätte Zeit genug, sich gründlich zu verfahren. Die Beschilderung macht die Irrfahrt nur noch schlimmer. So befindet sich zwar die Ortschaft East Dennis tatsächlich östlich von Dennis, South Dennis dagegen liegt nördlich von West Dennis, und beide zusammen sind wiederum südlich von East Dennis zu suchen.

Yarmouth Port ist nicht nur eine pittoreske Ortschaft, sondern bietet mit seinen ausgeschilderten **Trails** schöne Wanderungen durch Marsch und Dünen. Nach dem Abstecher mit Aussicht in **Cummaquid** geht es weiter nach **Sandwich**, dem ältesten Ort auf Cape Cod. Ähnlich wie Chatham liegt auch Sandwich abseits der Touristenströme, und die Atmosphäre ist selbst zur Hochsaison friedvoll und fast elegisch.

Benannt wurde die Siedlung aus dem Jahr 1637 nach dem gleichnamigen Städtchen im englischen Kent, und bis zum Beginn des 19. Jahrhunderts gab es hier nichts weiter als bäuerliches Landleben. Im weiten Marschland des Mündungsgebietes konnte kein großer Hafen angelegt werden; als die Handelsschifffahrt Städte wie Boston, New Bedford und Gloucester zum Aufblühen brachte, geriet Sandwich ins Hintertreffen. Doch die verschlafene Gemeinde bekam ihre große Chance mit Deming Jarves, einem Glasfabrikanten aus Boston, der Sandwich als idealen Standort für seine Produktion erkor.

Sand gab es hier mehr als genug, ebenso wie Holz, um die Schmelzöfen zu heizen; und so öffneten die Werkshallen der *Boston and Sandwich Glass Company* am 12. Juni 1825 ihre Tore. Für etliche Jahre brachte die neue Industrie gut bezahlte Jobs, Wachstum und Wohlstand. Doch 1888 waren die Wälder der Region weitgehend abgeholzt, die Konkurrenz in Ohio übermächtig und der Boom zu Ende. Die Fabrik steht längst nicht mehr, doch die Sandwich-Gläser mit ihren spitzenartigen Mustern sind heute begehrte Sammelobjekte; die schönsten zeigt eine Ausstellung des **Sandwich Glass Museum**.

Wer auf dieser Reise eine Vorliebe für Americana entwickelt hat, sollte der **Heritage Plantation** einen Besuch abstatten, die mit ihrer prächtigen Oldtimer-Sammlung, besonders aber mit Kunsthandwerk, Skulpturen und Gemälden im **Arts and Crafts Museum** zu den Hauptattraktionen von Sandwich gehört. Die Ausstellungen

Plimoth Plantation vor der Cape Cod Bay: wie aus einem historischen Bilderbuch

sind in verschiedenen Gebäuden auf dem weiten, parkähnlichen Museumsgelände untergebracht. Auch die Bauten selbst – originalgetreue Kopien architektonischer Meisterwerke aus den Anfangszeiten des Landes – sind sehenswert.

Seit 1919 trennt der **Cape Cod Canal** das Kap vom Festland. Die beiden Brücken – Bourne Bridge am südlichen Ende und die elegante Sagamore Bridge, auf der wir heute Cape Cod den Rücken kehren – bilden für den gesamten Ferienverkehr das Nadelöhr zum Festland, deshalb kann es freitags abends und sonntags nachmittags hier schon mal zu Staus kommen.

In einem Land, das seine eigene Geschichte nur allzu gerne als patriotische Märchenshow inszeniert, wäre es nicht verwunderlich, wenn auch die **Plimoth Plantation** nichts weiter als eine historisierende Disneyland-Variante mit kostümierten Mimen in einem Kulissendorf wäre. Umso größer ist die Überraschung: Der Eingang zum Freilichtmuseum wirkt wie eine Zeitmaschine, die den Besucher verblüffend authentisch ins 17. Jahrhundert zurückversetzt.

Wie aus einem historischen Bilderbuch steht das Dorf der »Mayflower«-Ankömmlinge mit Tenne und strohgedeckten Häusern am Hang vor der königsblauen Cape Cod Bay, und überall gehen die Bewohner ihrer Arbeit nach. Frauen, die mit ihren langen Kleidern und Tuchhauben aussehen wie einem Vermeer-Bild entstiegen, sitzen Körbe flechtend oder Kräutersamen zupfend im Schatten der Bäume. Männer hobeln Holzstücke für den Dachaufbau, tränken die Tiere oder kümmern sich um das Feuer.

Jedes Mitglied der Plimoth Plantation ist in die Vita einer historischen Person der »Mayflower«-Pilger geschlüpft und kennt neben den privaten und persönlichen auch die geschichtlichen Verhältnisse der damaligen Zeit. So schildert Gouverneur Bradford seine Zusammentreffen mit den

Im Hafen von Plymouth

Indianern und gibt Auskunft über die Rechte und Pflichten im Gemeinwesen, und die junge Gärtnerin im Gemüsebeet erkundigt sich im Gespräch mit Europäern so detailliert nach dem Krieg der Habsburger, dass die Besucher ins Stammeln kommen.

Natürlich können die Gäste ab und an der Versuchung nicht widerstehen und bemühen sich, aus den historischen Siedlern des Jahres 1627 die Zeitgenossen von heute herauszulocken. Dann fragen sie die Dorfbewohner nicht mehr nach ihrem Tagesablauf, nach Familien- und Gemeinschaftsleben, sondern nach Space Shuttle und Erdbeereis, nach Madonna und Saddam Hussein. Doch kein Flackern in den Augen, kein Zögern bei der Antwort verrät die Darsteller hinter ihren Rollen. Clinton, Coca-Cola und Computer sind den Bewohnern der Plimoth Plantation unbekannt – und am Ende sind es die Frager selbst, die sich

mit ihren Erklärungsversuchen aufs Komischste verhaspeln.

Die »**Mayflower II**«, die am State Pier von Plymouth liegt, wurde 1955 in England nach Originalvorlagen gebaut und segelte 1957 binnen zwei Monaten über den Atlantik nach Plymouth. Auch hier sind Besatzungsmitglieder und Siedler an Bord, die weder Elvis noch Hot Dogs kennen, dafür aber genau erklären, wie sie auf der langen Reise Kurs hielten, wieso die »Mayflower« mit Kanonen bestückt ist, wo die 102 Passagiere während der wochenlangen Fahrt schliefen, und wie die Frauen die weinenden Babys im starken Seegang der großen Stürme beruhigten.

Vom Pier sind es nur wenige Schritte zu jenem **Plymouth Rock** genannten Felsen, auf dem die »Mayflower«-Reisenden angeblich an Land gingen. Zwar verweisen

»Mayflower II« am State Pier von Plymouth

Historiker darauf, dass der Stein in keinem Brief oder Zeugnis der ersten Siedler jemals erwähnt wird, doch es ist anzunehmen, dass die Auswanderer damals andere Sorgen hatten. Jedenfalls beteuerte im Jahr 1741 ein 95-jähriger Greis, einer der »Mayflower«-Passagiere habe ihm diesen Ort als Landeplatz gezeigt. Seither gilt der Granit als patriotische Ikone und konnte nur durch den gewaltigen Portikus vor Souvenir-Jägern gerettet werden. Und weil amerikanische Besucher am Ende immer irgendwie ein bisschen enttäuscht sind, wenn sie vor dem stummen Felsbrocken stehen, warnt die Fahrerin des Plymouth Rock Trolley an dieser Station der Sightseeing-Rundfahrt bereits vor dem Aussteigen vor übertriebenen Erwartungen: »It doesn't dance, it doesn't sing, it's just a rock.«

14. Route: Plymouth – Kennedy Library – Boston Airport (72 km/45 mi)

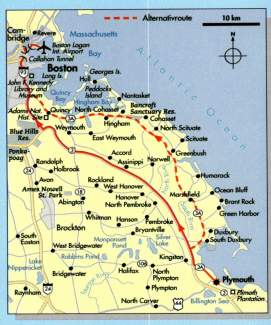

km/mi	Zeit	Route
0	11.00 Uhr	Später Start aus **Plymouth** auf der Rt. 3A North zur I-93 North Richtung Boston.
56/35	12.00 Uhr	Bei Exit 14 die I-93 Richtung Morrissey Blvd. verlassen und der Beschilderung zur nahen **Kennedy Library** folgen. Nach dem Einführungsfilm Rundgang durch die Ausstellung; evtl. Snack im Museumscafé.
	15.00 Uhr	Der Beschilderung US 1 North folgen und Auffahrt auf die I-93 North. Bei Exit 20 auf die I-90 East (Ted Williams Tunnel) und bei Exit 26 zum
72/45		**Logan International Airport**.

Alternative: Wer heute noch kein Flugzeug erreichen muss und daher genug Ruhe hat, fährt von Plymouth aus die Küstenstraße 3A nach Norden, mit Abstechern nach **Duxbury** (auf dem Old Burying Ground in der Chestnut St. liegen etliche »Mayflower«-Passagiere begraben), **Marshfield** (mit den beiden Naturschutzgebieten North River Wildlife Sanctuary und Daniel Webster Wildlife Sanctuary), **Cohasset** (mit Besuch im Hafen und Lunch im »Kimball's by the Sea«, 124 Elm St.), **Hingham**

(World's End Reservation, ein Strandpark, der vom Landschaftsarchitekten der Boston Public Gardens gestaltet wurde) und **Quincy** (Adams National Historic Site).

Die Route ist idyllisch, doch die schönsten Villen und die besten Ausblicke aufs Meer gibt es abseits der Straße. Deshalb möglichst in allen genannten Ortschaften die Hauptstraße verlassen und die Gegend auf den *back roads* erforschen.

14. Route – Infos: Boston

John F. Kennedy Presidential Library and Museum

Columbia Point, Dorchester Bay
Boston, MA 02125

✆ (617) 514-1600, 1-866-JFK-1960
www.jfklibrary.org, tägl. 9–17 Uhr
Eintritt $ 12/9

Das imposante Gebäude des Architekten I. M. Pei auf einer Insel an der Dorchester Bay im Süden Bostons wurde 1979 eröffnet und beherbergt seit Ende 1993 im Untergeschoss eine formal und inhaltlich wirkungsvoll inszenierte Ausstellung, die in 25 Stationen das Leben des 35. US-Präsidenten präsentiert und den Mythos Kennedy nachvollziehbar macht. In der Theaterlobby läuft ein 30-min. Einführungsfilm, ein weiterer Film schildert im Verlauf der Ausstellung die Wochen der Kubakrise. Im Museumsshop gibt es Bücher, Fahnen, Souvenirs und für die Kids JFK zum Anmalen. Café im Haus. Freie Parkplätze.

Old Town Trolley Tours (siehe 1. Route S. 38) bietet eine dreistündige Sightseeing-Rundfahrt durch »JFK's Boston«, ✆ (617) 269-7150.

Wiedersehen mit Boston und dem Charles River

14 Ein letzter Stopp bei JFK

Wer heute noch nach Deutschland zurückfliegt, wird nicht mehr die Nerven haben, Boston auf der gemächlichen Bummelstrecke der Route 3A anzusteuern, auch wenn die Zeit dafür eigentlich ausreichen würde. Denn die Nonstop-Flüge nach Europa gehen meist erst in den Abendstunden, und Boston ist auf dem direkten Weg über die Route 3 und die Interstate 93 nur eine knappe Autostunde entfernt. Selbst für den Fall, dass es von Bostons Stadtgrenze bis zum Airport nur im Schritttempo vorangeht, braucht man von Plymouth bis zum Abflug-Gate nicht länger als zweieinhalb Stunden.

In jedem Fall bleiben also vier bis fünf freie Stunden für letzte Unternehmungen übrig. Wer gestern die Plimoth Plantation verpasst hat, kann den Besuch heute Vormittag noch nachholen; dasselbe gilt für das Wachsfigurenmuseum mit seinen kindlich-verkitschten Tableaus und für alle anderen Attraktionen der Gegend – einschließlich eines letzten Bades im Atlantik.

Den wirklichen Abschluss findet unsere Reise aber erst zehn Meilen vor dem Flughafen, im imposanten, kalkweißen Bau des Stararchitekten I. M. Pei, der – umgeben von Seegras und Cape-Cod-Rosen – vor der Kulisse des Hafens an der Dorchester Bay steht. Die **John F. Kennedy Library** beherbergt eine Kennedy-Ausstellung, die aus mehreren Gründen fasziniert.

Wie stark und ungebrochen der Kennedy-Mythos in den USA immer noch ist, zeigte zuletzt das manische öffentliche Interesse, das die Versteigerung der Gegenstände aus Jackie Kennedys Privatbesitz bei Sotheby's fand. Am Ende brachten die Reliquien aus dem Hause der amerikanischen Royalties statt der geschätzten vier Millionen fast 35 Millionen Dollar ein.

Als John F. Kennedy 1961 Präsident wurde, war er 43 Jahre alt, und seine Vision der *New Frontier*, sein Aufruf zur Opferbereitschaft der Bürger und zur grundsätzlichen Neubesinnung signalisierte den hoffnungsvollen Aufbruch einer jungen, engagierten Generation. Sein innenpolitisches Konzept war anspruchsvoll, Bildungswesen und Krankenversorgung sollten verbessert, die Rassenfrage entschärft und die Städte saniert werden. Auch außenpolitisch profilierte er sich als strahlender Hoffnungsträger. Auf dem Höhepunkt des Kalten Krieges behauptete er westliche Positionen bis an den Rand des Atomkrieges und startete nach dem Sputnik-Schock ein gigantisches Weltraumprogramm, das Jahre später die ersten Menschen auf den Mond bringen sollte.

Als der charismatische Politiker, gerade zwei Jahre im Amt, im November 1963 in Dallas ermordet wurde, brach nicht nur für die Amerikaner eine Welt zusammen. Wer heute Kennedys Spuren durch die labyrinthisch komponierte Ausstellung folgt – von der Wahlkampagne des Jahres 1960 über Amtseinführung, die Kuba-Krise und den Vertrag über die Einstellung der Kernwaffenversuche bis zu den tödlichen Schüssen von Dallas –, der begegnet vielleicht auch Kindheitserinnerungen und einem Stück der eigenen Biographie.

Die suggestive Kraft des Museums rührt nicht zuletzt aus der sinnlichen Art der Präsentation. Da sind zeitgetreue TV-Studios mit den alten Kamera-Ungetümen aufgebaut, über die Bildschirme flimmert die berühmte Kennedy-Nixon-Debatte, und im nachgebauten Oval Office aus dem Weißen Haus stehen der Original-Schreibtisch und der Präsidentenstuhl mit allen Utensilien des Todestages. Im nachtschwarzen, schlauchartigen *Assassination*-Raum zeigen fünf in die Wand eingelassene Monitore den historischen TV-Bericht des Mordes in Dallas. Minutenlang verharren die Besucher vor der schwarzen Wand, manche schluchzen, andere zerknüllen Taschentücher zwischen den Fingern.

Am Ende, nach kurzen Reminiszenzen an Leben und Werk der gleichfalls ermordeten Weggefährten Robert Kennedy und Martin Luther King, verabschiedet der neue Hoffnungsträger Obama vom Monitor herab die Besucher. Wer die Ausstellung verlässt und den Blick im gläsernen Pavillon nach oben richtet, sieht den achtstöckigen Turm der Kennedy Library in den Himmel ragen, die in ihrem Archiv Millionen von Dokumenten, Meilen belichtete Filme und Tausende Fotografien, Interviews, Tonbänder und andere Informationsquellen bereithält – und sie sind allen zugänglich, die sich näher mit der Geschichte jener Jahre befassen möchten.

Diese Zeitzeugnisse des modernen Amerika führen auf eindringliche Weise zurück zu den ersten Pilgervätern, die unweit von hier an Land gingen, um ihren Traum von einer neuen, besseren Welt zu verwirklichen …

Unser Traum für heute ist bescheidener, wenn auch ähnlich unrealistisch: möglichst kein Stau auf den letzten neun Meilen zum Flughafen. Zurück auf der Interstate winkt die Boston-Skyline bereits wie ein guter Freund, doch da der Weg zum Airport mittlerweile bestens beschildert ist, muss man sich nicht länger fürchten, die Zufahrt vom Expressway zum Ted Williams Tunnel zu verpassen. Denn nur dieser führt auf die Flughafenhalbinsel, von der aus wir Boston und Neuengland für diesmal verlassen. ❧

John F. Kennedy Museum: ungebrochener Mythos

205

Service von A–Z

An- und Einreise 206
Ärztliche Vorsorge/Krankheiten 207
Auskunft vor Reiseantritt 207
Auskunft vor Ort 208
Autofahren 208
Auto- und Campmobilmiete 208
Bus und Eisenbahn 208
Feiertage 209
Geld/Devisen/Reisekosten 209
Gepäck/Kleidung 210
Hinweise für Behinderte 210
Kinder 210
Maße und Gewichte 210
Notfälle 211
Post 211
Reisesicherheit 211
Reisezeit 211
Reservierungen 211
Restaurants/Verpflegung 212
Telefonieren 212
Trinkgeld 213
Unterkunft 213
Zeitzone 213
Zoll 214

An- und Einreise

Wer ohne Visum über das sogenannte *Visa Waiver Program* in die USA einreisen und weniger als 90 Tage bleiben will, für den gelten seit Januar 2009 geänderte Einreisebestimmungen. Besucher müssen sich bis 72 Stunden vor dem Abflug auf der **ESTA-Webseite** des Department of Homeland Security registrieren, am besten über www.usembassy.de. Der neue elektronische Antrag im Netz läuft in vier Schritten ab: Antrag ausfüllen, abschicken, Antragsnummer notieren, Einreisegenehmigung vom Ministerium abwarten (oft kommt sie nur Sekunden nach dem Absenden). Das US-Ministerium empfiehlt, sich den Antrag mit allen Angaben auszudrucken und zu den eigenen Unterlagen zu nehmen. Außerdem sollten sich Reisende die Antragsnummer notieren, um den Antrag ggf. (wenn sich Adresse, Passnummer o.Ä. ändert) aktualisieren zu können. Auf der Internetseite werden die gleichen Fragen gestellt, die die Einreisenden derzeit noch immer im Formular I-94W während des Fluges beantworten müssen. In Zukunft soll das entfallen. Ist die Einreisegenehmigung einmal erteilt, bleibt sie zwei Jahre gültig.

Auch wenn die Einreise vorab genehmigt wurde, kann sie vor Ort von den Beamten der Zoll- und Grenzschutzbehörde dennoch verweigert werden. Sollte die Einreisegenehmigung nicht erteilt werden, bedeutet dies keine endgültige Ablehnung. Man muss sich dann um ein Visum bemühen.

Zusätzlich zur Registrierung ist ein **roter maschinenlesbarer Reisepass** (Europapass) nötig, der auch biometrische Daten sowie ein digitales Foto enthalten muss, wenn er nach dem 26. Okt. 2005 ausgestellt wurde. Auch Kinder brauchen einen elektronischen Pass.

Das nicht-staatliche **Visit USA Committee Germany** warnt vor Drittanbietern, die die Registrierung gegen Gebühren vornehmen wollen. Wer über keinen eigenen Internetzugang verfügt, sollte im Reisebüro nachfragen, ob die Registrierung als Service angeboten wird. Der Deutsche Reiseverband empfiehlt, sich die dort gemachten Angaben ausdrucken zu lassen und zu unterschreiben, damit man selbst ebenso wie das Reisebüro die Sicherheit hat, dass die Angaben korrekt sind.

Vor der Gepäckausgabe in den USA wartet der *immigration officer,* ein Beamter der Einwanderungsbehörde, der einen **Fingerabdruck ab- und ein digitales Foto** aufnimmt und die Aufenthaltsdauer festsetzt. Er erkundigt sich deshalb nach der Dauer Ihrer Reise, manchmal auch nach ihrem Zweck (*business* oder *vacation*). Anschließend folgen Sie den Hinweisschildern zu den Autovermietungen, deren Pendelbusse Sie zum Mietbüro bringen.

Die Deutsche Lufthansa (℡ 0180 3-80 38 03, Auskunft rund um die Uhr) fliegt täglich einmal die Route Frankfurt–Boston–Frankfurt, die Flugpreise liegen je nach Saison zwischen € 400 und 900 (Economy Class einschließlich Steuern und Gebühren). Wer einen Umsteigestopp in Kauf nimmt, fliegt z.B. mit British Airways

Service von A–Z

(✆ 018 03-34 03 40), KLM (✆ 018 05-21 42 01) oder Icelandair (✆ 069-29 99 78) eventuell um einiges billiger.

Ärztliche Vorsorge/Krankheiten

Kliniken sind in allen Städten am blauen Schild mit einem weißen »H« zu erkennen. Da es in den USA kein nationales Gesundheitssystem gibt, ist jeder **Privatpatient**. Wichtig: Die Krankenhauskosten sind extrem hoch, eine zwei- bis dreistündige ambulante Behandlung kann bereits mehr als 2000 Dollar kosten, deshalb sollte man sich bei der eigenen Krankenkasse erkundigen, ob alle in den USA erbrachten Leistungen übernommen werden. Wenn nicht, ist eine **Auslandskrankenversicherung** ein Muss.

Inzwischen muss die Behandlung nicht mehr automatisch an Ort und Stelle bezahlt werden, die Rechnungen kommen auf dem Postweg an die Heimatadresse. Eine **Kreditkarte** ist aber trotzdem von Vorteil (vgl. Geld/Devisen/Reisekosten).

Wie in Deutschland und Österreich, so grassiert auch in manchen Regionen Neuenglands die **Lyme-Borreliose** (*lyme disease*, benannt nach der gleichnamigen Ortschaft in Connecticut), deren Erreger durch Zecken übertragen werden. Wer größere Wanderungen plant, sollte sich beim örtlichen Visitors Center oder an der Hotel-Reception bzw. beim B&B-Gastgeber nach den Risiken erkundigen.

Schmerzhaft (und mit einem Windpockenähnlichen Hautausschlag als Folge) ist der Kontakt mit der weitverbreiteten Pflanze ***poison ivy***, die hauptsächlich in den Monaten Mai und Juni im Unterholz wächst.

Auskunft vor Reiseantritt

Die touristische Deutschland-Vertretung der Neuengland-Staaten verschickt kostenlos detaillierte Unterlagen wie Straßenkarten, B&B-Adressen, Veranstaltungskalender und Infomagazine mit Reisevorschlägen wie den »Vacation Planner«:

Discover New England
Kaus Media Services, Luisenstr. 4
30159 Hannover, ✆ (05 11) 89 98 90 46
discovernewengland@kaus.net

Infos und Unterlagen zu Massachusetts und Boston versendet:

Massachusetts Office of Travel & Tourism
c/o Buss Consulting, Postfach 1213
82302 Starnberg
✆ (081 51) 73 97 87, (08 11) 73 97 87
www.massachusetts.de (Infos auf Deutsch)
massachusetts@bussconsulting.de

In Neuengland hat jeder Bundesstaat seine eigene touristische Zentrale:

Connecticut Commission on Culture & Tourism
One Constitution Plaza, 2nd Floor
Hartford, CT 06103
✆ (860) 256-2800, www.ctvisit.com/

Maine Office of Tourism
State House Station 59, Augusta, ME 04333
✆ (207) 287-5711, Fax (207) 287-8070
www.visitmaine.com

Massachusetts Office of Travel & Tourism
10 Park Plaza, Suite 4510, Boston, MA 02116
✆ (617) 973-8500, www.mass-vacation.com

New Hampshire Division of Travel & Tourism
P.O. Box 1856, Concord, NH 03302
✆ (603) 271-2665, Fax (603) 271-6870
www.visitnh.gov

Rhode Island Tourism Division
315 Iron Horse Way, Suite 101
Providence, RI 02908
✆ (401) 278-9100, Fax (401) 273-8270
www.visitrhodeisland.com

Vermont Department of Tourism & Marketing
National Life Building, 6th floor, Drawer 20
Montpelier, VT 05620-0501
✆ (802) 828-3237, www.vermontvacation.com

Service von A–Z

Auskunft vor Ort

Fast alle Orte haben ein **Visitors Center**, Visitors Bureau oder ein Chamber of Commerce, das kostenlose Informationen und Broschüren bietet, aber auch bei Buchungen hilft. Erstklassig sind auch die jährlich aktualisierten **TourBooks** des Automobilclubs AAA (*triple A* genannt), die (ebenso wie sehr gute Straßenkarten) für ADAC-Mitglieder (Mitgliedsausweis vorzeigen) kostenlos in allen AAA-Büros ausliegen (AAA-Adressen siehe »Autofahren«).

Autofahren

Als Höchstgeschwindigkeit auf den meisten Expressways in Neuengland gilt 55 m.p.h., einige (zumeist in New Hampshire) haben 65 m.p.h.; wer dieses Limit überschreitet, wird mit $ 75–100 Strafe zur Kasse gebeten. **Anschnallen** ist in allen Staaten Pflicht, Kinder unter 4 Jahren brauchen einen speziellen Kindersitz (bei der Wagenmiete mitbestellen). Bei Problemen oder bei einem Unfall sollte man sofort das Vermietbüro anrufen, weitere Instruktionen und Hilfe kommen dann von dort.

Der amerikanische **Automobilclub AAA** ist Partner des ADAC. Die AAA-Büros sind gewöhnlich Mo–Fr 8.30–17.30 Uhr geöffnet. Bei den AAA-Hauptbüros kann man telefonisch das nächstgelegene AAA-Office erfragen:
AAA Maine, Portland, 425 Marginal Way, ✆ (207) 780-6800, kostenlos: 1-800-482-7497
AAA Vermont, Montpelier, 317 River St., ✆ (802) 229-0505, kostenlos: 1-800-717-0422
AAA Massachusetts/New Hampshire, Rockland, 1050 Hingham St., ✆ (781) 871-5880
AAA Central New England, Warwick, 501 Centerville Rd., ✆ (401) 732-5000.

Auto- und Campmobilmiete

Am einfachsten und billigsten ist es, das Auto bereits **vor dem Abflug** vorzubestellen. Im Reisebüro gibt es einen *Voucher* (Gutschein), der vor Ort im Vermietbüro gegen das Auto eingelöst wird. Man kann den Wagen auch telefonisch und online direkt bei einer Mietwagenzentrale buchen. Dabei bekommt man eine Buchungsnummer, unter der am Zielort der Wagen bereitsteht. Vor Ort sind die niedrigen Urlaubertarife nicht zu haben. Preisbeispiel: Ein Mittelklasse-Pkw (4 Personen) mit Klimaanlage und Automatik kostet bei Avis einschließlich LDW (*lost damage waiver* = Haftungsausschluss) und unbeschränkten Meilen in der Hochsaison pro Woche € 150–300.

Boston ist eine **Fußgängerstadt** (»America's Walking City«). Parkplätze sind selten und teuer, und ein Auto wird zum Handicap. Den Mietwagen reserviert man deshalb am besten erst für den Tag der Abreise aus Boston, wenn die Neuengland-Rundreise beginnt.

RV (gesprochen: *ArWie*) ist die amerikanische Abkürzung für ein *recreational vehicle*, bei uns als Campmobil, Motorhome oder Camper bekannt. Wer Neuengland per **Campmobil** erleben will, muss wissen, dass man dabei kaum billiger fährt als im Pkw mit Hotelübernachtung: Stellplätze kosten $ 15–30 pro Nacht, die Campermiete ist extrem teuer, und die schweren Wagen schlucken viel Benzin. Die schönsten Stellplätze sind oft schon mittags belegt, und die Country Inns lernt man gleich gar nicht kennen. Wer jedoch Zeit genug hat, mehrere Tage oder Wochen inmitten der einsamen Wildnis an einem Fluss oder See zu bleiben, für den ist ein fahrendes Haus ideal. Auch für das Campmobil gilt: schon von zu Hause aus buchen.

Bus und Eisenbahn

Das Busnetz Neuenglands ist gut ausgebaut, mehr als ein halbes Dutzend Unternehmen bietet regelmäßige Touren und Verbindungen an. **American Eagle** (✆ 508-993-5040) operiert täglich zwischen Boston und New Bedford, **Bonanza Bus Lines** (✆ 617-720-4110) verbindet Boston, Fall River, Newport und Providence mit Cape Cod. **Concord Trailways** (✆ 617-426-8080) startet am Logan Airport und fährt nach New Hampshire. **Greyhound** (✆ 1-800-231-2222) bedient alle Langstrecken bis Bar Harbor. **Vermont Transit Lines** (✆ 1-800-451-3292) fährt über North Conway bis Montreal.

Service von A–Z

Amtrak-Züge verbinden Boston mit Springfield, Hartford und Mystic, doch nordöstlich von Boston ist hinter Rockport das Bahnland zu Ende: Nach New Hampshire, Vermont oder Maine gibt es keine Schnellzugverbindung. Von allen Großstädten fahren an den Sommerwochenenden Sonderzüge nach Cape Cod. So fährt der »Cape Codder« über Washington, D.C., New Yorks Pennsylvania Station und New Haven nach Hyannis; samstags fährt der »Clamdigger« von Providence nach Hyannis.

Passagiere im Nordosten der USA müssen einen **Platz reservieren**. Das ist auch am Reisetag möglich, falls noch Plätze verfügbar sind (www.amtrak.com; Infos zur Gepäckregelung).

Feiertage

Neujahrstag (1. Januar)
Martin Luther King Day (3. Mo im Januar)
Presidents' Day (3. Mo im Februar)
Memorial Day (letzter Mo im Mai, Beginn der Hauptsaison)
Independence Day (Unabhängigkeitstag, 4. Juli)
Labor Day (1. Mo im September, Ende der Hauptsaison)
Columbus Day (2. Mo im Oktober)
Veterans' Day (11. November)
Thanksgiving (4. Do im November)
Weihnachten (25. Dezember)

Neben den offiziellen gibt es lokale Feiertage. So feiert **Rhode Island** den **Independence Day** am 4. Mai und den **Victory Day** am zweiten Mo im August. In **Vermont** sind der **Town Meeting Day** am ersten Di im März und der **Bennington Battle Day** am 16. August Feiertage. **New Hampshire** begeht am vierten Mo im April den **Fast Day**. **Massachusetts** feiert am 3. Mo im April den **Patriot's Day**, an dem der Boston Marathon und in Lexington ein *Reenactment* der historischen Kämpfe stattfindet, und am 20. Mai den **Lafayette Day**.

Geld/Devisen/Reisekosten

Der US-Dollar ist in 100 Cents unterteilt. Die **Dollar-Scheine** (*bills, notes*), die es im Wert von 1, 2, 5, 10, 20, 50 und $ 100 gibt, sind alle gleich groß und grün, außer der $-20-Note, die neuerdings pfirsichfarben ist. Da $-50- und -100-Noten nicht gern angenommen werden, sollte man bei seiner Bank eine möglichst kleine Stückelung verlangen. **Münzen** gibt es als 1 Cent (*penny*), 5 Cents (*nickel*), 10 Cents (*dime*), 25 Cents (*quarter*), 50 Cents (*half dollar*) und – selten – als 1 Dollar. **Reiseschecks** (*traveler's checks*) in US-Dollar werden in allen Hotels, Restaurants, B&B-Villen und Banken angenommen und sind sicher und problemlos.

Kreditkarten sind ein Muss und gelten nicht nur faktisch als Zahlungsmittel, sondern auch als Nachweis, dass man kreditwürdig ist. Mit dem Plastikgeld kann man fast überall bezahlen (Ausnahme: Manche B&B-Villen bevorzugen Bares oder *traveler's checks*); mit der Kreditkartennummer kann man auch jede Reservierung bargeldlos abwickeln, auch bei der Automiete ist die Karte obligatorisch.

Auf die ausgeschriebenen Preise vor Ort wird immer die jeweils gültige **Umsatzsteuer** (*tax*) aufgeschlagen, die in den Bundesstaaten unterschiedlich hoch ausfällt: in Connecticut 8 %, in Maine 6 % (7 % bei Übernachtungen), in Massachusetts 5 % (9,7 % bei Über- nachtungen), in New Hampshire 8 %, in Rhode Island 7 % (12 % bei Übernachtungen), in Vermont 6 % (8 % bei Übernachtungen und Mahlzeiten).

Reisekosten: Neuengland ist neben Alaska die teuerste Reiseregion der USA. Dabei gibt es regionale Unterschiede, und man findet abseits der Küstenstädten an unattraktiven Ausfallstraßen auch in der Hochsaison Motelzimmer unter $ 60. Viele der historischen Villen haben preisreduzierte Zimmer ohne eigenes Bad, und wer bereit ist, ab und an mit einem *shared bath* Vorlieb zu nehmen, der zahlt auch zur Hochsaison bei Top-Adressen wie dem Red Lion in Stockbridge unter der Woche weniger als $ 100 fürs Zimmer. Die höchsten Preise werden in den Berkshires in West-Massachusetts verlangt, gefolgt von Cape Cod (speziell an den Wochenenden) und dem Acadia National Park. Generell sind die Zimmer am Wochenende etwa ein Drittel teurer als unter der Woche.

Die individuellen Reisekosten sind abhängig vom eigenen Standard. Wer sich mit der **einfa-**

Service von A–Z

chen Version bei Unterkünften und Restaurants (kein Fastfood) bescheidet, der muss pro Tag für Übernachtung, zwei Mahlzeiten, Eintritt, Parkgebühren und Benzin etwa $ 150–200 für zwei Personen kalkulieren; in der **mittleren Preislage** kostet der Tag für zwei $ 250–300, während für **First-Class**-Wohnen und -Speisen leicht $ 450 (in den Berkshires bis $ 1000) nötig sind.

Gepäck/Kleidung

Obwohl die Sommer oft brütendheiß sind – Neuengland liegt geographisch etwa auf der Höhe zwischen Paris und Madrid – braucht man beispielsweise für Bootstouren, aber auch für einen Besuch auf dem Mount Washington eine winterwarme Jacke. Auch an der Küste können selbst mitten am heißen Sommertag Nebelbänke für einen Temperatursturz sorgen. Leichte **sommerliche Baumwollkleidung** plus Pullover und **Windjacke** sind für die Hochsaison optimal. Grundsätzlich: Lieber weniger einpacken, denn das Angebot vor Ort ist attraktiv und preisgünstig. Wer nobel speisen will, muss den klassischen Chic bzw. Jackett und Krawatte einpacken, ein Outfit, das auch in einigen oberfeinen B&Bs beim Abendempfang gerne gesehen ist.

Hinweise für Behinderte

Rollstuhlgerechte Zugänge sind in allen öffentlichen Gebäuden und großen Hotels die Regel. Anders sieht es bei den kleinen, historischen Country Inns aus. Spezielle Informationsbroschüren »For Disabled Travellers« bieten das Vermont Department of Travel and Tourism, National Life Building, Montpelier, VT 05620, und die New Hampshire Division of Travel and Tourism, 172 Pembroke Rd., Concord, NH 03301.

Alle *Amtrak*-Züge sind behinderten- und rollstuhlgerecht ausgestattet. Fahrten sind für Behinderte preisermäßigt: Erwachsene reisen 25 % billiger, Kinder (2–12 Jahre) kriegen 50 % Rabatt auf den Kinder-Fahrpreis. Details dazu im *Travel Planner*, anzufordern bei Amtrak, National Railroad Passenger Corp., 400 N. Capitol St. N.W., Washington, D.C. 20001.

Kinder

Neuengland gilt als beliebtes Familienziel. Bis auf einige, mit teuren Antiquitäten möblierte B&B-Villen sind Kinder überall willkommen und schlafen in fast allen Hotels gratis im Elternzimmer; nur wenn ein zusätzliches Gitterbett verlangt wird, ist eine kleine Extragebühr fällig. Bei etlichen Attraktionen wird der Preis *per car* berechnet, so dass eine Familie dasselbe zahlt wie ein Solo-Besucher. Bei den Eintrittsgebühren für Museen und Freizeitparks gibt es oft einen ermäßigten *Family plan*-Preis. In Restaurants und an öffentlichen Plätzen können sich Kinder viel ungehemmter (und lauter) benehmen als hierzulande, ohne damit kritische Blicke einzufangen.

Maße und Gewichte

Vor einigen Jahren schien die Umstellung der USA auf das metrische System schon in Sicht, doch heute ist wieder alles beim alten: *inch* und *mile, gallon* und *pound*. Man muss sich also wohl oder übel umstellen. Die folgende Tabelle soll dabei helfen.

Längenmaße:	1 *inch (in.)*	= 2,54 cm
	1 *foot (ft.)*	= 30,48 cm
	1 *yard (yd.)*	= 0,9 m
	1 *mile*	= 1,6 km
Flächenmaße:	1 *square foot*	= 930 cm²
	1 *acre*	= 0,4 Hektar
		(= 4 047 m²)
	1 *square mile*	= 259 Hektar
		(= 2,59 km²)
Hohlmaße:	1 *pint*	= 0,47 l
	1 *quart*	= 0,95 l
	1 *gallon*	= 3,79 l
Gewichte:	1 *ounce (oz.)*	= 28,35 g
	1 *pound (lb.)*	= 453,6 g
	1 *ton*	= 907 kg
Temperatur:	32° Fahrenheit	= 0° Celsius
	104° Fahrenheit	= 40° Celsius

Umrechnung: Grad Fahrenheit minus 32 geteilt durch 1,8 = ° Celsius

Service von A–Z

Notfälle

In Notfällen ruft man den *Operator* (»0«) oder die Notrufzentrale ✆ 911 an und nennt Namen, Adresse oder Standort und Sachlage. Der Operator informiert dann Polizei, Rettungsdienst oder Feuerwehr.

Auch bei Autopannen lohnt es, Mitglied im ADAC zu sein. Der amerikanische Club AAA hilft auch den Mitgliedern der europäischen Clubs (Mitgliedsausweis mitbringen).

Falls der Pass verloren gegangen ist:

Deutsches Generalkonsulat
3 Copley Pl., Suite 500, Boston, MA 02116
✆ (617) 536-8172, Fax (617) 536-8573
www.germanconsulate.org/boston

Österreichisches Konsulat
15 School St., Boston, MA 02108-4307
✆ (617) 227-313, Fax (617) 227-8420

Schweizer Konsulat
420 Broadway, Cambridge, MA 02138-4231
✆ (617) 876-3076, Fax (617) 876-3079

Post

Die Post Offices sind Mo–Fr 8–17 und Sa 8–14 Uhr, das Postamt im Logan Airport ist bis Mitternacht geöffnet. Wer sich ohne feste Adresse Post nachschicken lassen will (postlagernd), gibt als Anschrift c/o General Delivery, Main Post Office in der jeweiligen Stadt an; um sie abzuholen muss man Pass oder Führerschein vorlegen.

Das Telefonsystem hat in den USA nichts mit der Post zu tun, deshalb kann man in den Postämtern nie telefonieren.

Reisesicherheit

Neuengland ist ein friedvolles und friedliches Terrain. Vielerorts sperren die Einwohner nicht einmal über Nacht Auto und Haus ab, und immer noch gibt es B&B-Herbergen, die keine Zimmerschlüssel ausgeben, weil sie keine haben. Das soll niemanden veranlassen, den Mietwagen offen herumstehen zu lassen, sondern nur den Stand der Diskussion in Sachen Sicherheit beleuchten. An stadtnahen, von der Straße leicht zugänglichen Stränden wird geraten, Autoschlüssel, Geld und Wertsachen nicht unbeaufsichtigt am Strand liegen zu lassen; in turbulenten Ortschaften wie Provincetown auf Cape Cod sollen auch schon Taschendiebe ihr Unwesen getrieben haben.

Reisezeit

Das Wetter ist ein unerschöpfliches Thema – auch für zahllose Witze. Der Frühling kommt meist spät, ist regenreich und sorgt besonders im Inland für Schlamm und Dreck. Im April wird der touristische Tiefpunkt erreicht: Die Wintersaison ist vorbei und die Sommersaison hat noch nicht begonnen, viele Museen, Hotels und andere touristische Einrichtungen nehmen sich ihre Auszeit. Der Sommer beginnt Mitte Juni und bringt nicht nur Hitze, sondern oft auch extreme Luftfeuchtigkeit. Im Unterschied zu den Tropen bietet der kalte Atlantik jederzeit Abkühlung. Offizieller **Start der Sommersaison** ist der **Memorial Day** (letzter Mo im Mai), dann öffnen sämtliche Museen, Resorts und Inns. Als **Saisonende** gilt der **Labor Day** (1. Mo im September). Der zweite Reiseboom der herbstlichen Laubfärbung dauert bis **Columbus Day** (2. Mo im Oktober). Ab **Thanksgiving** (4. Do im November) bereitet man sich auf die Ski-Saison vor.

Klimatisch ist der Herbst mit klaren Sonnentagen und erfrischend kühlen Nächten die ideale Reisezeit. Die *foliage* genannte **Laubfärbung** – für viele der Anlass, nach Neuengland zu reisen – erreicht ihren Höhepunkt Ende September/Anfang Oktober. Sie beginnt im nördlichen Maine und wandert täglich weiter nach Südosten. Jeder Bundesstaat hat seine eigene »Foliage Hotline«, außerdem berichten alle Medien mit olympischer Begeisterung über Verlauf und Tempo der Naturorgie.

Reservierungen

Reservierungen sind in Neuengland die **Regel**: Mit einem kurzen Anruf wird alles bestellt, was

Service von A–Z

möglich ist: Plätze für den Sonntagsbrunch, die Hotelzimmer für die gesamte Reise, Karten für die Fähre, der Tisch fürs Dinner und der Stellplatz für den Camper. Wer sich diese Regel zu eigen macht, **erspart sich Enttäuschungen und Zeitverlust**. Üblicherweise nennt man bei einer Reservierung für Hotelzimmer oder Theaterkarten die Kreditkartennummer, damit gilt der Auftrag als feste Bestellung.

Restaurants/Verpflegung

Essen gehen macht Spaß, besonders wenn es wie in Neuengland kaum Fastfood, dafür reichlich Hummer und andere fangfrische Meerestiere gibt. Den meisten Urlaubern reicht (besonders im heißen Sommer) nach dem opulenten Frühstück eine einzige Restaurant-Mahlzeit am Tag. Ideal ist es, möglichst schon zum Reisebeginn einen Cooler oder eine Styropor-Tragetasche zu kaufen, wie sie billig in jedem Supermarkt angeboten werden. Mit Obst, Getränken, Sandwiches und Knabbereien bestückt, ist man unabhängig und kann jederzeit ein spontanes **Picknick** veranstalten – Gelegenheit dazu gibt's reichlich.

In manchen B&B-Villen wird am späten Nachmittag nach britischer Sitte der *high tea* zelebriert, oft gibt es dazu **Gourmet-Häppchen**, manchmal auch Champagner. Das Frühstück in den Herrenhäusern ist meist opulent und abwechslungsreich wie ein **First-class-Brunch**. In den üblichen Kettenhotels dagegen fällt das Breakfast nach amerikanischer Sitte kärglich aus.

Kulinarische Spezialitäten Neuenglands sind neben dem Hummer und der cremigen Fischsuppe *clam chowder* die traditionelle **clambake**, die von den Wampanoag-Indianern stammt und manchmal noch als mehrstündiges Fest am Strand zelebriert wird. Dort werden in einem tiefen Loch dicke Wackersteine mit einem Holzfeuer erhitzt, was alleine schon Stunden dauert. Wenn die Steine rot glühen, werden sie mit Seegras bedeckt; darauf schichtet man Kartoffeln, Hummer, Zwiebeln, Muscheln und Maiskolben, oft auch Fisch und Hühnchen. Mit Tang und Sand abgedeckt, braucht alles eine weitere Stunde zum Garen.

Alkohol wird ausschließlich in den *liquor stores* verkauft, alkoholische Getränke dürfen nur in lizensierten Gaststätten ausgeschenkt werden (in den anderen gilt: *bring your own* – man kann zum Essen die eigene Flasche mitbringen).

Etliche Ortschaften Neuenglands (z. B. Rockport auf Cape Ann) und fast die gesamte Insel Martha's Vineyard sind *dry*, sprich **alkoholfrei**, was dem Vergnügen aber keinen Abbruch tut.

Die im Buch aufgeführten Restaurants sind nach folgenden **Preiskategorien** für ein Abendessen (ohne Getränke, Steuer und Trinkgeld) gestaffelt: $ – bis 15 Dollar
$$ – 15–25 Dollar
$$$ – über 25 Dollar

Telefonieren

An öffentlichen Telefonen herrscht in den USA kein Mangel. Sie sind nützlich bei Auskünften, Reservierungen etc. und ersparen Enttäuschungen. Hilfreich ist zu allen Zeiten der Operator (»0«), der Rufnummern vermittelt, Vorwahlnummern *(area codes)* und Preiseinheiten für Ferngespräche angibt. Um eine Nummer herauszufinden, ruft man die *directory assistance* an, die man im eigenen Vorwahlbezirk unter der Nummer »411« erreicht; für andere Bezirke wählt man die jeweilige Vorwahl und dann die 555-1212. Auskünfte über die gebührenfreien »1-800«-Nummern gibt es unter 1-800-555-1212.

Das Telefonieren aus der **Telefonzelle**, dem *payphone*, erfordert etwas Übung. Ortsgespräche *(local calls)* sind einfach. Man wirft 20 c ein und wählt die siebenstellige Nummer. Wie man Ferngespräche *(long distance calls)* führt, wird meist in einer Aufschrift am Telefon erläutert. In den USA gibt es auch einige Gesprächsarten, die in Europa nicht oder nicht mehr üblich sind – z.B. **R-Gespräche**, die der Angerufene bezahlt. Man wählt dafür 0-Vorwahl-Nummer und bittet den Operator um einen *collect call*. Außerdem gibt es die Möglichkeit eines *person to person call*, bei dem man nur bezahlen muss, wenn sich der Angerufene selbst meldet oder geholt werden kann. Man wählt dafür ebenfalls 0-Vorwahl-Teilnehmernummer und teilt dem Operator seinen Wunsch mit.

Service von A–Z

Gespräche nach Europa kosten für 3 Minuten ca. $ 6–8: Man lässt sich vom Operator verbinden oder wählt 011, Landes-, Stadtvorwahl (ohne die erste Null) und Nummer.

Europäische **Mobiltelefone/Handys**, die in den USA übrigens *cell phone* oder *mobile phone* heißen, funktionieren in den USA wie gewohnt, wenn es sich um sogenannte Mehrband-Mobiltelefone handelt (siehe Bedienungsanleitung oder beim Provider direkt erfragen). Allerdings zahlt man bei Benutzung in den USA eine höhere Minutengebühr. Grundsätzlich kann man von einem Mobiltelefon aus auch **Telefonkarten** (s.u.) benutzen. Diese Karten haben in der Regel eine kostenlose Zugangsnummer. Im Voraus sollte man sich bei seinem Provider erkundigen, ob man in den USA 1-800er Nummern kostenlos anwählen kann, denn dann hat man über die Kombination Telefonkarte mit eigenem Handy eine kostengünstige Möglichkeit, in den USA zu telefonieren.

Telefonkarten:
Calling cards bringen nicht nur Geschäfts-, sondern auch Privatreisenden in den USA eine Reihe nicht zu unterschätzender Vorteile. Man kann mit ihnen praktisch von jeder Straßenecke aus den Rest der Welt erreichen. Man spart die erheblichen Aufschläge der Hotels auf die Gebühreneinheiten, die Handhabung ist denkbar simpel und man bekommt für alle geführten Gespräche einen schriftlichen Beleg mit Nummer, Zeit, Datum und Betrag. Vergleichen Sie die Konditionen der verschiedenen Telefongesellschaften!

Wer nicht schon seine eigene Telefonkarte mitbringt, kann in fast jedem Supermarkt in den USA eine solche *Pre Paid Phone Card* für ca. $ 10–20 erwerben. Über eine Servicenummer und den so genannten *Authorization Code* (beide auf der Karte angegeben) wählt man sich ein und danach wie üblich: *country code, area code* (ohne die »0«) und die gewünschte Nummer. Gegenüber normalen Telefongesprächen (erst recht gegenüber solchen von Hotels aus) kann man so fürs gleiche Geld 4–6 mal so lange telefonieren und ist vom Münzensammeln befreit.

Vorwahlen: Deutschland ✆ +49, Österreich ✆ +43, Schweiz: ✆ +41.

Trinkgeld

Trinkgeld ist ständig fällig. Fürs Zimmermädchen lässt man täglich einen *buck* auf dem Bettzeug liegen; der Portier, der ein Taxi herbeipfeift, bekommt seinen Dollar ebenso wie der *bellboy*, der das Gepäck bringt. Im Restaurant darf es etwas mehr sein, denn das Personal **lebt vom Trinkgeld** und nicht vom Gehalt: Mindestens 15 % des Rechnungsbetrags lässt man deshalb als *tip* auf dem Tisch liegen.

Unterkunft

Natürlich gibt es in Neuengland auch Häuser großer Hotelketten, die in Deutschland eine Reservierungszentrale haben, doch der Großteil des Übernachtungsangebots wird von kleinen B&B-Villen und Country Inns bestritten. Der Nachteil: Man kann sie hierzulande weder im Reisebüro noch über eine Zentrale buchen, dafür aber oft per Internet (siehe Info-Seiten).

Wer nicht gerade Anfang Mai reist, wenn das Wetter meist schlecht ist und alle Attraktionen noch geschlossen sind, **muss** das **Hotelzimmer** mindestens 24, besser 48 Stunden im Voraus **telefonisch reservieren**. Das gilt für die gesamte Saison, erst recht aber für die Zeit der Laubfärbung, in der die Besucher-Karawanen dem Farbspiel auf den Fersen bleiben. Am besten man macht es sich zur Regel, **spätestens** am Vorabend das Zimmer für den nächsten Tag zu reservieren (für Wochenenden auf Cape Cod und für die Berkshires ist auch das zu spät, siehe auch Kapitel I »Details zur Route« S. 12 f.). Die **Preiskategorien** für eine Übernachtung im Doppelzimmer (für zwei Personen) werden auf den blauen Infoseiten durch $-Zeichen unterschieden:

$ – bis 100 Dollar
$$ – 100–200 Dollar
$$$ – 200–300 Dollar
$$$$ – über 300 Dollar

Zeitzone

Neuengland liegt im Bereich der *Eastern Standard Time*, der Zeitunterschied zur mitteleuropäischen Zeit beträgt minus 6 Stunden. Von

Service von A–Z

Mai bis Oktober gilt Sommerzeit *(daylight saving time)*, die Uhren gehen eine Stunde vor. Umstellungstermin ist jeweils der letzte Sonntag im April und der erste Sonntag im Oktober.

Die Uhrzeit wird angegeben mit dem Zusatz *a.m.* (*ante meridiem*, von Mitternacht bis 12 Uhr mittags) oder *p.m.* (*post meridiem*, ab 12 Uhr mittags bis Mitternacht): 10 a.m. ist 10 Uhr vormittags, 10 p.m. ist 22 Uhr. Das Datum schreibt man in der Reihenfolge Monat, Tag, Jahr: 11-27-2012 ist z.B. der 27. November 2012.

Zoll

Im Flugzeug wird außer dem Formular für die Passkontrolle ein zweites für den Zoll ausgeteilt. Zollfrei sind kleine Mengen Alkohol (1 Liter), Zigaretten (200) und Geschenke im Wert bis zu $ 100.

Wurststullen, Äpfel oder sonstige Verpflegung, die man von zu Hause mitgebracht hat, lässt man besser im Flugzeug zurück, denn die Einfuhr von Pflanzen, Obst und Lebensmitteln ist streng reglementiert bzw. verboten.

Sprachhilfen

Mit britischem Schulenglisch kommt man in den USA gut zurecht. Es kann jedoch nicht schaden, die eine oder andere amerikanische Redensart zu kennen und zu wissen, wann und wo sie gebraucht wird. Dem Erstling in den USA fallen die vielen Floskeln auf, die man bei jeder Gelegenheit hört und auf die normalerweise eine entsprechende Antwort erwartet wird.

Ob am Schalter, im Aufzug oder bei sonstiger Annäherung – überall sind Sprachpuffer eingebaut: *hi, how are you, how do you do, hello, thank you, my pleasure, you're welcome* (bitte, gern geschehen), *bye, see you* (bis später), *excuse me, I'm sorry, have a nice day* (schönen Tag noch). Die »Neue Herzlichkeit«, die inzwischen ja auch Europa erwärmt, ist in den USA schon lange im Schwange.

How would you like your eggs?
Im Labyrinth der Speisekarten

Bevor es im Restaurant etwas zu essen gibt, muss sich der Gast in der Regel einer kleinen sprachlichen Aufnahmeprüfung unterziehen: Meist steht am Eingang zum Speiseraum schon ein Schild: WAIT TO BE SEATED. Das heißt, man sollte nicht geradewegs auf den nächsten leeren Tisch zustürzen, sondern auf die Empfangsdame warten, die einem dann einen Tisch zuweist. Warten bereits andere Gäste, tritt eins der auffälligsten angelsächsischen Rituale in Kraft: das geduldige Anstehen, das *standing in line*. Wer's nicht tut, wird schon mal sanft angemahnt: *You have to stand in line.*

Während man die Speisekarte *(menu)* studiert, wird meist schon Kaffee angeboten: *You*

eggs
- *scrambled* (Rührei)
- *over easy* (gewendet in der Pfanne, von beiden Seiten gebraten)
- *poached* (pochiert)
- *sunny side up* (Spiegelei)
- *boiled* (gekocht)

bread
- *onion roll* (Zwiebelweckchen)
- *coffee cake* (festes Küchlein, etwas süß)
- *English muffin* (eigentlich nicht übersetzbar: ein flaches, meist halbiertes Brötchen)
- *biscuit* (zwieback- oder keksartiges Gebilde)
- *bagel* (festes Brötchen mit Loch in der Mitte)
- *Danish* (Kleingebäck)
- *toast*
  - *wheat* (Weizen)
  - *rye* (Roggen)
  - *raisin* (Rosinenbrot)
  - *sourdough* (Sauerteigbrot)

Sprachhilfen

care for some coffee? Schließlich: *Have you decided?* Oder: *Can I take your orders, please?* Dann, spätestens, ist es soweit! Wie bekommt man das gewünschte Frühstück? Das einfache Vorlesen der Dinge auf der Karte ist zwar schon ein Anfang – etwa beim unverfänglichen *French toast* (eine US-Version unseres alten »armen Ritters«), aber bei nahezu allen anderen Frühstückssorten wird mindestens an zwei Punkten unerbittlich nachgehakt: *How would you like your eggs?* und *What kind of bread?* Da hilft es nicht, so zu tun, als hätte man nichts verstanden. Da muss, auch wenn es noch früh am Morgen ist, linguistisch Farbe bekannt werden (siehe Kasten S. 214).

Man sollte auch den Unterschied zwischen *American* und *continental breakfast* kennen. Das erstere wird morgens landesweit verdrückt, das zweite bedeutet karge Kost am Morgen: ein Croissant, etwas Marmelade, Kaffee.

Abends im Restaurant fragt man Sie am Eingang als erstes nach der Reservierung: *Did you make a reservation?* Hat man nicht reserviert, kann man sich meist noch auf die Liste setzen lassen: *It'll be twenty minutes. You want me to put your name down?* wird gefragt. Also Zeit für einen Drink an der Bar. Am Tisch lautet die erste Frage meist: *Would you care for anything from the bar?* Bei Wein unterscheidet man zumindest zwischen *dry* (oder *on the dry side*) und *sweet*. Härtere Drinks werden *with ice* oder *with no ice* serviert.

Als nächstes geht es um die Vorspeise: *Would you care for an appetizer?* Das Hauptgericht heißt *entree*. Angesichts der meist üppig bemessenen Portionen ist es kein Problem, sich Gerichte zu teilen *(to share)*.

Um die Treffsicherheit bei der Auswahl zu erhöhen, hier eine kurze Liste der geläufigen

Nahrungsmittel:

seafood	– Meeresfrüchte
sole	– Scholle
salmon	– Lachs
snapper	– Barsch bzw. Zackenbarsch
cod	– Kabeljau
lox	– geräucherter Lachs
swordfish	– Schwertfisch
halibut	– Heilbutt
bass	– Barsch
tuna	– Thunfisch
trout	– Forelle
mackerel	– Makrele
shellfish	– Schalentiere allgemein
clams	– Muscheln
clam chowder	– (gebundene) Muschelsuppe
crabs	– Krebse
crab cake	– Frikadelle aus Krebsfleisch
lobster	– Hummer
prawns	– Steingarnelen
shark	– Hai
shrimps	– Garnelen
scallops	– Kammmuscheln
oyster	– Auster
lamb	– Lamm
veal	– Kalb
pork	– Schweinefleisch
beef	– Rindfleisch
ham	– gekochter Schinken
bacon	– Schinkenspeck
chicken	– Hühnchen
turkey	– Puter
duck	– Ente
prime rib	– Hochrippe
prime rib steak	– Hochrippe als Steak gebraten
yam	– süße Kartoffel

Bei **Fisch** und **Fleisch** sollte man die **Zubereitungsarten** kennen:

boiled	– gekocht
broiled	– gebraten
fried	– frittiert, meist paniert
sauteed	– gedünstet
grilled	– gegrillt
coated	– im Schlafrock

Bei Steaks lautet die Standardfrage: *How would you like your steak cooked – rare, medium rare, medium, well done?*

Bei der Bestellung eines Hauptgerichts hat man in der Regel die Wahl zwischen *soup* und

Sprachhilfen

salad, bei den Beilagen zwischen *potatoes, rice* oder *grits*.

Bei der Machart von **Kartoffeln** unterscheidet man:

baked potatoes	– in der Schale gebacken und meist mit saurer Sahne *(sour cream)* und Schnittlauch *(chives)* serviert
French fries	– Pommes frites
hash browns	– angebratene, geriebene Kartoffeln, eine Art Reibekuchen
mashed potatoes	– Kartoffelbrei
potato salad	– Kartoffelsalat
potato skins	– Kartoffelschalen, gefüllt mit Käse und/oder saurer Sahne oder nur so
potatoes au gratin	– gratiniert
home fried potatoes	– entsprechen unseren Bratkartoffeln
boiled potatoes	– normale Salzkartoffeln
potato pancakes	– Kartoffelpuffer

Nach einer Weile erkundigt sich häufig die Bedienung noch einmal nach dem Stand der Dinge: *How are we all doing?* Antworten: *Fine, thank you.* Oder: *Could we have some more bread, please?* Steakfreunde werden gefragt: *How is your steak?* Nun, es sollte *delicious, great, fabulous, excellent* sein. *Good* sollte man möglichst nicht sagen, denn das heißt soviel, als dass man's gerade noch essen kann.

Nächste Hürde: der Nachtisch. *Is there anything else you want tonight? What about one of our desserts? We got ...* (dann folgt das Sortiment vom Tage). Ist was Leckeres dabei: *Yes, I'll try ... the chocolate cake.*

Wen es zur Toilette drängt, der muss vielleicht fragen: *Where are (is) the restrooms (ladies room), please?* Schließlich, wenn's ans Bezahlen geht: *Could we have the check, please.* Das Trinkgeld *(tip)* lässt man auf dem Tisch liegen, die Rechnung wird meist an der Kasse am Ausgang, aber auch am Tisch bezahlt. In beiden Fällen kann man sich erkundigen: *Do you take credit cards (or traveler's checks)?*

Wer im Restaurant nur etwas holen möchte, für den sind die FOOD TO GO-Schilder in den Fenstern interessant. Bei der Bestellung – auch bei einem Kaffee oder einem *soft drink* an der Verkaufstheke – sagt man: *One coffee to go, please.*

No U-Turn – Autofahren

Bei den Verleihfirmen zückt man meist den im Voraus bezahlten Gutschein *(voucher)*, die Kreditkarte, deren Nummer auf die Vertragspapiere kopiert wird, und den Führerschein *(driver's licence)*. Einige Wörter rund ums Auto:

AAA (sprich: triple-A)	– Amerikanischer Automobilclub
air pressure	– Luftdruck
to accelerate	– beschleunigen
brake	– Bremse
Denver shoe	– Radkralle
engine	– Motor
fender	– Kotflügel
gear	– Gang
headlight	– Scheinwerfer
hood	– Motorhaube
licence plate	– Nummernschild
muffler	– Auspuff
steering wheel	– Lenkrad
tire	– Reifen
transmission	– Antrieb
trunk	– Kofferraum
windshield	– Windschutzscheibe
wiper	– Scheibenwischer

Tankstellen *(gas stations)* haben oft zwei Zapfreihen, eine für *self serve* und eine (teurere) für *full serve*, wo u.a. auch das Öl nachgesehen wird *(to check the oil)* und die Fenster gesäubert werden. Hier lautet die Anweisung an den Tankwart normalerweise: *Fill it up, please.* Sprit *(gas* oder *fuel)* gibt es als unverbleites *(unleaded)* und verbleites Normalbenzin *(regular)* bzw. als Super *(premium)*. Nahezu alle Mietwagen laufen mit unverbleitem Benzin. PAY FIRST steht angeschlagen, wenn man vor dem Zapfen erst mal bezahlen bzw. eine Kreditkarte hinterlegen muss. Unterwegs gibt es einiges auf Schildern zu lesen:

Sprachhilfen

DEAD END oder NO THROUGH STREET	– Sackgasse
YIELD	– Vorfahrt beachten
RIGHT OF WAY	– Vorfahrt
WATCH FOR PEDESTRIANS	– auf Fußgänger achten
SLIPPERY WHEN WET	– Rutschgefahr bei Nässe
DIP	– Bodensenke
MPH	– Meilen pro Stunde
SPEED LIMIT	– Tempolimit
MAXIMUM SPEED	– Höchstgeschwindigkeit
MERGE	– einfädeln
U-TURN	– wenden
NO PASSING	– Überholverbot
ROAD CONSTRUCTION AHEAD	– Baustelle
FLAGMAN AHEAD	– Baustelle (Straßenarbeiter mit roter Warnflagge)
MEN WORKING	– Straßenarbeiten
DETOUR	– Umleitung
R.V.	– *recreational vehicle* (Camper)
ADOPT A HIGHWAY PROGRAM	– Diese Schilder zeigen (oder suchen) Schulen, Firmen etc., die sich freiwillig dazu bereit erklären, ein Stück der Straße sauber zu halten.
turnpike	– gebührenpflichtige Schnellstraße
parkway	– meist in den 1930er Jahren gebaute Autobahnen
toll plaza	– Mautstation

Geparkt wird meist am Straßenrand *(curb)*, dessen Bordsteinkante verschiedene Farben haben kann:

LOADING ZONE (gelb)	– Ladezone
PASSENGER LOADING ZONE (weiß)	– nur Ein- und Aussteigen
HANDICAPPED PARKING	– nur für Behindertenfahrzeuge
RESTRICTED PARKING ZONE	– zeitlich begrenztes Parken.

Bei Hydranten herrscht ein ebenso striktes Park-Tabu wie in den *tow away zones*, wo man nicht nur einen Strafzettel *(ticket)* bekommt, sondern abgeschleppt wird. Tickets sind auch fällig, sobald die Parkuhr *(parking meter)* abgelaufen ist *(expired)*, und bei zu schnellem Fahren *(speeding)*.

In den Städten findet man häufig den Hinweis auf *public parking*, d. h. auf öffentliche und/oder gebührenpflichtige Parkplätze; oder es heißt schlicht PARK IN REAR (Parken im Hinterhof). Wenn dies was kostet, übernehmen die Firmen oft ganz oder teilweise die Gebühr *(they validate parking)*. Steht am Parkplatz VALET PARKING, dann parkt das Personal Ihren Wagen – gegen Gebühr und Trinkgeld, versteht sich.

Checking in? Hotels/B&Bs/Campgrounds

In Neuengland sollte man Zimmer immer vorher reservieren. Telefonisch zum Beispiel: *I'd like to reserve a room* (bei Campingplätzen: *space) for next Tuesday, July 15. Two people, two beds, if possible. We'll be arriving ...*

Ist man spät dran und muss befürchten, dass man nach 18 Uhr beim Hotel eintrifft, sollte man die Reservierung sicherheitshalber telefonisch bestätigen: *I'd like to confirm my reservation for tonight ... We are running late and will be there around 8 p.m.* Muss man absagen: *I'm sorry, I have to cancel my reservation for tonight.*

Im Motel/Hotel geht man durch die *lobby* zur reception *(front desk)*: *I've got a reservation for tonight. My name is ... I'd like to check in now.* Hat man nicht reserviert, muss man sehen, was frei ist und was das kostet. Z.B.: *I'm looking for a room for tonight/for two nights. What are your rates?* Die üblichen Rückfragen beziehen sich meist auf die Bettenform und die Anzahl der Gäste:

double	– Doppelbett
twin	– zwei getrennte Betten

217

Sprachhilfen

Queen	–	überdurchschnittlich großes Doppelbett
King	–	überhaupt das Größte, was es gibt

Bezahlt wird meist im Voraus *(to pay in advance; now)*, oder man hinterlässt die Spuren seiner Kreditwürdigkeit durch den Abdruck der *credit card* auf der offenen Rechnung, in die dann außer dem Übernachtungspreis alle Nebenkosten *(incidentals)* wie Frühstück, Bedienung auf dem Zimmer *(room service)*, Telefon etc. eingetragen werden. Abreise und Schlüsselrückgabe bedeuten: *I'm checking out.*

Geläufige Abkürzungen

Amerikaner lieben Abkürzungen; hier eine Blütenlese:

BLT	–	*bacon, lettuce and tomatoe* (Schinken, Salat und Tomaten: populäres Sandwich)
BBQ	–	*Barbecue*
BYO	–	*bring your own* (Gepflogenheit in Lokalen, die keine Schankerlaubnis haben: Man muss sich selbst etwas zu trinken mitbringen.)
DAR	–	*Daughters of the American Revolution* (patriotischer Frauenverein). Frauen spielen in den USA eine große Rolle bei der Erhaltung historischer Gedenkstätten (der Männer).
Dept.	–	*department* (Abteilung)
DINK	–	*double income, no kids* (kinderlose Doppelverdiener)
gym	–	*gymnasium* (Sporthalle, Trainingsräume)
HBO	–	*home box office*. Größter Kabelsender in den USA für Spielfilme
ID	–	*identification* (Ausweis)
limo	–	Limousine (nicht: Limonade)
P.O. Box	–	*Post Office Box* (Postfach)
WASP	–	*White Anglo Saxon Protestant* (weiße Bevölkerungsgruppe; herrschende Kaste)
X-mas	–	*Christmas* (Weihnachten)
X-ing	–	etwas kreuzt die Straße: Fußgänger, Enten, Kröten ✣

Danksagung/Acknowledgement

In remembrance of Barbara G. Hopkins and with special thanks to Jackie Ennis, Dörte Buss and Nick Bayard.

HG

Textnachweis

Das Kapitel III »Chronik Abriss der Geschichte der Neuengland-Staaten« (S. 20–31) stammt von Alfred Blauth.
Alfred Blauth, geb. 1948, studierte Amerikanistik, Anglistik und Geschichte und lebt als Studienrat in Frankfurt.

Das Kapitel »Sprachhilfen« (S. 214–218) ist die modifizierte Fassung eines Textes von Horst Schmidt-Brümmer.

Orts- und Sachregister

Wichtige Objekte oder ausführliche Erwähnung sind **fett** hervorgehoben, *kursiv* gesetzte Begriffe oder Seitenzahlen beziehen sich auf den Serviceteil am Ende des Buches. Für die amerikanischen Bundesstaaten werden die geläufigen Abkürzungen verwendet:

CT – Connecticut
MA – Massachusetts
ME – Maine
NH – New Hampshire
RI – Rhode Island
VT – Vermont

Acadia National Park, ME 78, 86, 87, 88, 89, **98 ff.**, *209*
- Acadia National Park Visitor Information Center 86
- Baker Island 86
- Bass Harbor Head 86
- Bubbles 101
- Cadillac Mountain 89, 98, 100, 101, 105
- Champlain Mountain Overlook 101
- Echo Lake 86
- Frenchman Bay 88, 89
- Hunters Head 101
- Isle au Haut 86
- Jordan Pond Restaurant 99, 101
- Northeast Harbor 99, 101
- Otter Cliffs 99, 101
- Otter Point 99, 101
- Park Loop Road 99, 101, 105
- Pretty Marsh 86
- Sand Beach 99, 101, 105
- Schoodic Peninsula 86
- Schooner Head Overlook 101
- Seal Harbor 99, 101
- Seawall 86
- Sieur de Monts Spring 101
- Somes Sound 99, 101
- The Precipice 101
- Thunder Hole 99, 101, 105

Amerikanischer Bürgerkrieg vgl. Sezessionskrieg
An- und Einreise 206
Androscoggin River 112
Anisquam, MA 72, 76
Anisquam River 76
Ärztliche Vorsorge/Krankheiten 207
Auskunft vor Ort 208
Auskunft vor Reiseantritt 207
Autofahren 208
Auto- und Campmobilmiete 208
Automobilclub AAA 208

Bangor, ME 106
Bar Harbor, ME 86, **87 ff.**, **98 ff.**, 106, 111
Bartlett, NH 108, 109, 115
Bath, ME 72, **74 f.**, **83 ff.**, 87, 91 ff.
- Bath Iron Works 94
- Carlton-Brücke 72
- Kennebec River 85, 87, 91 f.
- Maine Maritime Museum 85, 87, 91 ff.

Battenkill River 130 f.
Baxter State Park, ME 111

Becket, MA 137, 142
Bennington, VT 125, 126 f., **132 f.**, 134, 143
- Bennington Battle Monument 125, 127, 132
- Bennington College 127, 133
- Bennington Museum 125, 127, 133
- Old Bennington 125
- Old First Church 125, 127, 132 f.

Berkshire Hills, MA 127, 137 f., *209, 213*
- Gilded Age Cottages 138

Bethel, ME 104, 107, 111 f.
Beverly, MA 36
Block Island, RI 18 f., 166, *210*
Boothbay Harbor, ME 86, 95
Boston, MA 21, 22, 23, 27, 28, 31, **32–51**, 56, 58, 61, 65, 198, 202, 203, 204, 205, *207 f.*
- Ames-Webster-Villa 50 f.
- Back Bay 33, 41 f., 48 ff.
- Beacon Hill 43
- Boston Common Information Center 35, 42
- Boston Public Library 30
- Boston Tea Party & Ship Museum 37, 46 f.
- Callahan Tunnel 61, 65, 202, 205
- Charles River 41 f., 48
- Charles River Dam 37
- Children's Museum 37, 47
- Commonwealth Avenue 49
- Computer Museum 37
- The Coplay Plaza Hotel 35, 51
- Coplay Square 48, 49, 51
- Faneuil Hall 38, 44
- Faneuil Hall Marketplace 47
- Filene's Basement 39
- Freedom Trail 33, 38, 42 ff.
- Globe Corner Bookstore 39, 43
- Granary Burying Ground 43
- Greater Boston Convention & Visitors Bureau 33
- Hanover Street 47
- Hard Rock Cafe 39
- Haymarket 47, 48
- Isabella Stewart Gardner Museum 36
- John F. Kennedy Presidential Library and Museum 203
- John Hancock Tower/Observatory 37, 49, 51
- Leonard P. Zakmin Bunker Hill Bridge 51
- Logan International Airport 202, 205
- Long Wharf 38
- Museum of Fine Arts 36 f.
- Museum of Science 36 f.
- New England Aquarium 37, 46
- Newbury Street 49
- North End 41 f., 47
- Old North Church 38, 47 f., 54
- Old South Meeting House 44
- Old State House 38, 44
- Park Street Church 43
- Paul Revere House 47
- Paul Revere Mall 47
- Prudential Center 33, 37 f., 41, 51
- Public Garden 34, 39, 51
- Quincy Market 33, 44 ff.
- Ritz-Carlton Hotel 50
- Salem Street 47
- State House 43, 44
- Subway 41 f.
- Trinity Church 49
- Union Oyster House 47

Boston Massacre 27, 44
Boston Tea Party 27, 37 f., 42, 44, 46 f.
Bourne Bridge, MA 170, 199
Bretton Woods, NH 106, 108, 109, 112
Brewster, MA 191, 192, 197
- The Brewster Store 192, 197
- Cape Cod Museum of Natural History 192, 197
- New England Fire & History Museum 192
- Stony Brook Grist Mill and Museum 192, 197

Bridgeport, CT 153 f.
Brunswick, ME 72
Bunker Hill, MA 28
Burlington, VT 118
Bus und Eisenbahn 208

Camden, ME 85, 87, 98
- Camden Hills State Park 86, 98
- Mount Battie 86, 98

Cape Ann, MA 62, 63 ff., 76
- Good Harbor Beach 62, 69
- Halibut Point 72, 76
- Halibut Point State Park 62, 70
- Pigeon Cove 62

Cape Cod, MA 16, 21, 65, 170, 171 ff., **176–194**, *209, 213*

219

Orts- und Sachregister

- Chequessett Neck Road 187
- Coast Guard Beach 180
- Fort Hill 180
- Grays Beach 192
- Great Island Trail 180, 187
- Herring Cove 188
- Highland Light 180
- Jeremy Point 180, 187
- Lower Cape 185 f.
- Marconi Beach 179
- Marconi Station Site 180, 185
- Nauset Beach 180
- Ocean View Drive 180
- Old King's Highway 196 f.
- Outer Cape 183 ff.
- Pilgrim Heights 180
- Race Point 188
- Race Point Beach 188
- Salt Pond Visitor Center 179, 180, 183
- Upper Cape 196

Cape Cod Bay 180, 192, 196, 199
Cape Cod Canal 199
Cape Cod National Seashore, MA 179, 186, *208, 209*
Cape Elizabeth, ME 82
Cape Porpoise, ME 72, 74, 82
Chappaquiddick Island, MA 17
Charles River 40 ff., 48, 52
Chatham, MA 170 ff., **176 ff.**, 179, 186 f., 191, 197, *210*
- Chatham Break 171
- Chatham Light & Coast Guard Station 171, 173, 178
- Chatham Railroad Museum 173, 177
- Fish Pier 170 f., 173, 177
Chester, CT 150, 158
Chittenden 115
- Mountain Top Inn 115
Cohasset, MA 202
Concord, MA 28, 52 ff.
- Concord Museum 52, 54, 60
- Emerson's House 54
- Minute Man 52, 53, 58
- North Bridge 52, 53, 56 ff.
- The Old Manse 54, 59
- Orchard House 54
- Sleepy Hollow Cemetery 38, 52, 53 f., 59
- South Bridge 52, 54
- Thoreau Lyceum 54
- The Wayside 54
Concord River 52, 54, 56 ff.
Connecticut (CT) 29, 30, **149 ff.**, *207, 209, 213*
Connecticut Colony 23
Connecticut River 144, 151, 154, **157 f.**
- Connecticut River Museum vgl. Essex
Conway, NH 119
Corn Hill, CT 189
Crawford Notch, NH 109
Cummaquid, MA 198

Danbury, NH 114
Darien, CT 154
Dennis, MA 192, 197
- Scargo Hill Tower 192
Dominion of New England 24
Dorchester, MA 203
- The Museum at the John F. Kennedy Library 202, 203, 204 f.
Duxbury, MA 202

East Haddam, CT 151, 157
- Gillette Castle 149, 151, 158
- Goodspeed Opera House 149, 151, 157 f.
Eastham, MA 179, 180, 181, 189
Ellsworth, ME 85, 98, 106, 111
Essex, CT 149, 151 f., 154, 158
- Connecticut River Museum 151 f., 158
- Steam Train and Riverboat Ride 151
Essex, MA 72, 73, 76
- Woodman's 73, 76

Fall River, MA 164, 170, 171, 174
- Battleship Cove 170, 171, 174
- Marine Museum 170, 171, 174 f.
Farmington, ME 106
Feiertage 209
Five Islands, ME 75
- Five Islands Lobster Co. & Grill 72, 75, 84
Fliegenfischen/Fly fishing 115, 126, 130 f.
Foliage 110, 130, *211*
Franconia, NH 107
Franconia Notch, NH 106, 109, 121
Freeport, ME 72, 74, 82 f.
- L.L. Bean 72, 74, 82 f.
French and Indian Wars 21, 25 f.,

Galilee, CT 166
Geld/Devisen/Reisekosten 209 f.
Gepäck/Kleidung 210
Gilded Age 30, 67 ff., 137, 162, 168
Gillette Castle vgl. East Haddam
Glen Cove, ME 97
Glen, NH 108 f.
Gloucester, MA 61, 62, 64, 69, 76, 198
- Beauport 62, 70
- Fisherman's Memorial Statue 62, 69
- Rocky Neck Art Colony 62, 70
Goodspeed Opera House vgl. East Haddam
Goose Rocks Beach, ME 82
Gorham, NH 106, 107, 108
Great Barrington, MA 136, 137, 142
Green Mountain National Forest, VT 130
Green Mountains, VT 122, 127, 132
Greenwich, CT 154
Groton, CT 154, 158

Hadlyme, CT 150, 158
Halibut Point State Park vgl. Cape Ann
Hancock Shaker Village, MA vgl. Pittsfield
Hartford, CT 24, 149, 150, 153, **155 ff.**
- Harriet Beecher-Stowe Center 149, 150, 156 f.
- Mark Twain House 149, 150, 156
- Nook Farm 157
Harvard University, MA 23, 30, 55
Hexenverfolgung 63, 66 ff.
Hildene, VT 125, 126
Hingham, MA 202 f.
Hinweise für Behinderte 210
Housatonic River 150
Hulls Cove, ME 86
Hummer 90 ff.
Huntington, MA 142
Hyannis, MA 170, 186
Hyannisport, MA 186

Interlaken, MA 137
Intervale, NH 108
Ipswich, MA 72, 76
- Crane's Beach 76
Ipswich River 76

Jackson, NH 106, 109
Jamestown, VA 20
Jefferson, NH 109
- Santa's Village 109
- Six Gun City, NH 109

Kancamagus Highway, NH 114, 115, 120 f.
- Bear Notch Road 115
- Lilly Pond 115
- Lincoln Woods 115
- Lower Falls 115, 121
- Otter Rocks Rest Area 115
- Rocky Gorge Scenic Area 115
- Sabbaday Brook Trail 120 f.
- Sabbaday Falls 115, 121
- Sugar Hill 115
Kancamagus Pass, NH 115
Kennebec River 74, 84, 85, 87, 91 f.
Kennebunk River 81
Kennebunkport, ME 72, 73 f., 80 ff.
- Captain Lord Mansion 72, 73, 81 f.
- Spouting Rock 72, 82
- Walker's Point 72, 82
Kennedy Library vgl. Dorchester 203
Killington Peak, VT 124, 125, 129 f., 132
Kinder 210
King Philip's War 24
Kinsman Notch, NH 115, 121
Kittery, ME 72, 77, 78 f.
- Fort McClary Memorial Park 78 f.

Orts- und Sachregister

Lake Champlain, VT 118, 122
Lake Waramaug, CT 154
Lebanon, NH 114
Lenox, MA 136, 137, 139, 142
– Museum of the Gilded Age 138
– Tanglewood 134, 136, 137, **139 ff.**, 146
Lexington, MA 28, 52 ff.
– Hancock-Clarke House 53
– Lexington Battle Green 52, 53, 57
– Minuteman National Park Visitor Center 52, 53
– Old Battle Road 57
Lincoln, MA 55
– Gropius House 54 f.
Lincoln, NH 114
Litchfield Hills, CT 154
Lobster vgl. Hummer
Long Island Sound, NY 157
Lost River 115, 121
Lynn, MA 61

Maine (ME) 24, 29, 72, 75, **77 ff.**, 110 f., *207, 208*
– Down East Maine 78, 98, 102
Manchester, VT 122, 124, 125 f., 130 f.
– The Orvis Store 126, 130
Manchester, Village of, VT 124, 126, 130 f.
– American Museum of Fly Fishing 124, 125 f., 130
– British School of Falconry 126
– Equinox Hotel 124, 126, 130
Marblehead, MA 36, 61, 62, 66
– Jeremiah Lee Mansion 66
Marblehead Center, MA 53
Marblehead Neck, MA 61, 66
Martha's Vineyard, MA 16 ff., 184, 185, *213*
Mashantucket, CT 160
– Foxwoods Resort Casino 161
– Mashantucket Pequot Museum 160 f., 165
Mashfield, MA 202
– Daniel Webster Wildlife Sanctuary 202
– North River Wildlife Sanctuary 202
Massachusetts (MA) 20, 24, 28, 29, 30, **52 ff.**, 196 ff., *207, 209*
Massachusetts Bay Colony 23 f.
Maße und Gewichte 210
»Mayflower« 20 f., 22, 23, **189 f.**, 191, 194, 195, 199, **200 f.**, 202
Mayflower Compact 23, 189
Merrimack River 77
Middletown 150 f.
Monhegan Island, ME 86, 87
Monomy Island, MA 178
Mount Desert Island, ME 87, 102 ff.
Mount Equinox, VT 122, 125 f., 131, 132
– Skyline Drive 125, 126

Mount Greylook, MA 136, 143
Mount Katahdin, ME 111
Mount Mansfield State Forest and Park, VT 118
Mount Osceola, NH 115
Mount Washington, NH 106, 107, 108, 112, *209*
– Mount Washington Auto Road 107 f., 112
– Mount Washington Cog Railway, ME 106, 108, 112 f.
Mystic, CT 150, 152, 158
– Mystic Aquarium 150, 152, 158
– Mystic Seaport 158, 160, 165 f.
– Olde Mistick Village 150, 152, 158

Nantucket Island, MA 16 ff., 184, 185
– Siasconset 18
– Whaling Museum 18
Nantucket Sound, MA 178
Napoleonische Kriege 29
Narragansett Bay 163, 164
Narragansett Pier, RI 160, 167
New Bedford, MA 170, 171, 175 f., 198
– Seamen's Bethel 170, 171, 175, 176
– Waterfront Historic District 170, 176
– Whaling Museum 170, 171
New Deal 31
New Hampshire (NH) 24, 77. 106 ff., 111 ff., 119 ff., 157, *207, 209*
New Harbor, ME 86
Newbury, MA 73
Newburyport, MA 72, 73, 76 f.
Newport, ME 106
Newport, RI 24, 159, 160, **161– 164, 167 f.**, 170, 171
– Astors' Beechwood 160, 152, 168
– Bailey's Beach 162 f.
– Bellcourt Castle 162
– The Breakers 160, 162, 168
– Brenton Point State Park 160, 162, 169
– Cliff Walk 162
– Easton's Beach 163
– Fort Adams State Park 162
– Gooseberry Beach 162
– Land's End 162
– International Tennis Hall of Fame Museum 161 f.
– Ocean Drive 160, 162, 169
– Rosecliff 160, 162, 167 f.
– Rough Point 162
– Sachuest Beach 163
– Third Beach 163
Noank, CT 150, 152, 158
Norfolk, CT 136
Norman Rockwell Museum vgl. Stockbridge
North Adams, MA 134, 135

– MassMoCa 134, 135, 144
North Bennington, VT 125
North Conway, NH 106, 108 f., 113, 114, 119
– Cathedral Ledge 106, 109, 113
– Conway Scenic Railroad 109
– Echo Lake 106, 113
North Edgecomb, ME 86
North Truro, MA 181
North Woodstock, NH 115, 121
Notfälle 211

Ogunquit River 73
Ogunquit, ME 72, 73, 79
– Ogunquit Museum of American Art 72, 73, 80
– Perkins Cove 73, 79 f.
Old Lyme, CT 154, 158
Old Saybrook, CT 154, 158
Ottauquechee River 115, 117, 123
Otter Point, ME 98
Owls Head, ME 85, 87, 95
– Owl Head Lighthouse 85, 95
– Owls Head Transportation Museum 85, 87, 95

Parker River Wildlife Refuge, MA 77
Passaconaway, NH 115
Passaconaway Historic Site, NH 115, 120
Pemaquid Point, ME 95
Pemaquid Point Light, ME 95
Penobscot Bay, ME 78, 98
Pequot War 23
Phippsburg, ME 75
Phippsburg Peninsula, ME 84
– Fort Popham 84
Pittsfield, MA 134, 136, 137, 145
– Hancock Shaker Village 134, 136, 145 f.
– Herman Melville's Arrowhead 136
Plimoth Plantation/Bay Colony vgl. Plymouth, MA
Plum Island, MA 72, 73, 77
Plymouth, MA 191, **193 ff.**, 200 f., 202, 204
– Colonial Lantern Tour 191, 195
– Cranberry World Visitors Center 195
– John Carver Inn 193 f., 195
– »Mayflower II« vgl. »Mayflower«
– Morton Park 194
– Myles Standish State Forest 195
– Pilgrim Hall Museum 195
– Plimoth Plantation/Bay Colony 23, 24, 191, 194, 199 f.
– Plymouth Long Beach 195
– Plymouth National Wax Museum 195
– Plymouth Rock 194
– Splashdown 195
Plymouth, VT 125
– Plymouth Cheese Company 129
– Plymouth Notch Historic District

221

Orts- und Sachregister

and Calvin Coolidge Birthplace 124, 125, 128 f.
Plymouth Rock, MA 23, 191, 194, 200 f.
Pocasset, RI 24
Point Judith, CT 166
Popham Beach, ME 72, 84
Popham Beach State Park, ME 72, 75, 84
– Casco Bay 75
– Sebasco Estates 75
Port Clyde, ME 85, 86, 87, 95
Portland, ME 78, 82
– Portland Head Light 82
Post 211
Providence, RI 24
Provincetown, MA 179, 180, 181 f., 188
– Pilgrim Monument 179, 181, 188
– Provincetown Museum 181

Quechee, VT 117
– VINS Nature Center 114, 117
Quechee Gorge, VT 114, 115, 122
Quincy, MA 203

Reid State Park, ME 72, 75, 84
Reisesicherheit 211
Reisezeit 211
Reservierungen 211 f.
Restaurants/Verpflegung 212
Rhode Island (RI) 29, 161 ff., 167 ff., *207, 209*
Rhode Island Sound, RI 167
Richmond, MA 134
Rockland, ME 85, 87, 95 f.
– Farnsworth Art Museum & Wyeth Center 87
Rockport, MA 61, 63 f., 69 f., 72, *210, 213*
– Bearskin Neck 61, 63, 70
– Emerson Inn by the Sea 63 f.
– Yankee Clipper Inn 63
Rockport, ME 85, 87, 96 f.
– Andre the Seal 97
Rumford, ME 106
Rutland, VT 115, 124

Saco River 109, 113
Sagamore, MA 170
Sagamore Bridge, MA 199
Sakonnet River 163
Salem, MA 23, 35, 61, 63, 66 ff.
– House of the Seven Gables Historic Site 61, 63, 68 f.
– Peabody Essex Museum 61, 63, 68
– Pickering Wharf 69
– Salem Witch Museum 61, 63, 68
Salisbury, MA 73
Sandwich, MA 191, 192 f., 198
– Dan'l Webster Inn 191, 193
– Dexter Grist Mill 193
– Heritage Plantation of Sandwich 191, 193, 198

– Sandwich Boardwalk 192 f.
– Sandwich Glass Museum 193, 198
– Shawne Pond 193
Sandy Neck, MA 192
Scargo Hill Tower, MA 192, 197
Searsport, ME 85
Sezessionskrieg 21, 30
Shawville, VT 20
Sheepscot River 95
Sheffield, MA 137, 142
Shelburne, VT 118
– Ben & Jerry's Ice Cream Factory 118, 122
– Shelburne Museum 118
– Vermont Teddy Bear Company 118
Sherburne, VT 125
Siebenjähriger Krieg 26
Skowhegan, ME 106
Smuggler's Notch, VT 118
South Shaftsbury, VT 125
South Thomaston, ME 87, 95
South Truro, MA 188
South Wellfleet, MA 181
Spanischer Erbfolgekrieg 26
Sprachhilfen 214 ff.
Spruce Head, ME 87
– Miller's Lobster 85, 87, 95
Squam Lake, NH 12
St. George, ME 85, 97
Stamford, CT 154
Stellwagen Bank, MA 62, 188
Stockbridge, MA 135, 137 f., 147 f., *209*
– Chesterwood 138
– Gilded Age Cottages 138
– The Mount 138
– Naumkeag 138
– Norman Rockwell Museum 135, 138, 146 ff.
– Red Lion Inn 137, 148
Stonington, CT 150, 152, 158, 166
Stowe, VT 118, 122
Sturbridge MA 15
– Old Sturbridge Village, MA 14 f.
Swampscott 36, 61, 65
Swift River 115, 121

Taconic Mountains, MA 143
Taconic Range, VT 132
Taftsville, VT 115, 122
– Taftsville Country Store 115, 122
Tanglewood, MA vgl. Lenox
Telefonieren 212 f.
Thomaston, ME 85, 86, 95
»Titanic« 168, 174 f.
Tiverton, RI 170
Transzendentalismus 43, 59 f.
Trinkgeld 213
Truro, MA 179, 180, 187 f., 189

Unabhängigkeitskrieg, amerikanischer 21, 28, 56

Uncasville 161
– Mohegan Sun 161
Unterkunft 213

Vermont (VT) 29, 114 ff., 122 ff., 143, *207, 209*

Walbeobachtung 62, 70, 182, 188
Walden Pond 52, 55, 59 f.
– H. D. Thoreaus Hütte 52, 55
Waldoboro, ME 85
Walfang 160, 165, 171, 175 f.
Wapunucket, MA 20
Warwick, RI 24
Washington Valley, NH 109, 111
Wellfleet, MA 179, 180, 187
West Stockbridge, MA 138
Weston 126
Westport, CT 154
Westport, MA 164
Whale watching vgl. Walbeobachtung
Wheelers Bay, ME 87
White Mountains, NH 106–123
– White Mountain Visitor Information Center 115
White Mountain National Forest, NH 109, 111
– Arethusa Falls 109
– Cannon Aerial Tramway 109
– Crawford Notch 106, 109
– Flume Gorge 109
– Pinkham Notch 109
– Profile Lake 109
– Wildcat Ski Arena 109
Williamstown, MA 134, 135, 136, **143 f.**
– Mohawk Trail 144
– Sterling and Francine Clark Art Institute 135 f., 143 f.
– Williams College 134, 135, 143
– Williams College Museum of Art 135, 144
Wilson Lake, ME 111
Wilton, ME 107
Winter Harbor, ME 105
Wiscasset, ME 85, 94 f.
Woodstock, VT 114, 115 ff., 122 f., 124, 128
– Billings Farm and Museum 114, 117
– Billings Park Trail 114
– Dana House Museum 114, 117
– Lincoln Covered Bridge 117, 123
Worthington, MA 137

Yale University, CT 30
Yarmouth Port, MA 192, 197 f.
– Winslow Crocker House, c. 1780 192
– Grays Beach 192

Zeitzone 213 f.
Zoll 214

Namenregister

Abnaki-Indianer 102
Adams, Samuel 43, 53
Alcott, Louisa May 53 f.
Algonkin-Indianer 20, 122
Allen, Ethan 132
Ames, Frederick L. 50
Astor, Familie 162
Astor, Mrs. 168
Auchincloss, Familie 161, 169

Bean, Leon Leonwood 82 f.
Beecher, Catharine 150
Beecher-Stowe, Harriet 10, 30, 150, 156 f.
Belushi, John 18
Bernstein, Leonard 142
Billings, Frederick 116, 123
Block, Adrian 18, 23
Bradford, William 194
Brewster, William 193
Bush, George, Präsident 72, 82

Cabot, John 22
Carnegie, Familie 142
Cartier, Cacques 22
Carver, John 190, 194
Champlain, Samuel de 22, 102, 122
Charles I., König von England 23
Charles II., König von England 24
Clemens, Samuel 150
Colt, Samuel 29, 154
Coolidge, Calvin (Silent Cal) 125, 128 f.
Coolidge, John 129
Cortereal, Miguel de 22
Crosby, Bing 130

Davis, Bette 63, 79
Dawes, William 53
Devoto, Bernard 31
Dickinson, Emily 10, 30
Dietz, Lew 97

Eisenhower, Dwight D., Präsident 130
Emerson, Ralph Waldo 10, 28, 30, 39, 43, 53, 54, **59**
Emerson, William 59
Erikson, Leif 20

Faneuil, Peter 44
Finch, Robert 176
Franz I., König von Frankreich 22
French, Daniel Chester 53, 138
French, Mary 123
Frost, Robert 10, 30, 107, 133

Gage, Thomas, General 27
Gandhi, Mahatma 60
Gardner, Isabella Stewart 37
Gilbert, Sir Humphrey 22
Gillette, William 151, 157, 158
Goodridge, Harry 97

Gorges, Sir Ferdinando 22, 23, 24
Gosnold, Bartholomew 22, 183
Grandma Moses vgl. Moses
Gregory, Hanson 97
Gropius, Walter 54 f.

Hancock, John, Gouverneur 38, 43, 53
Harding, Warren, Präsident 129
Hawthorne, Nathaniel 10, 30. 39, 43, 53, 54, 59, **63**, **68 f.**, 139, 142
Heinrich VII., König von England 22
Hemingway, Ernest 130
Herdan-Zuckmayer, Alice 128
Holmes, Oliver Wendell 43 f.
Homer, Winslow 62, 130, 144
Hooker, Isabella Beecher 157
Hopper, Edward 10, 79, 181, 188
Hunt, Richard Morris 162
Hunt, Thomas 189 f.
Hutchinson, Anne 24

Irokesen-Indianer 122
Irving, John 84

James I., König von England 22
Jarves, Deming 198
Jefferson, Thomas, Präsident 29
Junger, Sebastian 62

Kancamagus, Indianerhäuptling 120
Kennedy, Edward 17, 31
Kennedy, Familie 160, 186
Kennedy, Jackie 63, 161, 203
Kennedy, John F., Präsident 22, 31, 63, 186, 203, 204 f.
Kennedy, John F., jr. 17
Kennedy, Robert 31, 205
King Philip, Häuptling der Wampanoag 24
King, Martin Luther 31, 205
Kipling, Rudyard 62
Kolumbus, Christoph 22

Lafayette, M.J. de Motier, General 66
Lee, Ann 145
Lee, Jeremiah 62
Lee, Spike 17
Lennon, John 63
Levine, James 13
Lewis, Sinclair 188
Lincoln, Abraham, Präsident 122, 130
Lincoln, Familie 125, 126
Lincoln, Familie 126
Lincoln, Mary Todd 131
Longfellow, Henry Wadsworth 30, 48, 142
Lord, Nathaniel 81 f.
Lowell, James Russell 30

Maazel, Lorin 141
Marconi, Guglielmo 184 f.
Mark Twain 10, 30, 150, 156, 168
Marsh, George Perkins 123
Mashantucket-Indianer 161
Mason, John 23, 24
Massasoit, Häuptling der Wampanoag 24, 190
Melville, Herman 10, 30, **136**, 142, 175, **176**
Metacomet (King Philip), Häuptling der Wampanoag 24
Milnes, Sherrill 141
Minelli, Liza 141
Minutemen 27 f., 54, 57 f.
Mohegan-Indianer 23
Morgan, John Pierpont 98
Moses, Anna Mary Robertson 127, 133
Mutter, Anne-Sophie 141

Narragansett-Indianer 23 f.
Norman, Jessye 141

Obama, Barack 31, 205
Obama, Familie 17, 186
O'Neill, Eugene 10, 188
Oelrichs, Theresa Fair 162, 167 f.
Ono, Yoko 63

Passaconaway, Indianerhäuptling 120
Pei, Ieoh Ming 36, 49, 203
Pequot-Indianer 23, 161, 165
Perlman, Itzhak 141
Petersen, Wolfgang 62
Phips, Sir William, Gouverneur 24, 68
Pilgerväter 20 f., 23, 189 f., 195, 199 f., 202
Pilgrim Fathers vgl. Pilgerväter
Pitt, William 27
Poe, Edgar Allan 30
Popham, Sir John 22
Price, Leontyne 142
Pring, Martin 22
Pulitzer, Joseph 98
Puritaner 20, 23, 29 f., 42, 56, 190

Revere, Paul 38, 47 f., 53, 56
Ritz, Charles 130, 131
Rockefeller, John D. 98
Rockefeller, Laurance 117, 123
Rockwell, Norman 137, 146 ff.
Ross, Diana 18
Ryan, Meg 17

Samoset, Indianer 190
Shaker 145 f.
Silent Cal vgl. Calvin Coolidge
Slater, Samuel 29
Sleeper, Henry Davis 62
Smith, John 23, 102
Spielberg, Steven 17

223

Namenregister

Squanto, Indianer 23, 190
Standish, Miles, Captain 189
Stark, John 132
Terry, Eli 29
Thoreau, Henry David 10, 30, 39, 43, 53, 54, 55, **59 f.**, 183, 187
Todd, Robert 126, 131
Tolstoi, Leo 60
Turner, Beatrice 163

Vanderbilt II, Cornelius 161, 168
Vanderbilt, Familie 142
Verrazano, Giovanni da 22

Walker, George Herbert 82
Wampanoag-Indianer 24, 189 f.
Warner, Charles Dudley 157
Washington, George, General, Präsident 28, 66
Webb, Electra 118
Weymouth, George 22
Wharton, Edith 138
White, Stanford 162
Whitney, Eli 29
Whittier, Greenleaf 30
Wikinger 20, 193
William of Orange, König von England 24
Williams, Roger 24
Williams, Tennessee 188
Winfrey, Oprah 17
Winthrop, John 23, 42, 43
Woodman, Lawrence Henry 76

Yeats, William Butler 60

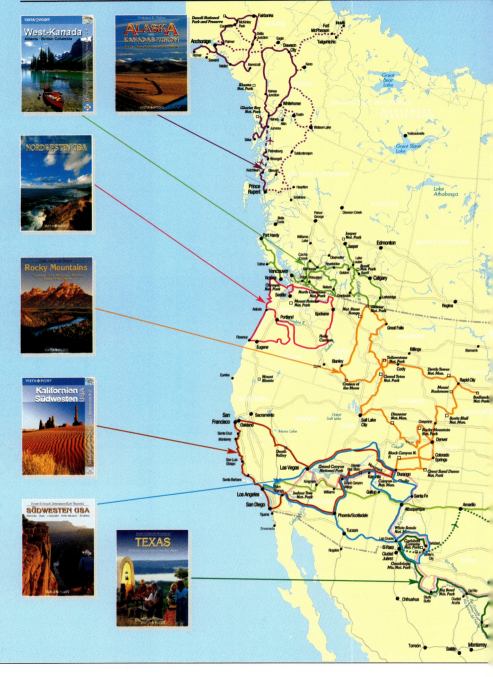

DECKUNG AMERIKAS

Vista Point Reiseplaner bieten optimale Planungshilfen mit detaillierten Routenvorschlägen. Alle Titel im Format 15 x 21 cm, 240–336 Seiten mit 130–170 Farbabb. und 20–40 Karten.

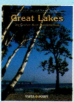

Bildnachweis

Tom Ch. Brebeck, Köln: S. 90 o., 118, 156
Fridmar Damm, Köln: S. 2/3, 6/7, 83, 92/93, 133
Peter Ginter, Köln: S. 44, 45, 167
Hannah Glaser, Frankfurt: S. 9 u.,16, 18, 19, 43, 47, 54, 59, 62, 63, 68, 70, 74, 76, 77 u., 82, 90 u., 97 o., 100, 113, 120, 139, 143, 157, 161, 174 o., 177, 178
Christian Heeb/LOOK, München: Schmutztiteldia (S. 1), S. 11, 13, 16 o., 16/17, 48, 49, 55, 65, 67, 69, 77 o., 78/79, 91, 95, 101, 102, 103, 104/105, 107, 111, 119, 128 u., 129, 132, 145, 148 u., 168/169, 175, 182, 188, 201 o., 203
José F. Poblete, Oberursel: S. 39, 42, 46 o., 66, 184/185, 199, 200/201, 205
Martin Thomas, Aachen: S. 8, 10, 14, 15, 56/57, 58, 60 o./u., 80/81, 84, 94, 116, 121, 123, 138, 140/141, 165, 196
Ernst Wrba, Sulzbach/Taunus: Titelbild, S. 6 o., 9 o., 40/41, 46 u., 51, 96/97, 105 o., 109, 110, 112, 131, 141 o., 144, 146/147, 153, 154/155, 166, 183, 185 o., 187, 197, 198
Archiv Vista Point Verlag, Köln: S. 21, 27, 128 o.

Alle übrigen Abbildungen stammen aus dem Archiv der Autorin.

Umschlagvorderseite: Kürbisfamilie zur Erntezeit. Foto: Ernst Wrba, Sulzbach/Taunus
Vordere Umschlagklappe (innen): Übersichtskarte von Neuengland mit der eingezeichneten Reiseroute
Haupttitel (S. 2/3): Newfane, Vermont: Um die Gemeindewiese gruppieren sich Kirche und Pfarrhaus, Gerichtsgebäude und Feuerwehr. Foto: Fridmar Damm, Köln

Konzeption, Layout und Gestaltung dieser Publikation bilden eine Einheit, die eigens für die Buchreihe der **Vista Point Reiseplaner** entwickelt wurde. Sie unterliegt dem Schutz geistigen Eigentums und darf weder kopiert noch nachgeahmt werden.

© Vista Point Verlag, Köln
7., aktualisierte Auflage 2010
Alle Rechte vorbehalten
Verlegerische Leitung und Reihenkonzeption: Horst Schmidt-Brümmer, Andreas Schulz
Lektorat: Kristina Linke, 7. Auflage: Franziska Zielke
Layout und Herstellung: Kerstin Hülsebusch-Pfau, Sandra Penno-Vesper
Reproduktionen: ceynowa lithographie, Köln
Karten: Berndtson & Berndtson Productions GmbH, Fürstenfeldbruck
Gedruckt auf chlorfrei gebleichtem Papier

ISBN 978-3-86871-108-0

An unsere Leserinnen und Leser!
Die Informationen dieses Buches wurden von der Autorin gewissenhaft recherchiert und von der Verlagsredaktion sorgfältig überprüft. Nichtsdestoweniger sind inhaltliche Fehler nicht immer zu vermeiden. Für Ihre Korrektur- und Ergänzungsvorschläge sind wir daher dankbar.

VISTA POINT VERLAG
Händelstr. 25–29 · 50674 Köln · Postfach 27 05 72 · 50511 Köln
Telefon: 02 21/92 16 13-0 · Fax: 02 21/92 16 13 14 · www.vistapoint.de · info@vistapoint.de